中国现当代文学研究鉴识

陈思广 著

陕西师范大学出版总社

图书代号：WX18N0237

图书在版编目（CIP）数据

中国现当代文学研究鉴识／陈思广著．—西安：陕西师范大学出版总社有限公司，2018.3
　ISBN 978-7-5613-9858-6

　Ⅰ．①中… Ⅱ．①陈… Ⅲ．①中国文学—现代文学—文学研究 ②中国文学—当代文学—文学研究 Ⅳ．①I206.6 ②I206.7

中国版本图书馆 CIP 数据核字（2018）第 046477 号

中国现当代文学研究鉴识
陈思广　著

责任编辑	王文翠
责任校对	王红凯　张旭升
封面设计	锦　册
出版发行	陕西师范大学出版总社
	（西安市长安南路 199 号　邮编　710062）
网　　址	http://www.snupg.com
印　　刷	陕西博文印务有限责任公司
开　　本	880mm×1230mm　1/32
印　　张	8.875
插　　页	4
字　　数	237 千
版　　次	2018 年 3 月第 1 版
印　　次	2018 年 3 月第 1 次印刷
书　　号	ISBN 978-7-5613-9858-6
定　　价	55.00 元

读者购书、书店添货或发现印刷装订问题，影响阅读，请与营销部联系、调换。
电话：(029)85307864　85303635　传真：(029)85303879

目录

上编

《子夜》的删节本 /2
《山雨》的初版本、跋及"黑名单"
　　——关于王统照及其《山雨》研究中一桩公案的辨正 /9
如何辑与如何用
　　——中国现代长篇小说接受史料与接受研究中的两个问题 /22
新文学的三次长篇小说征文与获奖小说 /34
文学史观念的拓进与诉求
　　——关于编撰《中国现代长篇小说编年史》的几点思考 /48
抗战建国语境下的"蒋夫人文学奖金"征文 /63

中编

发轫与奠基
　　——1922—1929年中国现代长篇小说论 /82

发展与深化
　　——1930—1937年中国现代长篇小说论　　　　　　　　/104
低徊与复兴
　　——1938—1949年国统区现代长篇小说创作论　　　　/125
"振兴"的姿态与"新进"的意味
　　——华北沦陷区长篇小说论　　　　　　　　　　　　/143
四川抗战小说的历史意义与现实启示　　　　　　　　　　/156
文学阐释的疆域与文本接受的向度
　　——由《强制阐释论》引发的关于现代长篇小说接受研究的
　　几点思考　　　　　　　　　　　　　　　　　　　　/164

下编

论《白鹿原》的立意之本与思想内涵　　　　　　　　　　/176
谁是《白鹿原》中的关揪
　　——黑娃形象的叙述学分析　　　　　　　　　　　　/186
理解路遥
　　——重读《路遥文集》　　　　　　　　　　　　　　/193
师法・凸现・超越
　　——铁凝创作的影响透视　　　　　　　　　　　　　/207
军旅巾帼三原色
　　——论项小米、马晓丽和裘山山的长篇小说　　　　　/215
英雄草莽化的偏颇
　　——以《狼毒花》中的常发为例　　　　　　　　　　/225
艺术视角・文体选择・责任担当
　　——关于阿来非虚构作品《瞻对》的几点思考　　　　/230

阿来小说接受向度研究的现状、问题与思考　　　　/242
辞典如何为小说
　　——谈格绒追美的《青藏辞典》　　　　　　/258
周克芹:新时期四川文学的引领者与奠基人　　　/265
灵魂之问
　　——读王华的《陈泊水的救赎之路》　　　　 /270
愿你打开这本真实的书
　　——谈马平的散文集《我的语文》　　　　　 /272
后　记　　　　　　　　　　　　　　　　　　　/275

上编

《子夜》的删节本

《子夜》的删节本究竟是怎样的,是现代文学界版本研究中一个悬而未决的疑案。最先谈及这一问题的是开明书店实际参与《子夜》出版工作的徐调孚先生。他在1949年7月19日的《新民报·晚刊》上刊载《关于〈子夜〉》一文,就《子夜》的删节本做了说明。他说:"据我知道,《子夜》到现在一共印了二十二版,删节的似乎只有第五版的一版及第四版没有售完的一部分,数量在全书总数中占极少的一个比例。"也就是说,第四版并非全部是删节本,因为开明书店得到《子夜》删改后可以出售的通知,"便把第四版售剩的几部中撕去发售,等到了1935年2月印第五版的时候,便把这两章删去不印,只在第95页印上'四(删)'字样,96页至125页让它缺去。483页也缺去,让它不连接,使读者因此发生一种仇恨的心理。他们说要'删改',书店是只'删'不'改'"。至于什么时候是足本,他认为"似乎是第六版吧"。当然,由于手边没有实物,徐先生也是凭印象做出了推断,"似乎……吧"的不确定陈述也为自己的结论留下了余地。

朱金顺先生对这一问题也颇为关注,他曾在《中国现代文学研究丛刊》2003年第3期发表《〈子夜〉版本探微》一文,感言"删节本有待追寻",并提供了他所知道的一些材料。他说:

唐弢先生《晦庵书话》中,介绍过这个删节本,但更为详尽的是瞿光熙先生。在《〈子夜〉的烙痕》一文中说:"结果只得把描写农民暴动的第四章和描写工人罢工的第十五章,全部删去。在重版的《子夜》中,在这两章删除的地方各注一个'删'字,而页码不改,共缺六十页之多。书店还恐怕发售时发生麻烦,把伪市党部的'批答'刻版印在版权页的后面。后来又经过一番活动,才得把删削的两章印入,又在版权页上添了一行'内政部著作权注册执照警字第三五三四号'。"(《中国现代文学史札记》,上海文艺出版社1984年1月版第61页)可惜唐、瞿两位先生都没有说明这个删节本是哪一年的第几版,瞿先生说到了删去两章后来补入了,那又是哪一年的哪一版呢?

我查了北京、上海的几处图书馆,都没有找到这个带有"烙痕"的删节本。中国现代文学馆书目上,有一个1935年9月的版本,书目上没注明第几版,书却没有找到。最后,还是在松井博光的《黎明的文学》中,找到了这样一句:"一九三四年六月发行的第四版有删掉的部分。"(该书第171页)第三版是1933年6月,经过查禁、删改,1934年6月出删节后的第四版,时间上是吻合的。但没见到实物,不敢确说,只录以备考。

总之,《子夜》确有过一个删节本,版本实物有待追寻,因之确实的版本情况难以说清楚。

由于朱先生没有见到实物,上述材料虽说含有许多重要的信息,但毕竟是印象性记叙或二手材料转述,严谨的朱先生没有将其作为定论。孔海珠先生有幸亲眼见过《子夜》的删节本,并就其所见写了《〈子夜〉版本谈》一文,刊于《新文学史料》2007年第1期。其中关于《子夜》的删节本文字如下:

我看到的是1935年9月第六版,绿色的封面,两个篆体字也如前几版直行在封面上,表面看与其他开明版没什么差异,32开本,报纸本,全书577页。实际上,第四章和第十五章已被抽去,页数也跳开了,并没有重新连贯地改排页码。

《子夜》初版封面

这显然令人感到欣慰,毕竟亲见了《子夜》的删节本,只是令人稍感遗憾的是,由于孔先生撰文时特意声明"手上没有这个藏本,只能凭印象和记录说话",又使这一印象"很深刻"的"亲历记"成为"印象记"。笔者经过多年寻觅,终于购得上海开明书店1934年6月第四版和1936年9月第七版的两个《子夜》删节本,并于吉林省图书馆阅得《子夜》1935年9月第六版,于国家图书馆阅得第五版。现对《子夜》的删节本做一介绍,以期彻底解决这一困扰茅盾研究界几十年的悬案。

笔者购得的《子夜》初版本为大32开本的平装本,封面为叶圣陶的两个篆字"子夜",长20cm,宽14cm,厚2.8cm,发行者为杜海生,印刷者为上海东熙华德路余庆里美成印刷公司,全书共577页。现笔者手中的《子夜》第四版删节本亦为32开本,封面无改,但长19.5cm,宽13.5cm,厚2.6cm,发行者为章锡琛,印刷者为上海梧州路三九〇号美成印刷公司,全书虽标577页,但实查为531页,即缺第四章一半第97—110页和第十五章全章第450—482页,共46页。确如徐先生所言，只删未改。但有意思的是，此次删节并没有完全按照国民党图书审查委员会的查禁理由——"(《子夜》)二十万言长篇创作，描写帝国主义者以重量资本，操纵我国金融之情形 P98 至 P124 讥刺本党，应删改，十五章描写工厂，应删改"进行删节，而是保留了第四章的一半，即第 95 页第三章末仅印"四"这一章的序号，正文以"(删)"字替代，但翻页章题号虽是"五"，但仅首页为第五章的第一页（即第 96 页）外，余则仍是第四章的部分，只是从第 111 页起到第五章的第 127 页，故页眉上仍印着"第四章"，页码从第 96 页突接第 111 页，中间 14 页删去，页码没有重排，内容也露出明显的断痕。（见图 1）

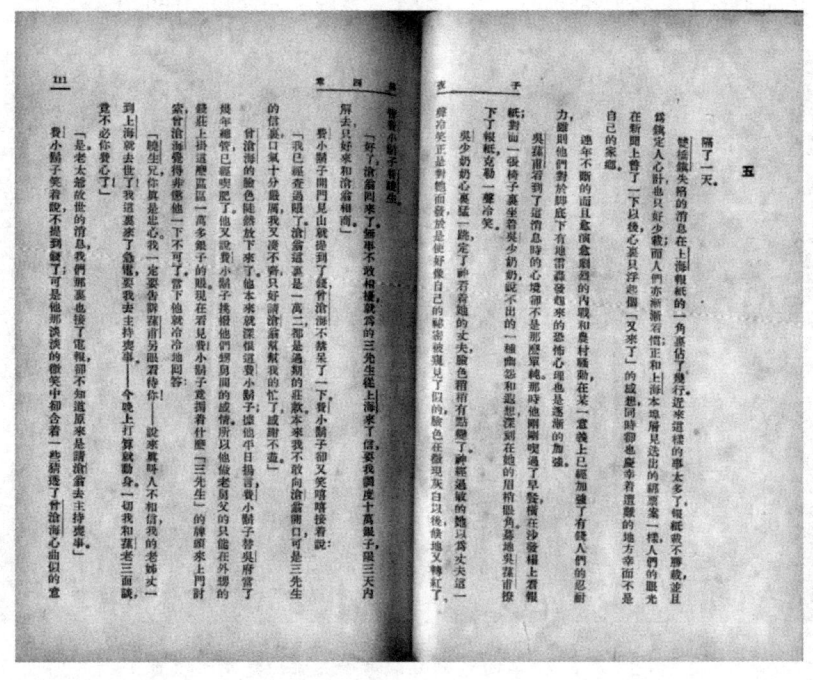

图 1 《子夜》第四版删节本

也就是说，第五章第 1 页的末段两行："吴少奶奶心里猛一跳，定了神看她的丈夫，脸色稍稍有点变了。神经过敏的她以为丈夫这一声冷笑正是对她而发,于是便好像自己的秘密被窥见了似的,脸色在微微现灰白以后,倏地又转红了"。之后却接的是第四章第111页的开头"管费小胡子费晓生"这几个上下文毫无关联的文字。之所以出现这么明显的破绽,估计与出版社未"撕"净有关。第十五章则完全撕去,即第450页第十五章仅印"十五"这一章的序号,正文以"(删)"字替代,翻页为第483页而非第451页。全书未重新改排页码使之连贯。版权页左下有一行小字:"本书已照著作权法呈请内政部注册并遵中央宣传委员会决定办法删改。"版权页的背面刻印有"中国国民党上海特别市执行委员会批答:批开明书店等"(此材料全文因收入鲁迅《且介亭杂文二集·后记》等为学界所周知,故不录)。售价一元四角。(见图2)

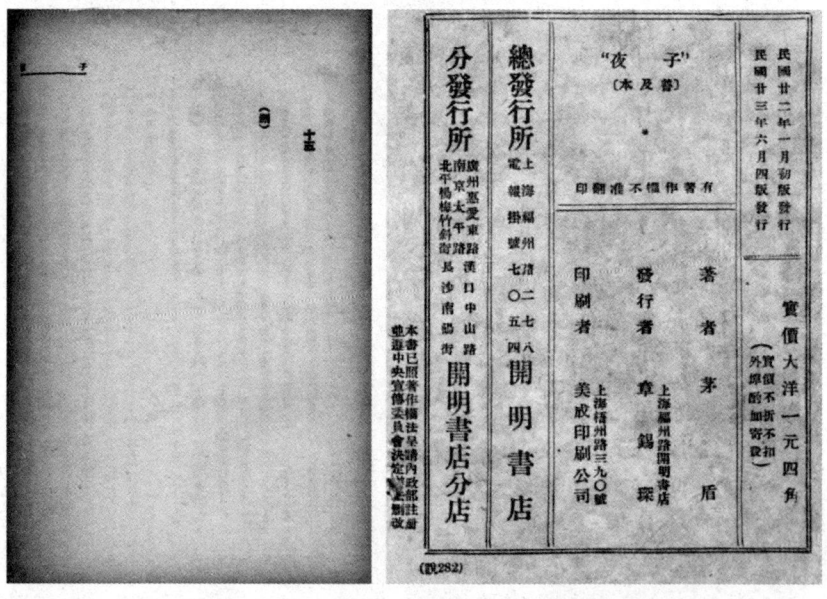

图2 《子夜》第四版删节本第十五章删痕及版权页

笔者在国家图书馆与吉林省图书馆看到的《子夜》第五版、第六版删节本亦为32开本,封面为粉红色而非绿色,书名两个篆书无改,长宽尺寸与第四版相同,但厚为2.5cm,虽也标577页,但实查为511页。这两版为完整的删节本,故第95页第三章末仅印"四"这一章的序号,正文以"(删)"字替代,翻页为第126页而非第96页;第十五章也是完全抽去,即:第450页第十五章仅印"十五"这一章的序号,正文以"(删)"字替代,翻页为第483页而非第451页。全书未重新改排页码使之连贯。这与徐调孚回忆的第五版相吻合。这是开明书店严格执行国民党查禁之理由所致。与第四版不同的是,版权页左下的一行小字是:"内政部注册执照警字第三五三四号"。在版权页的背面刻印有"中国国民党上海特别市执行委员会批答:批开明书店等",并特附印"本书系遵照办法第四项办理"这十二字作为《子夜》可以公开销售的依据。而办法第四项即是"内容间有词句不妥或一篇一段不妥应删改或抽去后方准发售"(见图3)。售价被涂黑。第七版与第六版完全相同,售价一元二角。

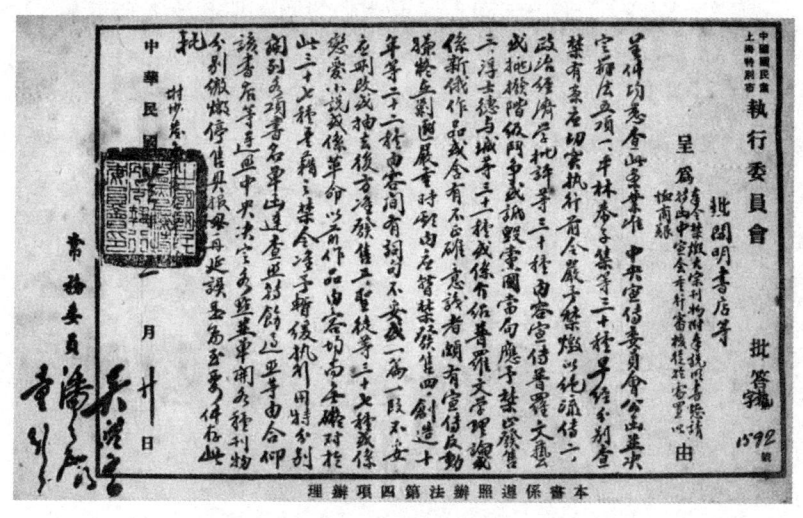

图3 《子夜》第四版删节本批答

由此可知,《子夜》被禁后,出版商并非是一开始就抽去了"犯忌"的两章,而是撕去了第四章的部分,撕去了第十五章全部,余则未做任何修改。至第五版后开始两章完全删去。由于这几个版本的其他文字及页码与初版本完全相同,字体也同为5号宋体,故可认定纸型亦相同。这样看来,瞿先生与孔先生所言并不准确,或者说他们可能见到的不是第四版而是其他版次,而且没有提及"本书已照著作权法呈请内政部注册并遵中央宣传委员会决定办法删改"与"本书系遵照办法第四项办理"这两个重要的字证及本文补充的具体细节。

由此,我们可以断定,从1934年6月《子夜》出版删节本算起,开明书店一共印行了四版删节本而不是一版,分别是:1934年6月第四版,1935年2月第五版,1935年9月第六版,1936年9月第七版。其中,第四版略异,即存在着少量的全本与少量的撕去部分页码的删节本,而第五至第七版完全相同。徐先生所说的第六版是足本以及孔先生所说的"是否只有第六版是删节本,以后就恢复了呢"显然不妥,因为笔者手上的实物第七版就是删节版。

那么,《子夜》从哪一年印入了被删去的两章使其成为全本呢?据笔者目前看到的是1939年2月的第七版。只是令人疑惑的是:由上文知道1936年9月上海开明书店印行的《子夜》第七版是删节本,而1939年2月上海开明书店印行的《子夜》全本,版次竟然也是第七版。随后,《子夜》分别在1939年6月和9月由上海开明书店印行第八版和第九版。为什么会出现两个第七版?是统计错误还是另有原因?有待我们继续探索。

《山雨》的初版本、跋及"黑名单"
——关于王统照及其《山雨》研究中一桩公案的辨正

关于王统照和他的《山雨》研究,至今仍有三个问题亟待解决。这三个问题是:一,《山雨》到底有几个初版本?二,《山雨》的跋又有几个?是否也有改动?三,王统照是否上了"黑名单"?这也被称为王统照及其《山雨》研究中的一桩公案。关于第一个问题,据王统照的外甥丁永志回忆:"《山雨》是舅舅在1932年写成的长篇小说,由上海开明书店初版发行。书出不久,国民党反动派即以这本书宣传阶级斗争为理由,下令禁止,后来删去了两章才得以继续发行。"①第二个问题由《王统照研究资料》的编者和中国现代文学馆选编《山雨》的编者先后失察所致。由于《山雨》出版后即被查禁,初版本流传甚少,而王统照又在1955年出版修订本《山雨》时将已做重要修改的跋的写定时间仍然标注为1933年6月16日,这使得选编者误认为王统照1955年《山雨》修订本的跋就是1933年初版本的跋,便将其全文收录于1983年宁夏人民出版社出版的《王统照研究资料》中(该书于2010年由知识产权出版社重版),后来许多学者信以为是,令人深感遗憾。而中国现代文学馆选编中国现代文学百家王统照代表作《山雨》初版本时,编者又未能实察两个初版本的跋之间微小但颇为关键的删改,又导致借位现象的发生。第三个

---

① 丁永志:《我的舅舅王统照——记忆中的几件事》,见山东省政协文史资料委员会、诸城市政协文史资料委员会合编:《王统照先生怀思录》,中国文史出版社1991年版,第263页。

问题由田仲济先生指出。他说,小说《山雨》出版后,"敌人是敏感的,国民党反动派深深地感觉到这个平日忠诚淳朴的作家,对他们是个危险人物了。因为他竟给他们敲起了丧钟,他明明是在说国民党的天下已到了'山雨欲来风满楼'的时节,山雨,自然是革命的大风暴了。这就使《山雨》出版不久就被禁售,而作者就上了黑名单"①。本文拟对王统照及其《山雨》研究中的这三个问题进行实证考辨,以解决这一悬而未决的公案。需要说明的是,本文旨在证"是"而不在辨"非",故对其他学者关于这一公案的误传及在《山雨》研究中误用跋的现象衍生的问题不予讨论。好在本文有图为证,亦即人们所言的有图有真相,读者自当明之。

一、《山雨》有几个初版本

《山雨》初版封面

《山雨》有几个初版本?对此,我可以肯定并负责地回答:两个。一

---

① 田仲济:《王统照文集·序言》(第一卷),山东人民出版社1980年版,第9页。

个是标印1933年9月由上海开明书店初版的《山雨》，全本，共28章，370页；另一个也是标印1933年9月由开明书店初版的《山雨》，删节本，删去了第24—28章，共23章，312页。之所以会如此，是因为1933年9月《山雨》出版后，12月遭国民党中央图书委员会查禁①，但这三个月当中，除出版社给作者部分全本样书外，仍有一些全本为书店所售出，故尚有极少量的全本《山雨》流布于世。而删节本则是小说被禁后，经书店交涉并按查禁意见删去第24—28章后准予发行时上市销售的。之所以版权页上还印明1933年9月初版，当是书店为经济起见，仍采用原版排印，纸型亦相同，仅处理了跋中的几个敏感字后就继续上市了，也就没有改动出版时间。②（见图1）

众所周知，早在北洋政府执政时，1914年12月4日，时任国务卿陆徵祥就签署了具有现代意义的《出版法》，其中，对不得出版的图书做出了如下规定："一、淆乱政体者；二、妨害治安者；三、败坏风俗者；四、煽动曲庇犯罪人、刑事被告人或陷害刑事被告人者……"③国民政府定都南京后，于1929年1月10日颁布《宣传品审查条例》，规定："凡含有下列性质之宣传品为反动宣传品：一、宣传共产主义及阶级斗争者；二、宣传国家主义、无政府主义及其他主义而攻击本党主义政纲政策及决议案者；三、反对或违背本党主义政纲政策及决议案者；四、挑拨离间，分化本党者；五、妄造谣言，以淆乱观听者。"发现则"查禁封查或究办之"。④ 同年8月23日，国民政府再次颁布《出版条例原则》，除定义何

---

① 《国民党反动派查禁文艺书目补遗》，见张静庐辑注：《中国现代出版史料（丙编）》(5)，上海书店出版社2003年版，第152页。

② 实际上这个删节本的出版时间应该是在1934年4月以后的事了。据查，国民党中央图书审查委员会成立于1934年4月5日。见中国第二历史档案馆：《中华民国史档案资料汇编》（第五辑），凤凰出版传媒集团1998年版，第4页。

③ 《出版法》，见中国第二历史档案馆：《中华民国史档案资料汇编》（第三辑），凤凰出版传媒集团1998年版，第485页。

④ 《宣传品审查条例》，见中国第二历史档案馆：《中华民国史档案资料汇编》（第五辑），凤凰出版传媒集团1998年版，第74—76页。

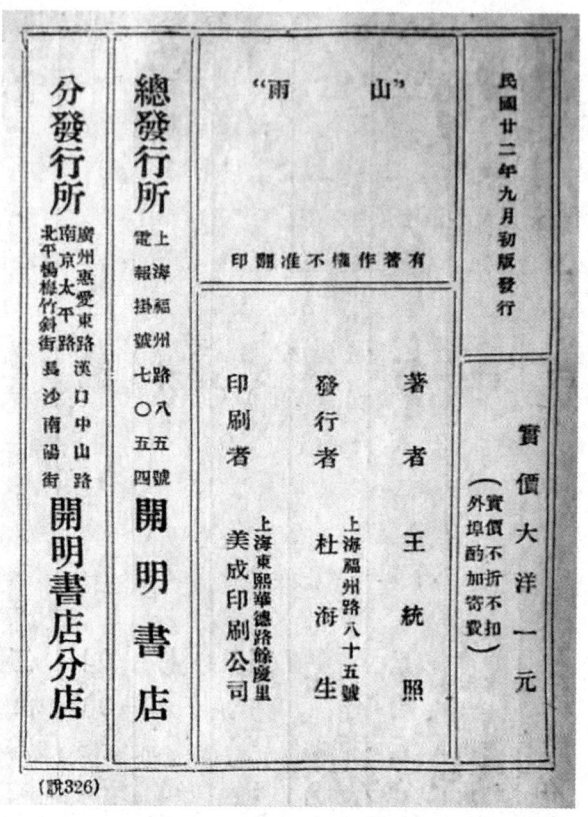

图 1 《山雨》1933 年 9 月初版删节本版权页。因纸型同,故该版封面与版权页均与全本同

为出版品及构成出版品的关系人外,也制订了不得登记的出版品及处置办法,即"凡出版品有下例情事之一者不得登记,其已登记应撤销之。1. 宣传反动思想者;2. 违反国家法令者;3. 败坏善良风俗者;4. 妨害治安者。"对出版品的处置办法是:"1. 纠正;2. 警告;3. 查禁或拘罚"①。

---

① 《出版条例原则》,见中国第二历史档案馆:《中华民国史档案资料汇编》(第五辑),凤凰出版传媒集团 1998 年版,第 76—77 页。

1930年3月17日,国民政府再次制订《出版法》,5月又颁布《出版法施行细则》①,特别是国民政府教育部1933年10月24日发布《教育部转发行政院关于注意学生思想与查禁普罗文学刊物的密令》②,先后两次查禁了一大批普罗文艺,在上海出版业引起了巨大的震动。由于这两次查禁波及面大,查禁图书458种③,致使大量的中小型出版社亏损严重,于是上海各书店老板纷纷上书上海市党部,"请求重新审查,分别重新处理,以苏商困而维文化事","倘有违碍之篇章字句,请予分别指出,饬令商店等遵照修改,或留出空白,改版印行,免其完全销毁。庶商店等辛苦经营之血本,不至丝毫无着,而中央纠正思想、取缔出版之至意,亦弥见慎重,于文化前途,裨益实多,是否可行,伏乞指示遵行,实为德便"。④ 之后再次上书上海市党部并提出七条解决方案,其中第五条提出:"各书中有商店等公认为并非反动,或其中偶有一二违碍字句者,由商店等列表说明该书内容,请求重新审查,准许发行。或将其中违碍字句酌量删改,保留其余各部分,准许发行。"⑤随后,上海特别市党部执行委员会批令,以"恤商艰由",确定了几类查禁书目的具体处理办法,准许"内容间有词句不妥,或一篇一段不妥,应删改或抽去后,方准发售"。⑥《山雨》当属于此例。⑦ 于是,上海开明书店援例删去后五章后

---

① 《出版法施行细则》,见中国第二历史档案馆:《中华民国史档案资料汇编》(第五辑),凤凰出版传媒集团1998年版,第78—84页。

② 《教育部转发行政院关于注意学生思想与查禁普罗文学刊物的密令》,见中国第二历史档案馆:《中华民国史档案资料汇编》(第五辑),凤凰出版传媒集团1998年版,第232—234页。

③ 《国民党反动派查禁文艺书目补遗》,见张静庐辑注:《中国现代出版史料(丙编)》(5),上海书店出版社2003年版,第144—145页。

④ 《上海各书局呈市党部文》,见王煦华、朱一冰合辑:《1927—1949年禁书(刊)史料汇编》(2),北京图书馆出版社2007年版,第78—81页。

⑤ 《上海各书局再呈市党部文》,见王煦华、朱一冰合辑:《1927—1949年禁书(刊)史料汇编》(2),北京图书馆出版社2007年版,第83页。

⑥ 《中国国民党上海特别市党部执行委员会批令》,见王煦华、朱一冰合辑:《1927—1949年禁书(刊)史料汇编》(2),北京图书馆出版社2007年版,第84—110页。

⑦ 虽没找到查禁《山雨》原件,但从解禁通知中可反推其内容。

并按规定在书末专门附印准印"通知"遂得以重新发行上市。《通知》（见图2）全文如下：

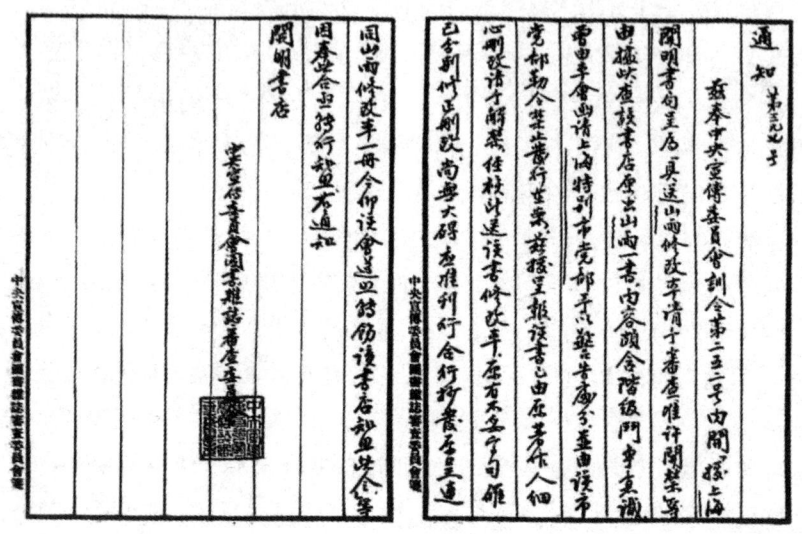

图2 《山雨》初版删节本文末所附准售通知

通知第三九七号

兹奉中央宣传委员会训令第二五二号内开"据上海开明书局呈为'具送《山雨》修改本，请予审查，准许开禁'等由。据此，查该书店原出《山雨》一书，内容颇含阶级斗争意识，曾由本会函请上海特别市党部予以警告处分，并由该市党部勒令禁止发行在案。兹据呈报，该书已由原著作人细心删改，请予解禁。经核所送该书修改本，原有不妥字句确已分别修正删改，尚无大碍，应准刊行。合行抄发原呈连同《山雨》修改本一册，令仰该会遵照。转饬该书店知照。此令"。

等因奉此。合亟转行知照。右通知

开明书店

中央宣传委员会图书杂志审查委员会（章）

1936年8月,《山雨》删节本由上海开明书店再版。1938年12月,《山雨》由上海开明书店印行第三版,但此时已恢复为28章的全本印刷了。

二、错位的跋

既然《山雨》有两个初版本,也都为1933年9月版,那么是否也有两个跋呢?答案同样是肯定的:两个跋。一个是全本跋,一个是删节本跋,但删节本的跋与全本的跋基本相同,只是在这小段文字中——"再加上革命青年与痛苦妇女的失望与觉悟,以人类的伟大同情与恶势力相抗争作归结。另一种就是《山雨》,意在写出北方农村崩溃的几种原因与现象,及农民的自觉"。删去了"革命"与"及农民的自觉"这八个"敏感"字。由于《王统照研究资料》编者将1955年修改本的跋误认为是1933年9月的跋收录其中,致使以讹传讹,故本文将1933年9月初版全本的跋附上(见图3)。

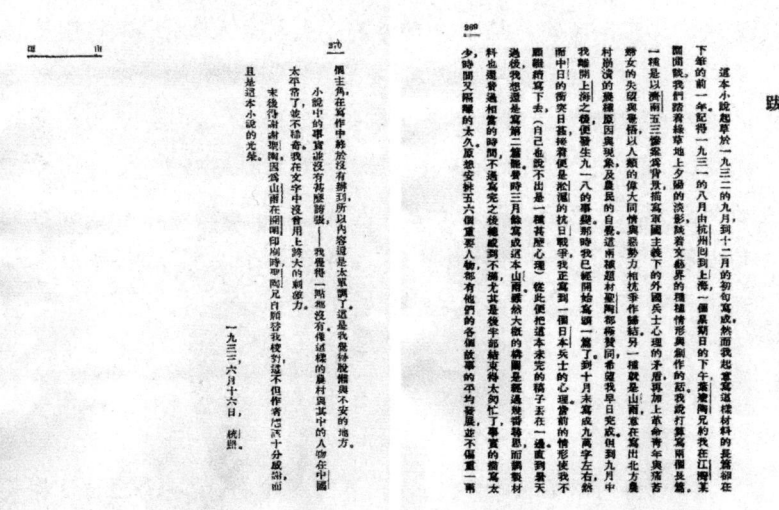

图3 《山雨》1933年9月初版全本跋

又因《山雨》的跋不长,故全文录入如下:

　　这本小说起草于一九三二年的九月,到十二月的初旬写成,然而我起意写这样材料的长篇却在下笔的前一年。记得一九三一年的八月由杭州回到上海,一个星期日的下午,叶圣陶兄约我在江湾某园闲谈。我们踏着绿草地上夕阳的淡影,谈着文艺界的种种情形与创作的话。我说打算写两个长篇。一种是以济南五三惨案为背景,描写军国主义下的外国兵士心理的矛盾,再加上革命青年与痛苦妇女的失望与觉悟,以人类的伟大同情与恶势力相抗争作归结。另一种就是《山雨》,意在写出北方农村崩溃的几种原因与现象,及农民的自觉。这两种题材圣陶都极赞同,希望我早日完成。但到九月中我离开上海之后,便发生九一八的事变。那时我已经开始写头一篇了。到十月末写成九万字左右,然而中日的冲突日甚,接着便是淞沪的抗日战争,我正写到一个日本兵士的心理。当前的情形使我不愿继续写下去,(自己也说不出是一种甚么心理)从此便把这本未完的稿子丢在一边。直到暑天过后,我想还是写第二篇罢。费时三月余写成这本《山雨》。虽然大概的构图是经过几番寻思,而调制材料也还费过相当的时间,不过写完之后总感到不满,尤其是后半部结束得太匆忙了,事实的描写太少,时间又隔离的太久。原想安排五六个重要人物,都有他们的各个故事的平均发展,并不偏重一两个主角,在写作中终于没有办到,所以内容还是太单调了。这是我觉得脱懒与不安的地方。

　　小说中的事实并没有甚么夸张,——我觉得一点都没有。像这样的农村与其中的人物在中国太平常了,并不稀奇。我在文字中没曾用上夸大的刺激力。

　　末后得谢谢圣陶,因为《山雨》在开明印刷时,圣陶兄自愿替我校对,这不但作者应该十分感谢,而且是这本小说的光荣。

　　　　　　　　　　　　　　　　　一九三三,六月十六日,统照。

不过，中国现代文学馆编选中国现代文学百家时，编选的《山雨》初版本却又出现了错位：华夏出版社1997年1月版（十元书系）收录的是23章的初版删节本，而2009年1月版的则是28章的全版初版本，但跋却收录的都是删节版的跋，当是失察所致了。至于王统照1955年修订《山雨》及跋并收入后来的单行本及文集中，引发对创作的不同认识，不在文本论列之内，故不述。

三、怎样的"黑名单"

前文已述，"黑名单"一事由田仲济先生提出。由于田先生的影响力，加之王统照先生确实又于1934年2月经上海起程前往欧洲游历，因此，王统照之所以出国是因为《山雨》受到了查禁且上了国民党的"黑名单"，故而出国躲避风头一说在学界传之久远。殊不知，这一问题的漏洞是显而易见的，即迄今为止，无人见到这份传说中的"黑名单"。我认为，此事的最初起因很可能是时任武汉警备区司令的叶蓬颇感普罗文学"用意全系挑拨阶级情感，企图煽起斗争，以推翻现有一切制度；其为祸之烈，不可言喻"①，故呈报军事委员会委员长南昌行营，南昌行营接报后再呈行政院，行政院责令教育部及主要大学，"务须切实办理为要"。于是，国民政府教育部1933年10月24日发布《教育部转发行政院关于注意学生思想与查禁普罗文学刊物的密令》，并"附呈中国'普罗文学'作家姓名表一份"。此表的附发及其传闻，引起了许多作家的恐慌（此档案北京大学与南京大学档案馆等均有原件）②，但由于两档均

---

① 《教育部转发行政院关于注意学生思想与查禁普罗文学刊物的密令（1933年10月24日）》，见中国第二历史档案馆：《中华民国史档案资料汇编》（第五辑），凤凰出版传媒集团1998年版，第233页。

② 《教育部转发行政院关于注意学生思想与查禁普罗文学刊物的密令（1933年10月24日）》，见中国第二历史档案馆：《中华民国史档案资料汇编》（第五辑），凤凰出版传媒集团1998年版，第232—234页。

缺失普罗作家姓名表这一附件,致使"黑名单"上到底有谁,成为悬案。这也因之成为现代文学学界的一桩公案。笔者经过查阅,在《警备专刊》1933年第7期上找到了1933年9月15日武汉警备区司令叶蓬签发的《训令所属各机关部队为据报密查汉口市各书店刊物经过情形附抄中国普罗文学作家姓名表令仰查扣以杜流传文(参字第四五一号)》原件,里面恰巧附有"中国'普罗文学'作家姓名表"。我认为,这应该就是那份传说中的"黑名单"。为使大家能窥之全貌,也因本史料首次披露,故全文附图如下(见图4、图5、图6):

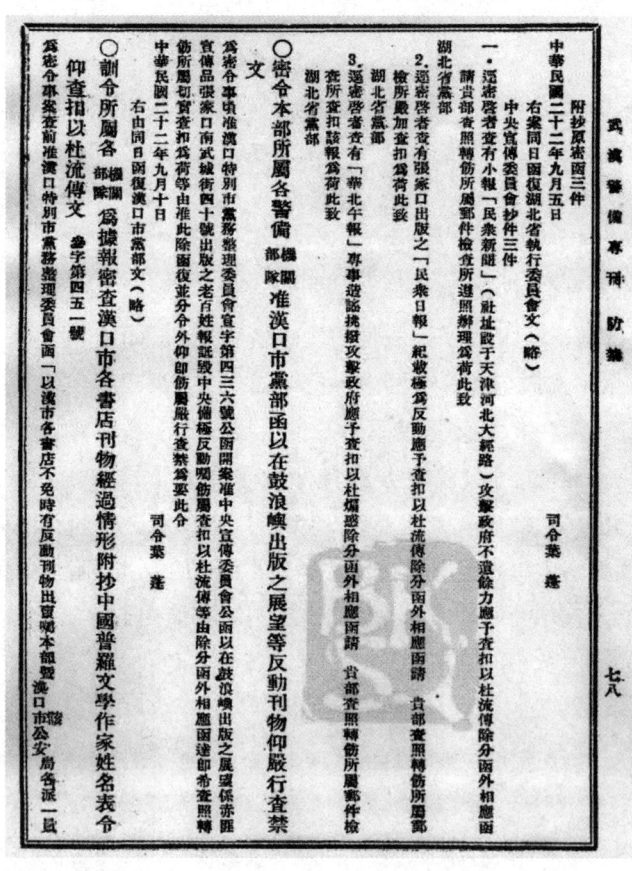

图4　中国"普罗文学"作家姓名表[前]

會同該會前往密查以杜隱患」。會經令劉密查證派定本部參謀李起坤執行密查並令伤所周一體維護各在案茲據該員報告稱：

「謹呈者職奉派會同澳口市公安局協助市黨部密查本市各書店刊物計前後兩次第一次三個半天檢查完畢第二次兩個半天檢查完畢其發還與扣留之刊物已面告黨部內交通部將本市書店刊物除極少數之純文藝書件外均係上海出版大部由輪運少數由郵遞到澳此刊物巳面查黨部代售書籍或印刷局文具店店員營代售其書籍除極少數之純文藝書件外均係上海出版大靚秀俠 為正式書店出售新舊雜誌者不足二十家其餘皆小書攤或印刷局文具店員營代售書籍除其他各反動書傳及兒童讀物及社會及自然科部之純理論作品併飭注意外其應予查禁者厥為1．非黨之通告議案或秘密文件及其附近地帶檢查之對象除學校課本傳記小說兒童讀物及社會及自然科學之純理論作品並飭注意外其應予查禁者厥為1．共黨之通告議案或秘密文件及其附近地帶檢查之對象除學校課本傳記小說兒童讀物及社會及自然科 既毀政府之刊物2．普羅文藝關于一種反動刊物蓋此類普羅作家能本無產階級之立場顛倒黑白混淆是非本市各大小書店均未發現其最難潛查者第二種之普羅文藝刊物蓋此類普羅作家能本無產階級之立場顛倒黑白混淆是非本市各大小書店尚未發現其現在經濟制度攻擊甚深刻筆致輕鬆但本黨主義抹煞不以露骨之名詞嵌入文句注重題材運用新寫實派之技術雖稱前情 傳達來浪其他雜膏低雜能爆發多船船艙艙危險性其實並不大而事可知也本市坊間迫促當然而一方又呈閃避政府之注意蘇俄十月革命之成功奪得力于文字宣部亦類俑其餘對象與時代背景已過時故惟賁表心事關係至大過慮審經密檢查之結果已扣留多種於中國黨部茲將中國普羅文學作家姓名列表呈明尙呈庶呈表以危機如您組設專察機關聘任時藝作家姓名列表呈明倘呈表附呈中國普羅文學作家姓名一份以備機關聘任對於此類文藝兼有認識者若干人悉心審查槪衡至常無稽無枉然國前途之進步親之等情附呈中國普羅文學作家姓名一份據此除粗設專察機關一節已函澳市黨務處理委員會酌予採擇並分別呈覆令伤外合亟檢發附表令伤該項刊物廢棄查扣以絕流傳而過亂萌為要此令

附檢發中國「普羅文學」作家姓名表一份

中國「普羅文學」作家姓名表

魯迅　　茅盾　　秦豐陶　　夏丐尊　　郁達夫　　沈端先
洪深　　田漢　　穆木天　　鄭伯奇　　綠時英　　適夷
靚秀俠　　沈起予　　丁玲　　楊騷　　靚音秀　　張天翼

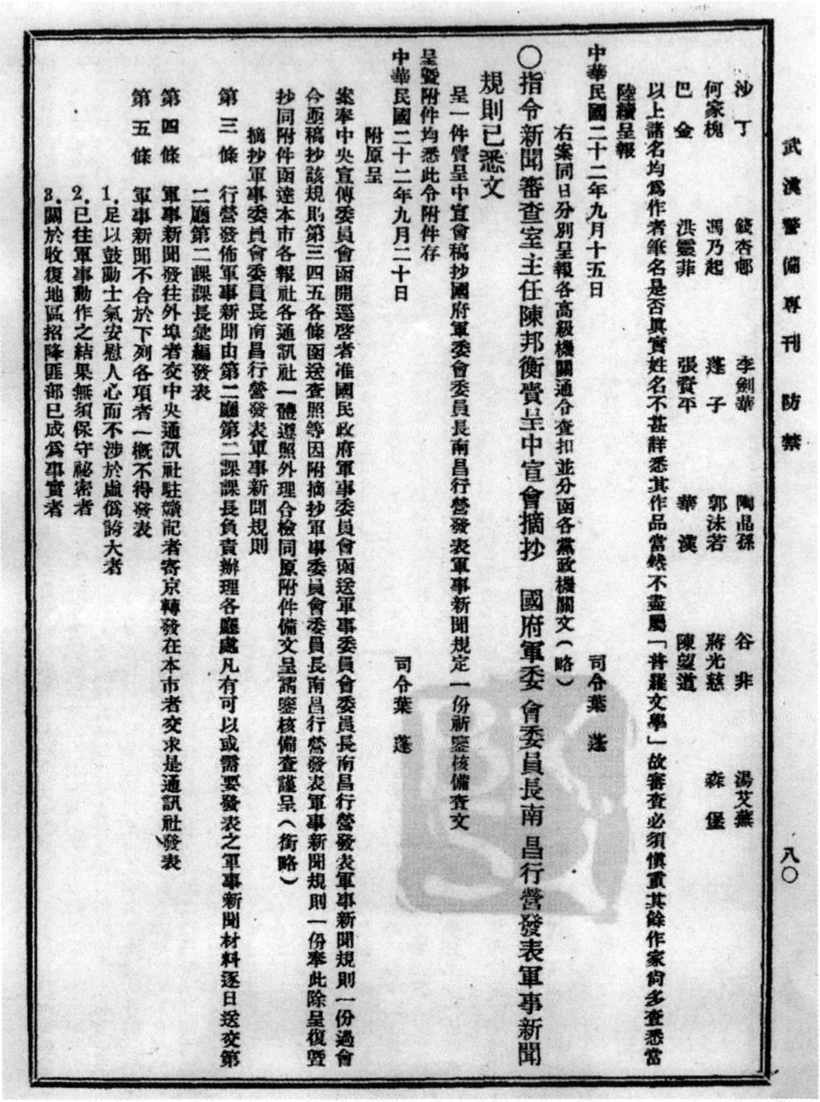

武漢警備專刊 防禁 八〇

沙丁 錢杏邨 李劍華 陶晶孫 谷非 湯艾蕪
何家槐 馮乃超 蓬子 郭沫若 蔣光慈 森堡
巴金 洪靈菲 張資平 華漢 陳望道

以上諸名均爲作者筆名是否真實姓名不甚詳悉其作品當然不盡屬「普羅文學」故審查必須慎重其餘作家尙多查悉當陸續呈報

中華民國二十二年九月十五日 司令葉蓬

右案同日分別呈報各高級機關通令查扣並分函各黨政機關文（略）

○指令新聞審查室主任陳邦衡賫呈中宣會摘抄國府軍委會委員長南昌行營發表軍事新聞規則已悉文

呈一件賫呈中宣會稿抄國府軍委會委員長南昌行營發表軍事新聞規定一份祈鑒核備査文

呈暨附件均悉此令附件存

中華民國二十二年九月二十日 司令葉蓬

附原呈

案奉中央宣傳委員會函開逕啓者准國民政府軍事委員會函送軍事委員會委員長南昌行營發表軍事新聞規則一份過會合亟稿抄該規則第三四五各條函送査照等因附摘抄軍事委員會委員長南昌行營發表軍事新聞規則一份奉此除呈復暨抄同附件函達本市各報社各通訊社一體遵照外理合檢同原附件備文呈請鑒核備査謹呈（銜略）

摘抄軍事委員會委員長南昌行營發表軍事新聞規則

第三條 行營發佈軍事新聞由第二廳第二課課長負責辦理各廳處凡有可以或需要發表之軍事新聞材料逐日送交第二廳第二課課長彙編發表

第四條 軍事新聞發往外埠者交中央通訊社駐贛記者寄京轉發在本市者交求是通訊社發表

第五條 軍事新聞不合於下列各項者一概不得發表

1.足以鼓勵士氣安慰人心而不涉於虛僞誇大者
2.已往軍事動作之結果無須保守祕密者
3.關於收復地區招降匪部已成爲事實者

图6 中国“普罗文学”作家姓名表[后]

由于"密令"内容已收入多种公开出版的档案史料中,故不再另行录入,仅将首次披露的作家名表录罗列如下:鲁迅、茅盾、叶圣陶、夏丐尊、郁达夫、沈端先、洪深、田汉、穆木天、郑伯奇、穆时英、适夷、祝秀侠、沈起予、丁玲、杨骚、祝百秀、张天翼、沙丁(汀)、钱杏邨、李剑华、陶晶孙、谷非、汤艾芜、何家槐、冯乃超、蓬子、郭沫若、蒋光慈、森堡、巴金、洪灵菲、张资平、华汉、陈望道。由此得知,"中国'普罗文学'作家姓名表"共有 35 位作家,除祝百秀不详外,其余均为当时有一定声望的作家,也确实有相关的著译之作被查禁过。而祝百秀据刘增人老师确认,不是王统照的笔名。如此说来,可以基本断定,王统照上"黑名单"一事当为误传,即:空有来风,查无实处。至于缘何误传以及究竟为何出国,笔者就不在这里臆测了。

综上,通过对王统照及其《山雨》研究中初版本、跋及"黑名单"这桩公案的辨证,笔者发现,《山雨》有两个初版本,一个是 1933 年 9 月开明书店初版的 370 页的全本,另一个也是 1933 年 9 月初版但实际为 1934 年 4 月后出版的 312 页的删节本。删节本有初版本与 1936 年 8 月再版本两种,文末附有解禁销售的《通知》;全本也有初版本和 1938 年 12 月第三版两种,文末没有解禁销售的《通知》。跋同样有两个,即全本跋与删节本跋,只是两者差异极小,删节本删去了"革命"与"及农民的自觉"这八个"敏感"字,表明书店遵循了图审会的审查规定,避免了不必要的麻烦,得以继续销售。但是,在 1983 年出版的颇有史料价值的《王统照研究资料》及中国现代文学馆 2009 年编的初版本《山雨》中,跋确实存在错位的现象。至于王统照上"黑名单"一事,当为误传。

不妥之处,敬请读者批评指正。

如何辑与如何用
——中国现代长篇小说接受史料与接受研究中的两个问题

史料对学术研究的重要性及其意义是不言而喻的,尽可能充分地掌握并严谨地运用第一手原始材料,返归现场,还原历史,做出符合历史本相且客观的评价,是每个学者所应具备的基本素养。笔者近几年来在对中国现代长篇小说接受史料进行发掘与整理时,就是秉承着这一精神去操作、去实践的,虽然还存在着有待完善之处,但毕竟是我努力与追求的目标。也就是在发掘与整理现代长篇小说史料的这几年里,我认为现代长篇小说接受史料存在着两个问题:①辑录者的"偏""漏""瞒";②创作者(也偶含辑录者)的"添""改""删"。这两个问题直接影响着中国现代长篇小说接受视野的生成与深化(甚至在一定程度上也影响着现代文学史接受视野的生成与深化),有必要将这些问题指出来与专家学者们一起探讨,也希望能对中国现代长篇小说的接受研究有所助益。需要说明的是,我的侧重点在于这些史料对中国现代长篇小说接受产生的影响,而不是这些史料背后的思想史或文化史意义。不妥之处,敬请方家批评指正。

一、辑录者的"偏""漏""瞒"

如何辑录史料和辑录什么对于成熟规范的古典文献学而言,自有其基本的辑录原则和严整的操作规范。对于中国现代文学史料学而言,虽然对此有所借鉴并达成相应的学术共识,但由于岁月动荡所造成的史料遗缺,或时代语境对接受者观念的束缚,或者当事人或其亲属对可能关涉利害关系的顾虑,等等,如何辑录与辑录什么就成为辑录者不得不考虑的问题。表现在中国现代长篇小说接受史料的辑录上,对这一问题的顾虑就出现了无法避免的"偏""漏""瞒"的问题,对现代长篇小说接受视野的生成与展示产生了重要的影响。

所谓"偏",是指辑录者由于受接受观念等的影响而有意对接受史料表现出的倾向性,从而使呈现的接受视野基本为该文本的正面阈值的择其要录,而非全面的、客观的视野呈现。这虽也在很大程度上折射出该文本的接受史态,但这种带有倾向性的辑录立场,依然遮蔽了历史的原貌,也在一定程度上误导了后来的接受者。这种因显在的倾向性所导致的史料缺辑,笔者称之为"偏"。当然,"偏"与"漏"不同,也不是"瞒"。"漏"是因为客观条件所限不知尚有相关文献造成遗缺,"瞒"则是有意隐瞒,多是将负面的史料刻意隐去。若以《中国现代文学史资料汇编》(乙种)及《中国当代文学研究资料》等为例,"偏"多指仅列入资料索引但不节录其原文,"漏"和"瞒"则既不见正文,也不见索引。但"漏"为非主观因素所致,"瞒"则为主观因素所为,二者有着较为明确的界限。明晰了这一区分,我们就可以对"偏""漏""瞒"的现象做进一步探讨了。

先说"偏"。文学接受是一个复杂的精神现象,因而西方有所谓"一千个读者有一千个哈姆莱特"之说。对于中国现代长篇小说的接受来说也不例外,而且越是有影响的作品,接受的分野就越为显在。例如,当年《子夜》刚一出版,陈思、禾金、门言等就对《子夜》提出了不同的认识[1],但在《茅盾研究资料》和《茅盾专集》中[2],这些不同的质疑声并没有全文或部分节录其内,若以这两本史料所辑录的文章为中心梳理《子夜》的接受史貌,则会认为《子夜》自出版就获得了高度的肯定,实际上,

---

[1] 陈思广:《中国现代长篇小说编年》,四川大学出版社2008年版,第94—98页。
[2] 孙中田、查国华编:《茅盾研究资料》(上、中、下),中国社会科学出版社1983年版;唐金海、孙海珠编:《茅盾专集》(第二卷)(上、下),福建人民出版社1985年版。

《子夜》的接受是在多向的质疑声中拉开序幕的。① 相似的问题还出现在《围城》中。方典（王元化）的《论香粉铺之类》和张羽的《从〈围城〉看钱锺书》两文在《钱锺书　杨绛研究资料集》中也未予以节录②。当然，这两篇文章学理性不强，是否节录见仁见智，但如果将当时这两篇并不长的反对声音节录于书中（哪怕是其中的一篇），既反映出《围城》的接受史貌，也达到为接受者提供检阅便利的目的。这不仅是因为当年对《围城》的理解确实存在着争议，还因为后来的接受者在反驳《围城》的攻击时往往举其为例，若能节录其中，自然能使接受者事半而功倍。另具典型性的是前美国新闻处总编辑华思的遭遇。《骆驼祥子》英译本在美国出版后，华思很快写了《评〈骆驼祥子〉英译本》一文，高度认同这部表现"一个想到北平谋生的青年农民的偶有的快乐与数不清的烦恼的直朴的故事"，将它视作了解中国普通人民的人道主义及其不可毁灭性的一本"最适当的著作"，认为它能在美国传播，是"中美了解事业中的一件大事"。③ 然而，这篇极具重构意义的接受视野却未能辑文于《老舍研究资料》，令人遗憾。如果说《子夜》《围城》的辑录之偏或许有维护文本的"经典性"之意，那么《骆驼祥子》的辑录之偏是否是由于阐释者为美国人而当时——20世纪80年代初期中美观念尚存偏见而失之于文呢？

再说"漏"。史料是个无底洞，穷尽史料的意愿只能是美好的愿望。但随着计算机的广泛运用以及全国各大图书馆（含高校图书馆）相应数据库的建立，许多所需史料足不出户就可通过电脑予以检索，极大地方便了史料的辑录，一大批以往未被人们发现的史料也重新被发现。例如杨邨人的《茅盾的〈子夜〉》④、尉迟憩亭的《赵子曰》⑤、石岩的《读茅

---

① 陈思广：《审美之维：中国现代经典长篇小说接受史论》，四川大学出版社2012年版，第六章"未完成的展示"。
② 田蕙兰等编：《钱锺书　杨绛研究资料集》，华中师范大学出版社1997年版。
③ 华思：《评〈骆驼祥子〉英译本》，载《扫荡报》1945年8月27日。
④ 《时事新报·星期学灯》1933年6月18日。
⑤ 《津汇月刊》1935年第4期。

盾的〈霜叶红似二月花〉》①、凯蒂的《关于〈引力〉》②、中山大学文学院关于《〈春寒〉讨论总结》③等等,仅就笔者近几年搜集整理现代长篇小说的新接受史料为例,未见于各研究资料索引的就达 50 余篇,若再肯花时间或随着高校数据库检索系统的更加完备,拣"漏"过百并非不可能。当然,这个"漏"是正常的"漏",但对于接受史貌的归纳与梳理以及接受视野的拓展有一定的影响。例如,对于《骆驼祥子》的接受就有学者认为:"对《骆驼祥子》的批评意见在当时竟比肯定要多!"④还有的学者直言:"《骆驼祥子》生不逢时,民族危亡在即,很少有人关注这部作品问世,即使后来注意到它的存在也没有精力写成像样的研究文章。"⑤这显然与实际情况存在着较大的偏差。而关于《春寒》的接受很可能被误认为无人问津等。但有些"漏"如《萧乾研究资料》⑥,没有辑录一篇关于萧乾长篇小说《梦之谷》的接受文章,就令人感到失望,对中国现代长篇小说接受研究的意义也就无从谈起了。

最后说"瞒"。瞒是一种刻意的主观行为,之所以出现这种情况,我以为,为贤者讳当是主要的原因。例如,在《叶圣陶研究资料》⑦中,钱杏邨并不认同《倪焕之》的"扛鼎性",他说:"茅盾说,《倪焕之》是十年来的扛鼎之作,但我们却不能说出《倪焕之》是如何的'扛'法。"这一视野出自《一九二九年中国文坛的回顾》,原载《现代小说》1929 年第 3 卷第 3 期,署名刚果伦,后收入神州国光社 1930 年 5 月出版的《文艺批评集》第 190—205 页。但辑录者辑录的只是《文艺批评集》中的《关于〈倪焕之〉》一文,而对《一九二九年中国文坛的回顾》一文中关于《倪焕之》

---

① 《中坚》1946 年第 1 卷第 1 期。
② 《风下·新妇女联合刊》1948 年第 3 期。
③ 《青年知识》1948 年第 35 期。
④ 史承均、宋永毅:《老舍研究的历史回顾(1928—1976)》,载《中国现代文学研究丛刊》1988 年 4 期。
⑤ 石兴泽:《老舍研究的历史回顾与思考》,载《文学评论》2008 年第 1 期。
⑥ 鲍霁编:《萧乾研究资料》,北京十月文艺出版社 1988 年版。
⑦ 刘增人、冯光廉编:《叶圣陶研究资料》,北京十月文艺出版社 1988 年版。

的否定性接受文字"视而不见",这就有"瞒"的嫌疑了。再举一典型的实例。李克异(1920—1979)是现代优秀作家,原名郝维廉,又名郝赫,郝庆松,笔名吴明世、袁犀、李克异等。由于他在日伪统治华北时文名显赫,如何编撰《李克异研究资料》就成为编撰者必须面对的棘手难题。目前我们看到的这本由李士非等人编集而成,广州花城出版社1991年出版的《李克异研究资料》,就成为只收集李克异正面史料的一本"半成品",而关涉其负面的材料则全部未予以收录,这就不能用"漏"来解释,而只能是"为贤者讳"的"瞒"了。例如,1942年11月《华北作家月报》第2期曾刊登一消息,《斡旋会员郝庆松献金》:"会员郝庆松前由本协会派遣赴济南一带视察治运状况,一路收获颇多,今为感谢皇军赫赫战果,自动愿尽枪后国民之诚,将治运视察旅费金提出一百元,献金与北支派遣,当由本协会代为斡旋呈送北支军局矣。"同时还刊有一文,《由都市到乡村——治运视察报告会讲演词之三》,作者郝庆松,文中有如下字句:"在乡下我看见了英勇的日本军,治安军,他们在千难万苦之中,从事着职业工作,对于本次治运运动之一的'幽灭共匪',不待言说的持有着坚定的信念。而农民们出由各方面协力这工作,修护着道路,修建关楼,双手口是的从事着这样困难艰苦的工作。所谓'建设华北,完成大东亚战争'这一伟大丰实的理念,倘说是由农民之手,由农民之力完成的,也非恰当。"毫无疑问,这是郝庆松附逆时的发言,辑录于书对后人是一个极为尴尬的存在。在长篇小说《贝壳》的接受上,也存在着同样的现象。这部小说曾于1943年获"大东亚文学奖副奖",而且因之引起了一番争议①,但是,这一争议现象同样失收于《李克异研究资料》。至于批评的接受视野,哪怕是较为准确的评价,如麦耶(董乐山)认为:"很显然,作者的目的,是想借这一本小说,暴露出现代知识分子的丑恶。"但由于作者对于知识与教养的价值的否定理解,使作者"没有

---

① 相关文章参见志智嘉:《以甚什么为基准而授赏了呢》,载《敦邻》1944年第1卷第4—5期;雪魂:《关于袁犀和贝壳》,载《敦邻》1944年第1卷第4—5期。

把握到它们的本质,只表面地看到了一些它们被歪曲施行了的一些丑恶的现象,便贸然发出这种'对人类的哭声,对于人类的绝望'。于是,便陷入了悲观主义的泥淖,在《贝壳》这本小说里的人物,便全是'苍白而贫血的',而其思想,也是颓废的,怀疑的"①。该书也采取了"回避"的方式。这就不能不使人们对这本资料的客观性、真实性与权威性产生怀疑了。历史就是历史,刻意隐瞒绝非史料工作者所应有的态度。《敦邻》《杂志》《华北作家月报》等是日伪时期著名的文学刊物,甚至可以说是研究华北沦陷区文学的基本杂志,许多省级以上图书馆或老牌大学图书馆都有馆藏,编撰者未能将这些基本的材料搜集于内(索引仅收《华北作家月报》第 7 期),史料难觅恐不是主要因素。我想,这不是个案,对于沦陷区作家,对于附逆文人(例如《张资平研究资料》至今未能出版),如何辑录和辑录什么都是一个十分棘手的问题。

二、创作者的"添""改""删"

创作者毋庸置疑拥有修改自己作品的权利,但本文所指的并非是作家对小说文本的修改,而是指创作者(也偶含辑录者)对接受史料的添、改、删,即对小说前言与后记的添、改、删。由于中国现当代历史的曲折多变,跨越不同时代的作家们为了应和时代的语境在重版旧作时大多对前言或后记进行了不同程度的调整,因此,对前言或后记的添、改、删是跨越两个时代的作家中极为普遍的现象。当然,如果这种调整是一种正常的创作感言与思绪传达也无可厚非,但如果这其中隐含着什么,或者说需要接受者对这一接受史料加以辨伪,否则极易堕入虚假推定、以假乱真的泥沼,甚至对文本产生误读,那么就是一个值得认真思索的问题了。

我们同样先从"添"说起。茅盾的《子夜》自 1933 年 1 月出版以来,

---

① 麦耶:《贝壳》,载《杂志》1944 年第 12 卷第 5 期。

一直沿用初版的后记,直到1977年人民文学出版社重新再版《子夜》时,才新添了茅盾应邀写的《再来补充几句》作为新的后记。从此,这一版本成为新时期最为通行的版本,而茅盾在其中关于《子夜》的创作意图及主题的阐释亦广为流传,特别是策应"社会性质论战"与"反对托派说"的观点,影响深远,几乎成为一个时代理解《子夜》创作意图与主题的唯一视野。如钱理群等就认为:"吴荪甫的悲剧命运正是说明了:在帝国主义统治下,中国民族工业是永远得不到发展的,半封建半殖民地的中国是永远不可能走上资本主义道路的。这是《子夜》的主旨所在。"①但是,如果以此对读文本,我们就会发现,"回答托派说"的创作意图与文本的客观呈现之间存在着明显的罅隙,即关键人物的失败因由与结局走向并不契合作者对创作动因的理性揭示。例如,民族资本家吴荪甫并不是败在买办资本家赵伯韬手中,而是败在杜竹斋的倒戈上。正如小说所写的那样:"要是吴荪甫他们的友军杜竹斋这当儿加入火线,'空头'们便是全胜了。"也就是说,当吴荪甫与赵伯韬在公债市场相互胶着甚至略占上风时,善于见风使舵与投机经营的杜竹斋见义忘利,将自己的资本投入"多头",使得吴荪甫最终一败涂地。又如,茅盾认为,中国民族资产阶级的"出路"是两条:一是投降帝国主义,走向买办化;二是与封建势力妥协。他们终于走了这两条路。但文本的实际结局是以吴荪甫为代表的民族工业资本家既没有投降帝国主义,走向买办化(只有周仲伟被迫买办化,而吴荪甫只是对此有过动摇的念头),也没有与封建势力妥协,而是以一种悲壮的破产的方式结束了他们的商战之旅。因此,茅盾的"回答托派说"实际上成为预设《子夜》创作意图的一个温柔的陷阱。所以,夏志清将《子夜》视为一部"透彻地表露1930年的中国面貌","给中国社会来一个全盘的检讨"的小说。②而这

---

① 钱理群等主编:《中国现代文学三十年》,北京大学出版社1998年版,第229—230页。

② 夏志清:《中国现代小说史》,刘绍铭编译,香港友联出版社有限公司1979年版,第131—136页。

正与茅盾在初版后记中的自述——"大规模地描写中国社会现象的企图"相契合。再比如茅盾的《第一阶段的故事》。1957年出版《茅盾文集》第四卷时,茅盾在《第一阶段的故事》之末增添了《新版的后记》。与原后记不同的是,茅盾特意提到了小说的人物"何去何从"的问题。他说:"这本小书的结尾已经写到一些青年知识分子选择了正确的道路,——到陕北去。这是象征着当时青年知识分子(尽管他们出身于民族资产阶级的家庭或地主的家庭或小资产阶级的家庭)中间的觉悟分子已经认识到唯有走上了中国共产党所指示的道路,这才中国民族能够解放,而个人也有出路。"这一进步的表态,无疑迎合了当时的期待视野。的确,小说的结尾也确实写到了仲文、桂卿等商量着准备去陕北的事,但如果我们稍加细读文本,就会发现,何家庆并不赞成仲文他们去陕北,何小姐虽然也想去但认为这是一个消极的方案,而仲文自己又说出这样的话来——"我又觉得现在一心想到西北去的人们中间,有不少是一时冲动,好奇心,更有不少是借了投身到革命的最前线的美名,实行逃避他在后方的艰苦而需要耐心的工作;这种浮薄偷懒的心理必须赶快纠正才对!"又当作何解释呢?又比如巴金的《寒夜》。1981年2月14日,巴金在香港《文汇报》上发表《关于〈寒夜〉——〈创作回忆录〉之十一》一文,较为详尽地阐述了小说的创作动机及意涵。这是巴金在20世纪80年代后系统地以创作回忆录的方式谈自己的创作,因而此文作为"附录"被广泛地收入《寒夜》的各版单行本及巴金的研究资料中。在文中,巴金曾写下这样一段话:"这些年我常说,《寒夜》是一本悲观、绝望的小说。小说在《文艺复兴》上连载的时候,最后的一句话是'夜的确太冷了'。后来出版单行本,我便在后面加上一句:'她需要温暖。'意义并未改变。"其实并非如此。1947—1953年间的上海晨光本《寒夜》并没有这句话,"她需要温暖"正式出现在小说中是1955年5月新一版、1958年3月上海新文艺出版社出版的《寒夜》单行本,而且意义已发生了改变。因此,有的接受者认为:"小说结尾所表达的思想,才是整部作品的关键所在——'夜的确太冷了。她需要温暖。'我们认为这不只是对曾树生个人悲剧的同情,更是对那个时代所有不幸女性的尊重与关怀;或者说既是对'寒夜'的控诉,更是对"温暖"的呼唤!"①显然是将巴金在中华人民共和国成立后的新形势下的一种改写理解成中华人民共和国成立前的文本,而且轻信了文末"一九四六年十二月三十一日写完"的标注。再比如姚雪垠的《长夜》,在上海怀正出版社1947年5月出版的后记中,作家开笔写下了这样一段话:"这故事在我肚里藏了二十年了,其中的英雄们早已死光了。每次想起来这个故事,我的眼前就展现了无边忧郁的、萧条的、冬天的北国原野,而同时我的心就带着无限凄惘,无限同情,怀念着那些前一个时代的不幸的农民英雄。我了解他们的生活,也了解他们的心。……我的这些朋友们虽然不顾一切地要做叛逆者,却只能走那条在两千年中被尸首堆满的,被鲜血浸红的,为大家熟悉的古旧道路。这条路只能带向毁灭。但这是历史的限制,我们不能够错怪他们!"当人民文学出版社1981年出版《长夜》时,作者重写了一篇《为重印〈长夜〉致读者的一封信》作为前言,关于小说的内容则这样写道:"这部小说中描写的不是一般的农村生活,而是土匪生活,是通过写一支土匪的活动反映二十年代历史条件下的中原和北方的农村生活。"而这种土匪,即"在《长夜》中所写的武装斗争,就是低级形态的武装叛乱"。② 立场、观念均发生了根本的改变。目前学界普遍将《长夜》看作一部土匪小说而忽略了对社会因由的审判,忽略了对原作中潜存的创作情态的体察,不能不说与作者的"误导"有关。至于茅盾借出版《茅盾文集》之际在后记中将《腐蚀》的主旨定向在"暴露1941年顷国民党特务之残酷、卑劣与无耻,暴露了国民党特务组织只是日本特务组织的'蒋记派出所'"③,从而使一部可以读作青年成长小说的视

---

① 范水平:《"她需要温暖"——重读〈寒夜〉兼与李玲先生商榷》,载《名作欣赏》2007年第12期。

② 姚雪垠:《为重印〈长夜〉致读者的一封信》,见《长夜》,人民文学出版社1981年版,第4—6页。

③ 茅盾:《〈腐蚀〉后记》,见《茅盾文集》(第五卷),人民文学出版社1958年版,第306页。

野至今未能生成,也令人叹惜。而写出特定时代青年成长的"难言之痛"其实才是茅盾创作《腐蚀》的本意。①

再说"改"与"删"。改与删是现当代作家中最为普遍的现象,几乎所有的作家在重版原作时均删改了原有的前言或后记。有的作家在删改时注明了删改的情况与日期,有些作家则依然标注初始的日期,造成原来即如此的假象,从而改变了文献的真实性。例如,迄今为止出版的各种《寒夜》的版本,后记都做了一定的删改,即便是目前最为通行的人民文学出版社出版的单行本,后记的写作时间虽标识为 1948 年 1 月下旬,但若核之于 1948 年的再版本(包括三版本),也是一个删改版,即都删去了巴金与耿庸间的一场小的恩怨。这虽然对理解文本而言无大碍,但对于全面理解当时的接受主潮及其潜流以及巴金的思想,还是有一定的影响,而史料的真实性也打了折扣。还有《山洪》,这是吴组缃创作的一部表现底层民众觉醒意识的优秀之作,1946 年由上海星群出版公司出版后未再版。1982 年,当人民文学出版社决定重印该作时,作者对赘言(也包括小说)做了较大的改动,原本不足 800 字的赘言被删去近 300 字而仅存 430 字,而这 430 字又被作者改动了 16 处 22 字,变动不可谓不大。其中最重要的是作者关于文本的语言实践,即通过方言刻画人物性格,展现小说的乡土气息的操作实践被作者悄然无痕地抹去了。这就遮蔽了原稿的本相。因为《山洪》颇具韵味的艺术特色之一就是浓郁的地方色彩与鲜明生动的人物对话,删去了这一点,作者为之做出的艰辛探索就无从谈起了(更让人惋惜的是作者在修订本中删改了原稿中的山乡土话,反而失去了原有的韵味)。从史料的真实性而言,新版《赘言》末的时间地点依然标注为"1942 年 5 月 16 日渝郊白鹤场",但实际时间为 1981 年,其真实性也荡然无存了。有接受者以之为据探讨吴组缃的小说艺术且失察于吴组缃小说的语言艺术②,其接受视

---

① 茅盾:《腐蚀》,知识出版社 1941 年版,第 2 页。
② 张蕾:《归乡人・故事・革命——吴组缃小说论》,载《北京大学学报》(哲学社会科学版)2008 年第 5 期。

野的偏差显然源自史料的失察。如果说作家的自改尚有情可原,那么编辑者的擅改就难以让人理解了。还是巴金的《寒夜》。2005 年,上海文艺出版社出版了《〈寒夜〉手稿珍藏本》。应该说这是一件令人欣慰的大事,但是该书虽然标明是初版手稿本,后记却并非 1947 年 3 月上海晨光出版公司初版本的后记,而是做了较大删改的压缩版,不免令人感到不解。诚然,原手稿中没有后记,但编者既然是以手稿本出版,又特意说明以初版本校对,那么附之以初版本的后记当在情理之中,否则,接受者也面临着重新选择透析巴金彼时创作心境的史料问题。同样,在探析王统照的长篇小说《山雨》的创作动机时,如果接受者不核查 1933 年开明书店版的《山雨》,以为《王统照研究资料》所收的《〈山雨〉跋》即是 1933 年 9 月《山雨》的原跋,那就错了。这是编者将 1955 年修改本的跋误认为是 1933 年 9 月的跋收录其中,致使以讹传讹。有学者以之为据并印证王统照《山雨》的现实主义精神①,由于论者未对史料加以辨伪,同时又对文本中"革命青年与痛苦妇女"的"失望"缺乏论述,难免令人感到遗憾。其他如《一个女兵的自传》的接受研究中一些接受者轻信作者的自述以至以讹传讹等,亦令人遗憾。

  史料工作是一项艰苦而又吃力不讨好的工作,特别是在当今的评价体系下,更是一件得不偿失的工作,但史料工作又是一切工作的基础,不能轻视。然而在如何辑与辑什么以及如何用与用什么的问题上,依然存在着问题。没有竭泽而渔的精神、全面客观的态度,史料的权威性必然会受到质疑;而"穷尽"了相应的史料却又进行了"必要的"删改,史料的真实性就会受到质疑,接受视野的生成也会产生偏差。据笔者对目前已出版的所有研究资料集认真核查后发现,其辑录的有关中国现代长篇小说的接受史料,都不同程度地、或多或少地存在着与原文不一的问题,若不进行认真核查肯定要掉进失误的陷阱,甚至一不小心就在客观上促成了以讹传讹的蔓延。但是,作为一个研究者,我们又不

---

① 刘增人:《王统照传》,北京东方出版社 2000 年版,第 212—213 页。

《一个女兵的自传》封面

可能不利用已整理的相对系统的史料,不可能不在前人已开创的基础上拓展我们的视野,但如果每一个作家或作品都要我们自己从零出发,每一个材料都要在核查之后才敢放心使用,且不说工作的难度与工作强度太大,仅说史料辑录者的初始意义又在何处呢?看来,如何辑与如何用真是一个亟待探讨而又亟待解决的棘手问题。

新文学的三次长篇小说征文与获奖小说

《结局》封面

自1927年创造社首次进行长篇小说征文至1939年"文协"长篇小说征文,新文学共进行了三次颇具影响的长篇小说征文活动(《华文大阪每日》征文活动因为日本人所办,故不算在内):创造社、良友图书印刷公司和"文协"三次长篇小说征文。活动共评出获奖长篇小说六部,即汪锡鹏的《结局》与周阆风的《农夫李三麻子》;左兵的《天下太平》和陈涉的《像样的人》;S·M(阿垅)的《南京》和陈瘦竹的《春雷》。这六部作品除S·M的《南京》因故未出版外,其余五部均公开出版发行,在当时也取得了较好的反响。然而,由于诸种原因,这六部作品中的前四部都没有再版,几乎所有的文学史与小说史也都未提及这些作品,亦无人对这一问题进行探析,这不能不令人感到十分遗憾。我以为,尽管这三次长篇小说征文为不同的评选机构,也分处于不同的历史时段,但它对中国新文学长篇小说的繁荣与创作起到了积极的推进作用,获奖作品的艺术成就及其意义应予以充分肯定。

一、创造社征文与获奖小说

20世纪20年代,创造社同人为吸引青年人的创作兴趣,决定举办一次创造社文艺奖金活动,高额悬赏几部长篇小说。于是,1927年9月16日,创造社在其主办的《洪水》半月刊第3卷第34期附页上,登载了《创造社第一次文学奖金缘起》。文中说:

> 时局的混乱,与生活的不安使我们的文艺界陷入了死一般的消沉的状态。文艺应该是时代的呼声,尤其应该是我们青年的热诚的叫喊。现在这种消沉的状态,我们决不可以任其久延,我们应该叫喊出来,从生活的烦闷中狂吼疾呼,打破这种阴气侵入的消沉,努力与万恶的社会奋斗。我们青年中间决不会绝无特出的才能来表现自己,表现这个伟大的时代。我们希望我们年青的天才赶快起来,把我们要说的话,用艺术的手段,大胆地描写出来,昭告我们的民众。现在我们提出一种奖励的方法,希望我们年青的朋友们大家起来参加,我们稍备奖金,略表我们酬劳的微意。

《缘起》还对奖励的举办时间、次数、奖励额度等也做了规定:①从今年起以后每年举行一次或数次;②第一次奖金定额共四百元,奖金凡三等共四名。其中一等奖一名二百元,二等奖一名一百元,三等奖二名各五十元。同时,还特别强调:"第一次征文为长篇小说一篇不限题但以能表现时代精神者为合格,字数须在六万字以上。"收稿截止时间为

1928年3月底。由于只有13部小说应征,1928年5月1日,创造社同人们在《创造月刊》第1卷第11期上发表《文学奖金延期发表启事》,要求把发表获奖作品的日期延展一个月:

> 自从我们发表了文学奖金以来,青年同志们陆续寄来的稿件已经很多了。我们非常高兴,竟然因此引起了我们青年同志们的努力,并且还有些稿件竟达到十五万的字数了,我们想,就只以这努力的成绩来看,已经令人感着不愿割舍的情意了。本来定的是三月底截止的,四月底我们就应该发表录取的名额,不过近来因为添了许多出版物,事务非常浩繁,委员会虽然已经组织成功,但怕在我们浩繁的事务中间,要去细心展读青年同志们苦心创作出来的作品,在四月底决不能告竣,所以我们只有请大家予以谅解,我们要求把发表期间展限一月,我们预计五月底定可发表我们这次的成绩。

1928年10月10日,在《创造月刊》第2卷第3期上终于刊出了《悬赏征文审查报告》:"经审慎的讨议的结果,决定下列两名当选。二等当选:汪锡鹏《结局》;三等当选:周闻风《农夫李二麻了》。"尽管只选出了两部长篇小说,也算是给这次文学奖金征文活动画上了一个较为圆满的句号。

《结局》是创造社这次长篇小说征文获最高奖的作品,年轻作者汪锡鹏因之而崭露文坛。小说写相貌平平的东南大学二年级女生章芷芳,主张独身主义,因家庭经济压力被迫中途辍学到苏州紫竹学校任教。经同学之采介绍,她认识了在青年会工作的黄以仁先生。黄先生已婚且有个叫阿娜的女孩的现实让芷芳很气愤,但在后来的接触中,她又觉得黄先生值得同情,并在他的介绍下加入了国民党。但黄以仁因革命工作突然秘密离去,芷芳无所依靠。在苦闷的心绪下,她与之采的表弟圣弟发生了关系,与妓女五娘同性恋,又与刁同志强奸式的交合,在性的愉悦中释放烦闷,游戏人生。一天,她终于得到黄以仁要她去武汉的信,她立刻前往武汉去寻找黄以仁,不巧正逢宁汉合流,黄以仁去向不明,她病倒在旅馆。

小说于1929年1月由上海水沫书店出版,初版1500册。为配合作品的出版,创造社同人在1月10日出版的《创造月刊》第2卷第6期上对《结局》做了如下的宣传:"这本书是本社1928年第一次征文期中,在数百部著作之内,很谨慎的审查的结果所选出来的作品。技巧方面在最近的文坛上,确是一部成功的作品。内容描写一个青年女子,在革命前后的种种流离转徙的经过,衬以变乱离奇的时代背景,文笔流利,别具风格,真是百读不厌。这是因为作者以纯客观的描写,老老实实,又自然又深刻。在现今文艺界,洵为不可多得之佳作。"应该说,"百读不厌"有过誉之嫌,但"不可多得之佳作"却大体符合实际。这主要表现在:①鲜明的时代性。大革命时期,由于现实与理想的冲突,许多青年难免因失落而产生变态的思想与变态的行为,小说所表现的大革命时期部分青年女子欲求经济独立而不得,欲做贤妻良母而无缘,欲做革命者而无力,不甘麻痹自沉又不得不一度麻痹自沉的情形,极具普遍意义。②主人公的典型性。像芷芳这种女性产生消极厌世与积极的浪漫的情绪在那一时代极为普遍,由之而产生毁灭自己,或寻求官能上的刺激,以求片时的麻醉也极为正常。正如祝秀侠所说:"像《结局》里面的主人翁芷芳那种女性的模型,在这个'时代急激变革过程中'的社会里是易于为我们到处找得到的。这种女性,特别是在半封建式的小资产阶级分子里更其显明。她们一方面因为旧家庭经济的破落,男女观念的转移,不得不踏上社会里找寻生活的补助。但一方面因为社会环境的黑暗,自身思想的未能彻底,又易于陷入颓唐或苦闷的境象。加之青春期的性的需求,社会制度的种种不良,实际生活与精神生活难得稳定与安慰,更为一切苦闷的来源。""辗转在这困苦的生之挣扎中,变态的思想和变态的行为就由此发生了。一是消极厌世。一是积极的浪漫。由于厌世的思想便发生毁灭自己,自萌短见的蠢笨的事实。由于浪漫的狂放,便发生肉欲的弛纵,找寻官能上的刺激!以求片时的麻醉。"

"这两种行为,生活上感觉到缺憾,自身感觉到痛苦而思想未能彻底的青年往往是如此的。"①不过,今天看来,作者通过对芷芳这样时运不济、命运坎坷的悲剧女性形象的描写,透视妇女寻求独立解放的道路艰难而漫长,以表达作者对妇女未来的哲理探寻,不仅别开生面,而且意义深远。③深刻而大胆的女性心理描写,特别是女性同性恋心理与行为的描写,细腻而真实。五四时期女性同性恋小说少而隐晦,像作者这样大胆真实地描写女同性恋的心理及性行为,在新文学史上还是第一次,它所传递的女性对异性婚姻的梦幻与焦虑、恐惧与怀疑、反抗与挣扎的心理动因,的确具有先锋意义。鉴于此,我认为这部独特的表现时代知识女性命运的现代长篇小说,当因题材的深刻与表现手法的独特在新文学史上有其应有的地位。

《结局》于1929年10月再版,1501—3000册;1930年2月三版,3001—4500册。1935年5月被国民党以"普罗文艺"为由查禁。但此时的汪锡鹏已是国民党"民族主义文学"运动的发起人之一了。

《农夫李三麻子》于1929年8月由上海江南书店出版,初版1500册,仅印行一版,1932年12月就被国民党以"鼓吹阶级斗争"为由查禁。作者周阆风1948年还出版过长篇小说《坚守》,之后的情形不得而知。小说写佃农李三麻子因不堪年荒租重而退租,改做长工期间因与临工六姐相好,又被退工,只得转以小本经营为生,但难以糊口,借债亦四处碰壁,六姐虽全力相助,仍无法摆脱饥寒交迫的困窘。革命军到后,李三麻子加入农会,欲斗地主陆心仁,但陆闻风而逃,李三麻子便与前去的农民一起将陆家打砸了一通后作罢。不久,陆心仁返回家中,串通律师告李三麻子跨党作乱,李被捕。

这部小说本是一个因剥削受压而穷困潦倒、走投无路的农民,被迫革命却遭捕杀的悲剧故事,但由于作者虽同情农民却不赞成革命的错误的思想倾向,使作品的主题大为削弱。作者甘做奴才的可悲思想,使作品在

---

① 祝秀侠:《结局》,载《海风周报》1929年第17期。

表现农夫李三麻子的悲剧性时,过多地将悲剧的原因与责任推卸在他身上(如李如果不和六姐相好就不会遭辞工等),而作者认可剥削但不宜过重的态度,也使其不由自主地站在剥削阶级的立场上。加之作者虽然在一定程度上同情农民,但作品中流露出的鄙视劳苦大众的不当心理,以及对革命的理解也存在偏颇,将李三麻子最后的结局归为咎由自取等,更使作品的意义大打折扣。不过,小说虽叙述直白,无特别引人入胜之处,但农村生活气息浓厚,农夫李三麻子的形象也刻画得较为生动,这在新文学运动的早期长篇小说创作中是难能可贵的。故创造社同人在《悬赏征文审查报告》里对该作给出这样中肯的评价:"周阆风君以朴素的手法描写农村零落过程中的农民的忧郁。手法上虽有多少未成熟的地方,然而农村生活的卷轴重以纡徐的拍子展开,对于他的取材的态度是我们引为满意的。我们希望他能够再把农民的生活,感情及共通的他们的烦闷具体地表现出来。"

二、良友征文与获奖小说

1936年1月15日,《良友》画报第113期刊登《良友文学奖金五百元征稿启事》:

> 本公司从事文艺书籍之出版事业,已数年于兹。除新文学大系,良友文库,精装文学书等外,驰誉已久之良友文学丛书,兹又续出第二集,发售半价预约。本公司特乘此时机,举行第一次良友文学奖金,征求创作长篇小说一部,特备奖金五百元赠予得奖之作者。得奖之作品,即列入良友文学丛书第二集内出版。兹特订立简章如下:一、除本公司职员外,凡中华民国之国民均得参加这次本公司举行之征文竞赛。二、本公司此次征文,限定创作长篇小说,以从未发表者为合格。剧本,论文,散文,短篇以及翻译作品一律不收。三、此次所征求之创作长篇小说最短须十万字最长不得

过二十万字。所有来稿均须用有格稿纸缮写清楚，订成一册，以免散失，稿本封面请书明书名，作者姓名，通信地址，全稿字数，全稿页数等项。四、投寄征文，请一律用挂号邮寄，并须附退件邮费。所有稿件请书明上海北四川路良友图书公司良友文学奖金处，凡面交或托人带交者一律不收。五、自即日起收稿至本年五月三十一日截止，过期收到者一律原件退还。六、此次征文由本公司聘请著名作家五人担任评判。评判人之姓名，待截止收稿后二日内于申报公布之。七、所有参加此次征文者之姓名在宣布评判人之姓名时一同公布于申报。八、截止收稿后由本公司分送各评判员轮流阅稿，每人均密封记分，以得分最多者为获奖。九、此次征文，额限一名，得奖者由本公司赠奖金五百元，并将得奖作品编入良友文学丛书第二集。初版本作者得抽版税百分之五，再版百分之十，以实售书价作抽税之标准。十、征文揭晓期为十月十日，得奖者之姓名作品，均刊登于申报广告。

1月20日，良友图书公司又在《申报》重刊该启事。因应征者普遍反映时间仓促，5月30日，《申报》又刊登《良友文学奖金延期截稿启事》：

本公司曾乘机举行第一次良友文学奖金，征求创作长篇小说一部，原定收稿期迟为五月三十一日，过期一律退还。兹因截止收稿之时期已届，而应征者纷纷来函，谓时间局促，不能于规定期内脱笔，要求将截止日期延后数日，故特遵从来意，改为七月三十一日截止收稿，揭晓期改为十二月十五日，评判人之姓名，为避免麻烦计，将来与应征结果同时发表于申报；其他规则与前定征文办法相同！如蒙索问征文章程，函告即当寄奉。

12月15日，《申报》终于公布《上海良友图书公司文学奖金征文处揭晓启事》：

> 本处自本年一月登报征求长篇创作小说以来，共计收到来稿三十一部（参加征文者之姓名已刊七月卅一日申报广告），当由本处聘请蔡元培郁达夫叶圣陶郑伯奇王统照诸先生评选，本拟于其中选定意识技巧皆臻相当完成者一名，赠予奖金五百元，但经评选者再三审阅，以为诸作皆未能达此水准，故决计改变原定办法，将较有胜色之左兵先生所作之《天下太平》及陈涉先生所作之《像样的人》选为第二名第三名，将全额奖金分为三百元二百元，以次分配，至于当选之作，原定编入良友文学丛书，现亦不能不改变原定计划，单独发行，得奖二君，另由本处专函通知。未取各稿，一星期内，挂号寄还。

与创造社长篇小说征文评奖一样，良友征文一等奖也空缺，但入选的两部作品还是显示了较高的艺术水平。

《天下太平》写苏州师范的毕业生柯大福毕业求职无着落，为了生活，在同学刘铭的鼓动下加入了国民党，开始参加游行、演说、撒传单之类的革命活动。此时，国民革命的风潮已渐渐吹到他的家乡三和镇。西沙村的农民就将当地土豪的账房黄克昌赶了出去。不久，传来上海的国民党要里应外合打孙传芳，柯大福要回来当县长的消息。果然，孙传芳被打倒，柯大福回县在党部主事。一时，镇里人纷纷巴结他的父亲柯二叔，尊他为校董，请柯大福回母校演讲，小贩马仁发还赶紧挂起国民党旗，央求柯大福安排工作。正当柯大福和共产党员陆铁、俞甫明筹办农会，投入到轰轰烈烈的国民革命运动中时，国民党开始清党，柯大福和陆铁、黄昌明等三人不知去向。马仁发见状诈黄克昌，称柯大福已经抓住，只要他出千元即可将柯大福处死。黄克昌转而去敲诈柯二叔，让他出三百元作为活动费以救儿子的命。柯二叔内心悲痛不已却又无钱救子。正在二叔忐忑不安时，同乡的孙老板告诉二叔，他在上海看到柯大福正在撒传单呢。二叔想,没死就好,总会回来的。

《天下太平》于1937年4月30日由上海良友图书印刷公司单独出版,初版2000册。作者在题记中说:"本打算从'五卅'写到目前,以二十万字(那自然是受征文限制)描绘农村在内忧外患交相煎迫之中陷于破溃之形象;并传出革命势力相乘地在大众心里蔓延生根。"但由于字数所限和驾驭力不足,作者未能实现这一宏愿。不过,作者还是以朴实的笔触真实而生动地描绘了貌似太平的江南农村却到处呈现出凋零的景象和农民困顿无助的生活本相,以及革命在大众心中生根开花的历史必然。特别是小说浓郁的乡土气息,至今读来仍有扑面而来之感,这也是这部作品最鲜明的艺术特色。蔡元培就认为,小说"叙崇明三和镇农村凋敝状况,劣绅剥削手段,及国民党到江苏、清共时代各方面反复无常态度,均有举一反三之妙。方言亦表出特性。"①不过,由于作者对历史背景的刻画不清晰(特别是'五卅'与'北伐'这段历史),主人公典型刻画力度不足,使得主要人物形象较为模糊(小说刻画的较为生动的形象反而是柯二叔),次要人物与无关人物太多且凌乱,结构组织也不太严谨,方言味较浓且缺乏提炼,有些粗俗,影响了作品的艺术深度。

如果说《天下太平》重于写"史"中之人,那么《像样的人》则重于写"事"中之人。杨家村的村民们正准备按惯例在清明这天用公田的收成吃村宴,但村里"像样的人"杨砚田却迟迟未到,大家虽一片怨言却不敢开宴。许久,这位全村最有钱有势的"像样的人"摆足了谱后姗姗来迟。在一片饕餮声中,砚田宣布了一条新政:在杨家村建一所小学,以改变村里无"像样的人"的现状,学资由公田的收入承担。为此,他假意要将公田外租,实际以提高租息的方式解决了学资问题。随后他写好呈文到乌义镇上求镇里"像样的人"夏奇峰,正巧,夏先生在处理一桩纠纷,见砚田来了就让他来了断。砚田听了当事人的陈述后明白了就里,却故作公平地偏断了事。不久,夏先生又阴谋杨砚田乘人之危将一药

---

① 《蔡元培全集》(第十七卷),浙江教育出版社1998年版,第55—56页。

铺低价盘进,让砚田先垫资,杨砚田只好同意。之后,杨砚田看到村小学开课后,便搬到了镇里。在这里,他学会了镇里"像样的人"的生活方式:晚起、泡茶馆、聊天、看报,明敲暗诈等。很快,他与寡妇张家嫂子同居并使其怀孕。他怕事情败露就骗她服下自己找来的药,导致张家女人大出血死亡。杨砚田刚将张家女人埋掉,镇里的流氓王大麻子突然闯进药店,以张家亲戚的名义找砚田算账,夏奇峰又恰到好处地来到现场调解纠纷,让砚田将药店给王大麻子。砚田明白这是夏奇峰的阴谋,装作若无其事地接受了这一处理后,提起早已装好钱物的箱子,离开了药店。一天,砚田在报上看到夏奇峰的儿子因绑架勒索被关进监狱,非常兴奋,终于等来了置夏于死地自己翻身的好机会。当夏奇峰因自己抽鸦片不便远行只得来求砚田时,砚田爽快地答应了去上海营救他儿子的请求。但砚田拿到钱后到了城里,立刻拜了县里的名人倪大个子为先生,将夏奇峰以唆使杀人犯为罪名抓进监狱。正当他心满意足之际,家乡出现抢风,镇里出现混乱,砚田只得花钱请兵,虽然保证了镇里的平安,但一个排的兵还是让镇里的百姓不堪重负,许多店铺因之倒闭。砚田又给排长说情,劝他们离开。排长答应年后离开,但离开前在镇里大肆抢劫。听到枪声的砚田一家东躲西藏总觉得哪里也不安生,最后狼狈地从后门逃进桑田。兵乱过后,砚田觉得镇里也不安全,便带着钱财坐上了雇来的船向城里开去。

与《天下太平》相比,我以为,《像样的人》就表现人性的深度而言,艺术水平当在其之上。小说对乡村士绅奸诈狡猾、虚伪歹毒、道貌岸然、贪婪卑鄙之本性的揭露,入木三分。正如蔡元培所说:"阅陈涉所著《像样的人》,描写乡间劣绅贪鄙残忍之行为,极深刻。"[1]评委们将《天下太平》评为二等奖,或许更看重左兵在作品中透视出的史的线索和较为宏阔的历史的背景。陈涉以严谨的现实主义手法真实地刻画了生活在南方某农村农民卑微的生活境遇,鞭挞与嘲讽了所谓"像样的人"的

---

[1]《蔡元培全集》(第十七卷),浙江教育出版社1998年版,第52页。

虚伪本性,深刻揭示了社会的黑暗与不平及其吃人的本质,无论在题材之新还是人物塑造之深,都达到了当时长篇小说创作的较高水平。何况全书结构合理,脉络清晰,情节有条不紊,人物栩栩如生,恶绅杨砚田、夏奇峰的形象堪称乡镇此类士绅的典型。这也是新文学长篇小说创作中较早出现的乡绅典型形象。可惜作者对杨砚田的同情之心,多少冲淡了批判的主题。再者夏奇峰儿子出事去找杨砚田的情节,虽然有实现杨砚田最终打垮夏绅士成为镇里最"像样的人"的情节需要,但这一设计也有是否真实之嫌。尽管如此,《像样的人》仍是一部有着较高水准的优秀之作,应当引起人们充分的重视。

三、文协征文与获奖小说

1939年9月,"文协"在《抗战文艺》第4卷第3—4期发表《〈文协〉征文通告》:"征文十万字以上的创作小说,中选者一部由本会组织专门委员会评选决定。题材限于:(一)前线的战斗情势,或(二)沦陷区域的生活动态,或(三)后方生产建设的进展过程。中选者受奖金一千元。收稿期本年十月底截止,送交或邮寄重庆箱235号,外地寄稿以发件的邮章日期为凭。评选决定后,除专函通知中选者外,另再登报通告,可能时并举行受奖仪式,期限至迟不能在明年二月一日以后。"同时附"说明:1.此次征文,为本会受贵阳中央日报社,宜昌武汉日报社之托,奖金由两社捐出,但评选责任完全在本会。2.中选作品,除奖金外,版权仍为作者所有,但贵阳中央日报,宜昌武汉日报有优先发表权。另送发表费,每月月终付出。3.评选决定发表时,贵阳中央日报,宜昌武汉日报同时连载,连载期限不得超过三个以上。连载完毕后,作者即可用单行本发卖,但得在封面上,封面包纸上注明'中华全国文艺界抗敌协会选定中奖作品'字样,并得赠送本会及两报社共一百部。如中选者以外,另有优秀作品,本会当设法表彰,帮助作者出版。"1940年12月19日,《新华日报》报道《文协鼓励创作 选奖小说两部》:"全国文艺界抗敌协会,前受贵阳《中央日报》、宜昌《武汉日报》之托,征求评选抗战长篇小说,兹已评选完毕,计共收到原稿19部,无一部中选者,原稿已一律退回,奖金仍由贵阳《中央日报》保管。惟有三部被选列为上等,除其中一部已早由作者出版外,其余 S·M 之《南京》、陈瘦竹之《春雷》两稿,由该会各赠四百元,以资鼓励。"①

《春雷》于1941年11月1日由华中图书公司出版。11月10日,《抗战文艺》第7卷第4—5期合刊刊载广告:"本书是一首素描的抗战史诗,是一幅古朴的木炭画,去年曾得中华全国文艺界抗敌协会征求长篇小说的奖金,是抗战文艺中难得的杰作。书中故事是抗战以来日常发生的故事,人物是抗战以来日常见到的人物,然而作者却将每个人物写到了灵魂的深处,而故事的演出也是从实生活中一步一步逐渐展开,读了之后使我们落泪,然而更使我们兴奋。"这段文字尽管有夸大的成分,但还是为《春雷》的出版起到了造势作用。

1937年冬,日本人占领了无锡石家镇,许多人纷纷逃往枫林山。大粮商桂老爷和儿子荣少爷组织了维持会,胆小的土财主王大户当村长。维持会刚宣布开市,赶集的老百姓就遭到了鬼子的抢劫。为迷惑群众,鬼子又带医生等人来村里安抚,宣传日本的德政,还装模作样地给了些赔偿,但当梅大嫂要求鬼子赔被他们杀害的丈夫时,日本便衣则露出了凶相。之后,日本人假意答应梅大嫂的要求,而梅大嫂进城不久便设计与鬼子同归于尽。正当村民们苦闷之际,本镇小学校长王鹏回到家乡,在村里组织起自卫军。这时,维持会谎称无锡丝厂招女工,实际上却将这些女人直接送进了石家祠堂供鬼子蹂躏。青年青郎见自卫军光练不打,便约了马郎荡等偷偷拿了枪去镇上打鬼子。谁知没打着鬼子反被鬼子打伤。由于枪声,石家祠堂的大关娘子趁乱逃了出来,人们这才知道了招工的骗局。看到自卫队不断壮大,桂老爷便想让王大户借请王

---

① S·M即阿垅,《南京》一书直到1987年12月由人民文学出版社更名为《南京血祭》才首次问世,2005年8月又由宁夏人民出版社出版。由于此稿改动较大且出版时间在当代,故不述。

鹏之机引日本人来杀害王鹏,但王大户将消息告诉了王鹏。王鹏将计就计在敌人必经之路伏击了敌人,救出了关在祠堂里的女人。祠堂旗杆上,国旗升起,等待着日出。

《春雷》作者以朴素的笔调写出了江南人民在民族大义的旗帜下,自发地组织起来抵抗日本侵略的故事。全书乡土气息浓郁,语言生动活泼,人物真实可感,马郎荡、王大户都刻画得栩栩如生。小说发表后,引起了陈西滢的注意,他认为,这部抗战小说:"所着重的却在乡村人物的描写。故事的演变即从人物个性的发展中出来。我们可以说,这仍然是一部乡土小说,只是所写的不是平时的乡村,而是抗战中的乡村。""书中的许多人物,以马郎荡为最有趣味。这是一个别开生面的,有创造性的角色。"而小说"比较大的缺点,是作者对于战争并没有经验,所以写到了自卫军的组织和行动,便不十分有把握"。① 周骏章也认为,小说长处在于:情节紧张有趣;人物生动灵活。不足在于,布局有漏洞,著者不善于描写战争恋爱和心理变化,小说的俚词俗语有些不雅。② 的确,由于作者没有亲历家乡被鬼子烧杀的情景,故对美丽的江南遭敌寇蹂躏的场面缺乏有力的描写,题材的开掘略显单薄,又加之作者没有战斗经历,战斗场面的描写没有"战斗味",结尾就显得简单了。但无论如何,这部别开生面的小说还是对当时抗战文艺的提倡与实践起到了积极的作用。

从 1927 年创造社创立长篇小说征文距今已 90 多年了,即便以"文协"征文算起,这一活动也已过去 70 年了。回首这段征文历史,多少让人感叹不已。不仅其中的一些作品不为人们所知,就连作家周阆风、陈涉的生平都无从知晓了。客观地说,这三次重要的征文作品总体在水平线以上,《结局》和《像样的人》甚至可以说是较为优秀的长篇小说,虽然以传世的标准看,确有距离,但它们在当时却体现了彼时的文学水

---

① 陈西滢:《春雷》,载《中央周刊》1942 年 5 月第 39 期。
② 周骏章:《陈瘦竹〈春雷〉》,载《文史杂志》1942 年 6 月第 2 卷第 5—6 期。

平,有的还产生了较大的影响。但为什么这三次征文活动及其作品多为后世所淡忘呢？究其原因,我以为主要有以下几个因素:①作者身份的转换与创作的偶然与无续。在获奖的几位作者中,汪锡鹏、周阆风、陈瘦竹虽间或从事小说创作,但由于他们后来或介入国民党的"民族主义文学"运动,这自然影响了对他们之后的评价,加之周阆风和陈瘦竹又转向学术活动,无形中也分解了他们的文名。左兵和陈涉仅为征文而作,之后均不再从事小说创作,昙花一现,自然易为人们所忽视。②优秀的长篇小说是可遇而不可求的,在规定的时间内征求优秀的长篇小说,除非某位作家正好有完成之作,而这一作品又恰好是他的呕心沥血之作,才有可能获得成功,但这样的机遇的确是可遇而不可求。③长篇小说是作家生命艺术的重要体现,这种创造又恰恰不是以命题的形式作所能取代的。"文协"征文在内容上予以规定,篇幅上也予以限定,对于激发作家的创作热情或可有益,但期冀出现优秀之作,就有难度了。④与之相联的还有商业眼光与征文。良友征文带有明显的商业气息,征文前的大量文字是关于良友的书的广告,这种带有很强的经济色彩的征文,对于有一定经济条件且视文学为生命的名家而言没有多大的诱惑力,这也是来应征者不多且主要是无名之人,作品的质量很难上乘的重要原因了。不过,虽然有些许遗憾,我仍认为,应当感谢新文学先哲们为开创新文学长篇小说创作的美好愿望和所付出的艰辛劳作,在将来的文学史或长篇小说史上,它们值得我们书写。

文学史观念的拓进与诉求
——关于编撰《中国现代长篇小说编年史》的几点思考

一、为什么要编撰编年体长篇小说史

毫无疑问,进入 21 世纪以来,文学史研究呈现出由"宏观叙事"向"微观叙事"转变拓进的学术进展已是不争的事实,大量的文学史著作特别是编年史著作应运而生即可证明这一点。且不说众多的中国古代文学编年史,仅就中国现当代文学而言,就有於可训等主编的《中国文学编年史》(现代卷、当代卷)①、张健等主编的《中国当代文学编年史》②、钱理群、吴福辉、陈子善主编的《中国现代文学编年史:以文学广告为中心》③、卓如、鲁湘元主编的《二十世纪中国文学编年》④、刘勇、李怡总主编的《中国现代文学编年史(1895—1949)》⑤、张大明的《中国左

---

① 於可训、叶立文主编:《中国文学编年史·现代卷》,湖南人民出版社 2006 年版;於可训、李遇春主编:《中国文学编年史·当代卷》,湖南人民出版社 2006 年版。
② 张健等主编:《中国当代文学编年史》,山东文艺出版社 2012 年版。
③ 钱理群、吴福辉、陈子善主编:《中国现代文学编年史:以文学广告为中心》,北京大学出版社 2013 年版。
④ 卓如、鲁湘元主编:《二十世纪中国文学编年》,河北教育出版社 2013 年版。
⑤ 刘勇、李怡总主编:《中国现代文学编年史(1895—1949)》,文化艺术出版社 2015 年版。

翼文学编年史》①,刘福春的《中国新诗编年史》②以及文天行的《中国抗战文化编年史》③等多种版本的编年史出版,显示出文学史观念不断走向新拓的共识与文学史写作范式应当多元化的学术诉求。

众所周知,在很长一段时间里,中国文学史是作为某种政治观念的文学历史呈现在人们面前的,特别是中国现当代文学,政治化的"以论代史"的言说模式一度成为时代的主潮。20世纪80年代以来,这种文学史观被打破,一大批从不同的视野审视中国现当代文学历程的著作不断涌现,特别是"二十世纪文学史"与"重写文学史"口号的提出,更将文学史的写作引向深入。据统计,截至2012年,包括通史也包括各类专史的"中国现代文学史著作已出版了五百余部"。④ 这的确是一个令人瞩目的成绩。但是,在这令人瞩目的成绩背后,我们也应看到,这些文学史绝大部分是援例"纪传体"的模式书写的。我这样说绝不是否定"纪传体"的书写模式,事实上"纪传体"的文学史书写模式依然是行之有效的一种书写体式,而是说,由于我国政治历史环境所形成的文学史观,以及由之所衍生的神话、禁忌、偏执、片面等现象,"纪传体"书写模式难以完整地呈现20世纪中国文学的发展历史,常常遮蔽与割裂20世纪中国文学多元发展的历史原貌。⑤ 当然,这不能完全归之于"纪传体"写作模式的局限,任何一种方法都是一定内容的承载方式,只是说至少在目前,它依然是还原与呈现文学历史原貌时一个无法克服的矛盾体式。

---

① 张大明:《中国左翼文学编年史》,社科文献出版社2013年版。
② 刘福春:《中国新诗编年史》,人民文学出版社2013年版。
③ 文天行:《中国抗战文化编年史》,四川辞书出版社2015年版。
④ 洪亮:《中国现代文学史编纂的历史与现状》,载《中国现代文学研究丛刊》2012年第7期。
⑤ 对此问题的讨论可参见朱晓进:《二十世纪中国文学史观的反思》,载《中国社会科学》2006年第1期;李永东:《反思新文学史观的话语权》,载《文学评论》2011年第5期;张福贵:《经典文学史的书写与文学史观的反思——以严家炎〈二十世纪中国文学史〉为中心》,载《文艺研究》2012年第8期;等。

编年体写作恰好可以克服与弥补这一矛盾。虽然以记录客观史实为宗旨的编年体写作模式自古有之,但以之克服以往习用的"以论代史"的文学史写作模式,弥补不以史料为先而以某种先验或后设的理论为先的写作模式,显然更为有效。对此,於可训就认为:"用'编年史'的体例编撰现当代文学史,并不能包医百病,但却可以救正'线性的进化史观'和'偏至'的社会历史批评影响现当代文学著述所出现的诸多弊端,同时也为理想的现当代文学史著述奠定基础、架设桥梁";因为"当一种'预设'的或'后设'的理论立场,以'人的意志'改变了这种'客观存在','转移'了历史的现场,把历史变成了另外一副模样的时候,对历史事实的'还原'和历史现场的'重构',就不但成为必要,而且也有这种可能"。①

中国现代长篇小说是 20 世纪中国文学创作中最有实绩的分类,也是最有影响力的文学体裁。一大批闪闪发光的名字与五彩斑斓的作品如同一道彩虹辉映在中国新文学这片绚丽的天空中。然而,由于时代等多种因素的影响,中国现代长篇小说的发展史貌学界至今没有详尽的家底,笔者虽经三年之历编撰了一本《中国现代长篇小说编年》②,但出版后就陷入深深的遗憾之中——许多关涉现代长篇小说发展的史料未能收入其中。诚然,"史料是个无底洞",谁做史料工作也无法避免遗漏现象的发生,但实际上,出现这一问题,还是与笔者当时对于"史"的目标不明,没有明确是否编撰编年体长篇小说史这一学术诉求有关。因此,当"还原"与"呈现"成为学界的潮流时,当国家及高校的数据库建设日益为此提供了更大的可能时,编撰《中国现代长篇小说编年史》就成为笔者亟待完成的学术目标。

---

① 於可训:《论与"编年体"有关的现当代文学史著述问题》,载《北方论丛》2015 年第 4 期。
② 陈思广:《中国现代长篇小说编年》(1922—1949),四川大学出版社 2008 年版。

二、编年体长篇小说史是什么

明确了学术诉求后,笔者就要面对编年体长篇小说史是什么这一学术命题了。什么是编年体长篇小说史呢?在我看来,编年体长篇小说史是以编年的方式呈现现代长篇小说史的一种体例范式,它应该包括以下几个方面的内容:长篇小说创作生态史料、长篇小说创作发生学史料、长篇小说创作传播接受史料、长篇小说思想艺术评介、长篇小说装帧艺术呈现。虽不能说这五个方面涵盖了编年体长篇小说史的全部内容,但至少可以说它们是还原与呈现中国现代长篇小说发展史貌的五个不可或缺的内容。

1. 长篇小说创作生态史料

任何一种文学体裁的发展变化都离不开促生这一变化的环境与时代。20世纪的中国现代长篇小说更是如此。要客观呈现中国现代长篇小说的历史原貌,就必须正视有关现代长篇小说创作的生态史料。比如,1922—1927年间是中国现代长篇小说的萌芽与发轫期,"五四"新文化运动后风起云涌的文学社团、刊物流派,以及蓬勃兴盛的出版事业,为新文学长篇小说创作提供了前所未有的宽松环境,促生了新文学长篇小说创作在短暂的沉寂后迅速崛起的发展态势,为日后的繁荣奠定了发展的基础。秋翁(平襟亚)后来就回忆说:"三十年前,那时正值国家鼎革之际,社会一切都呈着蓬勃的新气象。尤其是文化领域中,随时随地在萌生新思潮,即是定期刊物,也像雨后春笋般出版。因为在那时候,举办一种刊物,非常容易,一、不须登记;二、纸张印刷价廉;三、邮递利便,全国畅通;四、征稿不难,酬报菲薄;真可以说是出版界之黄金时代。"①文学研究会、创造社等文学社团就在这样的历史环境下应运而生。因此,有关文学研究会、创造社、新月社等相关文学社团、报刊的兴起与衰落等相关信息,就成为现代长篇小说生态史中不可缺少的重要

---

① 秋翁:《三十年前之期刊》,载《万象》1944年第3期。

内容。

1927—1937年间是国民政府由建立到相对稳定，同时又充满着内忧外患、危机四伏的阶段。自1927年4月18日国民政府在南京宣布成立，至9月3日宁汉合流，再到1928年10月10日国民政府改组，12月29日张学良在东北易帜，国民党在完成全国初步统一的同时，也相应地稳定了其统治。为了进一步维护其在思想上的统治地位，1929年6月3日至7日，国民党中央宣传部在宣传部部长叶楚伧的主持下召开了全国宣传会议，决定今后要"创造三民主义的文学"，"取缔违反三民主义之一切文艺作品"，明确规定扶植"三民主义文艺"为国民党的"文艺政策"。但是，这一主张除叶楚伧本人和王平陵等几个人应和外，并无更大的反响。相反，1930年3月2日中国左翼作家联盟成立大会在上海召开，左翼作家集结在统一的组织与纲领下，创办《拓荒者》《萌芽》等刊物，与国际左翼文学大潮相呼应。

左翼文学思潮的兴盛，引起国民党政府的极大不满。6月1日，由国民党出资，傅彦长、朱应鹏等主编的《前锋周报》创刊发行，同时发表《民族主义文艺运动宣言》，掀起民族主义文艺运动。7月，王平陵、钟天心等在南京成立中国文艺社，再次呼叮"三民主义文学"。与此同时，国民党对文艺的禁锢政策也同步实施，颁布《出版法》，发布《图书杂志审查办法》，颁布查禁密令，实施查禁行动，先后查禁各类图书上千种，关闭书店上百家。但是，国民党虽然竭力扶植"三民主义文学"，但在长篇小说创作上却没有丝毫的起色，"民族主义文学"同样也拿不出像样的作品，根本无法与轰轰烈烈的左翼文学运动相"抗争"。左翼文学虽然存在着"革命+恋爱"的模式，整体艺术水平也并不太高，但作为一股创作思潮，无论是数量还是质量都令国民党官方推行的文学运动相形见绌。可以说，在20世纪30年代，国民党虽然在政治、军事、经济上占有绝对优势，但在文化战线上却有心无力，难以组织起有效的竞争力量，只能采取行政和强权的方式打压左翼文学，其手段之专断之无奈可见一斑。1936年2月，"左联"自行解散，但这并不是国民党文化政策的胜利，而是民族矛盾的激化促成的自然消解。当然，这一时期的文坛并非都泼染着浓厚的政治色彩，或非左即右，同样有一批保持着自身的独立，不依附于任何党派的自由主义知识分子，他们对严密的组织与纪律有一种天然的排斥，他们自觉地与政治保持着一定的距离，也不醉心于造就某种文学思潮或文学运动，往往更倾心于同人间的往来和文学志向的相投，他们发文章，办刊物，出丛书，大多本着同人的趣向与对文学本身的热爱，他们是这个时代重要的文学力量，在文学创作、刊物出版等方面做出了卓越的贡献。这些作家如巴金、老舍、王统照、废名、施蛰存、沈从文等。这些刊物有施蛰存主编的《现代》，傅东华、王统照主编的《文学》，朱光潜主编的《文学杂志》，郑振铎、章靳以主编的《文学季刊》，沈从文、萧乾主编的《大公报·文艺副刊》，等。出版社则以良友图书印刷公司、开明书店、文化生活出版社和生活书店为中流砥柱。可以说，国民党官方文艺与左翼文学不均衡的博弈与诉求和自由主义文学常态发展的局势，以及三者间的争斗与竞争，是这一时段文学发展与演进的基本格局。

1937年7月7日，"卢沟桥事变"揭开了全民抗战的序幕，"短平快"的文学体裁迅速肩负起救亡图存的历史使命，而长篇小说创作则因体裁自身的因素迅速沉寂下来，直到1938年3月15日才出版了含沙的第一部长篇小说《抗战》。又由于上海、武汉、广州、香港等沿岸城市相继沦陷，文化出版的重心被迫由沿岸大城市向内陆城市迁移，形成了随战事而变迁的以武汉、香港、桂林、昆明、重庆为集散地并最终以桂林与重庆二地为中心的新的文化出版格局。一些出版社由于受到战事的重创，加之抗战后物质条件的匮乏以及读者兴趣的转移，已无力出版长篇小说，即便老牌出版社良友图书出版公司虽然以"良友复兴图书印刷公司"恢复重建，也在这整整6年的时间里没有出版一部新的长篇小说，仅以重版名著的方式渡过难关。由于战事的影响，刊物的出版也受到冲击，连续出版物一则少，二则虽偶有长篇小说的需求，约稿也多向名家，无形中也制约了现代长篇小说的发展。更为重要的是，由于战火连绵,作家的生活条件与创作条件也发生了巨大的改变,以往那种从容不迫的创作长篇的心境已不复存在,取而代之的是急就章、进行曲,甚至是未竟稿,艺术上也就很难有所保证了。

1943—1949年间是中国巨变与转折的时代。抗战由艰苦转向胜利,国共由合作转向分裂,社会再次进入大冲突、大过渡的历史时期。就出版而言,沦陷区的长篇小说出版虽然显示了一点"成绩",但很快随着国土的收复而自行瓦解。国统区的出版逐步恢复了元气,众多的民办中小出版社及老牌出版社与国有出版机构一起承担起图书复兴的使命。国民政府还都南京后,随着众多政府机关、学校、科研单位、文化出版部门和社会团体等纷纷复原东下,上海重新成为经济、文化出版中心。

1945年9月12日,国民党中央宣传部部长在外国记者招待会上宣布,国民政府决定从10月1日起,废止新闻检查制度。23日,中央社在重庆《中央日报》同时刊载《中央社讯》,宣布"战时书刊审查规则及战时出版品检查办法及禁载标准,亦同时废止"。国民党对文化政策的调整以及一度放松的检查制度,为图书出版再次创造了良好的氛围。只可惜时松时紧,随着国民党战争的失利,风云突变,宽松的出版环境不复存在,老牌出版社如开明书店、晨光出版公司等也仅靠重版旧书名著维持生存,至1949年5月歇业。香港暂时成为新的出版中心。很快新华书店代之而起,成为最大的出版连锁集团,之后成为国家图书发行的唯一机构。至此,中国现代长篇出版转入一个新的历史时期。重构中国现代长篇小说编年史,关涉上述历史时段现代长篇小说发展的生态史料,当无一例外地收列其中,否则将无以呈现出这一时段现代长篇小说发展的历史原貌。

2. 长篇小说创作发生学史料

任何一部长篇小说都有其诞生发展史,这里所说的创作发生史料就是关涉一部长篇小说创作的诞生史料,这其中既包括作家从写作到出版的外部过程,也包括作家从素材酝酿到主题提炼的内部思维过程。

当然，有的有迹可寻，有的无迹可寻，但笔者认为，有迹可循的长篇小说创作的发生过程的史料，是编年体长篇小说史一项不可或缺的重要内容。

例如，张资平的《飞絮》出版后，名声大振，被称为"现代恋爱小说的典型作家"。① 但其实，这是一部仿写之作。对此，张资平在《序》中这样写道："暑期中读日本《朝日新闻》所载'归ル日'，觉得它这篇描写得很好。暑中无事想把它逐日翻译出来，弄点生活费。因为那时候学校无薪可领，生活甚苦。天气太热又全无创作兴趣。每天就把这篇来译，一连继续了一星期。但到后来觉得有许多不能译的地方，且读至下面，描写远不及前半部了，因之大失所望，但写了好些译稿觉得把它烧毁有点可惜。于是把这译稿改作了一下，成了《飞絮》这篇畸形的作品。后来因为种种原因及怕人非难，终没有把这篇稿售去。本社出版部成立后，就叫它在本社出版物中妄占了一个位置，实在很惭愧的。""总之这篇《飞絮》不能说是纯粹的创作。说是摹仿'归ル日'而成作品也可，说是由'归ル日'得了点暗示写成的也可。"由此可见，这是一篇带有改写或者说仿写性质的长篇创作，结构均衡当与作者仿照《朝日新闻》所载长篇小说《归ル日》的篇幅有关，其故事线索一改《冲积期化石》的紊乱而为明了，人物亦由模糊而为较清晰，在表现手法上亦擅于细致地刻画人物心理，并对人性弱点亦能展开较为深刻的艺术揭示，应是成功借鉴的成果。

又如，张资平的《爱力圈外》也是一部翻写之作，小说出版以后曾遭到他人的举报，不得已，张资平只好在自己主编的《乐群》月刊1929年第12期刊载了这样一则文坛消息:《〈爱力圈外〉不是张资平的创作》。全文如下："在乐华书店出版的《爱力圈外》一部是张氏由一篇日本小说翻案来的，一部是他自己加添上去的。关于这项，他写了一封信来要本栏代为声明。今将来函抄后:'《爱力圈外》一部分是据一篇日本小说翻

---

① 杨家骆编：《民国以来出版新书总目提要》，中国辞典馆1936年印行，第74页。

案的,曾在原稿后声明,要求乐华书店印出,但后来给乐华书店删去未印,只好借《乐群》月刊的国内文坛消息栏代声明一下,以重责任。前在《大众文艺》发表一部分时,亦曾请该刊主编者在编后里声明。又及.'"小说以第一人称的方式,通过菊筠对自己不幸婚姻的自述,强烈批判了包办婚姻的罪恶,抨击了虚伪的封建道德对女性的戕害,揭露了封建大家庭的丑恶与腐败,表达了时代女性要求婚姻自主的现代呼声。只是小说的结尾写筱桥参加革命非人物必然"归"至,而是作者宣称要"转向"的附会,显得生硬而牵强。若就创作的审美性而言,可视为一部较为出色的作品,其结构设置、人物刻画、语言描写等都显见功力,但因是张氏仿作,则另当别论了。因此,如果我们不了解张资平《飞絮》《爱力圈外》等的创作发生史,而将其作为原创之作予以高度的评价,显然有违于文学史实。

再比如,关于老舍的《骆驼祥子》,许多人常从北京人、满族、穷人等关键词中寻求文本的深意,也常从老舍听来的车夫三起三落的故事着眼考索素材的来源,殊不知,这是老舍深受康拉德影响的产物。1935年11月,老舍在《文学时代》创刊号上发表《一个近代最伟大的境界与人格的创造者》一义,详细阐述了康拉德对他的影响,并称"我将永远忘不了康拉得的恩惠"。最后老舍这样写道:"Nothing,常常成为康拉得的故事的结局。不管人有多么大的志愿与生力,不管行为好坏,一旦走入这个魔咒的势力圈中,便很难逃出。……对这些失败的人物,他好像是看到或听到他们的历史,而点首微笑的叹息:'你们胜过不了所在的地方。'他并没有什么伟大的思想,也没想去教训人;他写的是一种情调,这情调的主音是虚幻。他的人物不尽是被环境锁住而不得不堕落的,他们有的很纯洁很高尚;可是即使这样,他们的胜利还是海阔天空的胜利,Nothing。""他无疑的是近代最伟大的境界与人格的创造者。"这是老舍唯一一次毫不吝啬地将"最伟大"三个字冠之于他所敬重的一位作家身上。这篇关乎老舍创作发生学的重磅文章,不仅是理解《骆驼祥子》的一把钥匙,也是理解老舍创作的一把钥匙。

3. 长篇小说创作传播接受史料

一部长篇小说的出版问世,离不开读者的传播接受。没有读者的参与,文本的意义就无法显现。"只有通过读者的传递过程,作品才进入一种连续性变化的经验视野"①,也才有可能成为文学的传承品甚至经典。因此,详尽地搜集每部长篇小说的传播接受史料,梳理谁说的,在哪里说的,说了什么,可以清晰地彰显现代长篇小说与读者互动发展的历史脉络,也可为我们重构中国现代文学经典提供有益的启示。

例如,梁实秋1942年3月26日在《中央周刊》(重庆)第4卷第32期《书报春秋》里发表的《读〈骆驼祥子〉》和美国新闻处前总编辑华思1945年8月27日在《扫荡报》发表的《评〈骆驼祥子〉英译本》两文,是早期《骆驼祥子》接受传播研究中的重要史料,堪称《骆驼祥子》接受传播史上的经典文献。但不知何故,至今仍失收于老舍研究的任何资料中。其实,这两篇文章不仅能避免接受者在《骆驼祥子》研究中的盲目与自信,纠正以往接受研究中出现的偏差与问题,更能打开接受者认同与重构、修正与跨越的新视阈。②

再比如谢冰莹的《女兵自传》,这是新文学长篇小说接受史上唯一的一部具有革命意味却在两岸的接受者中,接受视野相近,接受阈值相仿,接受环链相承的传记小说,当我们详尽地厘清其传播接受的史料后,就会发现,其接受视野导源于《从军日记》,至《一个女兵的自传》已基本生成,在高度的真实性、强烈的时代感、原生态的本色美、革命文学的纪念碑、女兵形象的典型性及其意义上生成了既定视野,为接受者所公认,而它所触发的群体期待,也具有永远的启迪意义。③

同样,以往人们对《子夜》的删节本莫衷一是,但如果我们详细地考

---

① H. R. 姚斯、R. C. 霍拉勃:《接受美学与接受理论》,周宁、金元浦译,辽宁人民出版社1987年版,第24页。

② 详见陈思广:《史料发掘与〈骆驼祥子〉研究视野的新拓——以梁实秋和华思两篇被忽视的接受史料为例》,载《河南科技大学学报》2011年第2期。

③ 详见陈思广:《认同与触发——〈女兵自传〉的接受研究》,载《解放军艺术学院学报》2011年第4期。

索史料就可以断定,从 1934 年 6 月《子夜》出版删节本算起,开明书店一共印行了四版删节本而不是一版,分别是 1934 年 6 月第四版,1935 年 2 月第五版,1935 年 9 月第六版,1936 年 9 月第七版。其中,第四版略异,即存在着少量的全本与少量的撕去部分页码的删节本,而第五至七版完全相同。这不仅解决了茅盾研究界长期以来悬而未决的疑案,也为了解国民党文艺禁毁政策及其实施提供了依据。当然,长篇小说传播接受史料还包括长篇小说的印刷版次、印刷数量、出版频次等相关信息,这也是考察该作传播接受情况的重要数据。

4. 长篇小说思想艺术评介

据笔者统计,在 1922—1949 年间,新文学共出版现代长篇小说 340 部左右,这其中,可称经典的长篇小说不足 20 部,虽有 70% 左右的作品为各类文学史(含专题史及相关论文)所提及,但仍有近 30% 的作品彻底湮没于历史的长河中。但是,对于一部编年体长篇小说史而言,显然不能停留在仅辑录那些堪称经典或较为优秀的作品上,而是应该巨细无遗地辑录现代长篇小说发展的点点滴滴,为后人留下扎实而可靠的信史。因此,一视同仁地对所有的现代长篇小说做思想艺术上的介绍,不仅是编年体现代长篇小说史文体的需要,也是广大读者的需要。只有这样,无论是专业的学者,还是文学爱好者,都能借此了解这 340 部左右的现代长篇小说表现了什么内容,其之所以被淘汰或被发掘或被经典化的缘由,也才能从全局上透析现代长篇小说的转型之路,进而明了其在中国现代长篇小说发展史上的地位,为现代长篇小说的经典化提供可供参考的经验教训。

需要特别说明的是,在呈现中国现代长篇小说思想艺术时,必须依据 1922—1949 年间出版的初版本或再版本,而非 1949 年后出版的单行本或选集本、全集本。同时,不是简单地、机械地复述文本的思想艺术内容,而是在客观介绍该作品的思想内容之后,以美学的眼光——长篇小说诗学的眼光对其艺术得失予以简要的评介,为读者判断该作的艺术水准提供有参考价值的中肯评语。当然,这种评判的眼光必须建立在审美的、人性的、历史的、时代的标准之上,避免被某种狭隘的政治功利观所左右。只有这样,我们才有可能复现一个与历史本事相契合的中国现代长篇小说编年史,才有可能复现中国现代长篇小说由古典到现代的艰辛的转型之路。

5.长篇小说装帧艺术呈现

中国现代长篇小说的转型之路不仅是从内在形式开始的,外在样式同样给予了强大的助力,现代长篇小说的装帧艺术就塑造了图书艺术的现代品格。因此,呈现中国现代长篇小说的发展史貌,不能忽略现代装帧艺术在推进现代长篇小说转型过程中的辅助意义。当然,这里的装帧艺术主要是指长篇小说的封面设计。我们知道,早期的装帧艺术简单明了,封面多以汉字为元素,只印书名、作者名及出版机构,如印刷体的《旅途》《一叶》《最后的幸福》和《苔莉》等初版本,毛笔字的《老张的哲学》《赵子曰》《蚀》《二马》《冲积期化石》(前五版)等,都是将书名的宋体字印刷体作为元素,除作者、出版社、出版时间作为封面的必要元素外,没有任何装饰,朴素而具有古典情怀,也显示了作者意在以内容取胜的构想。

但不久,这一样式便被多样的构图设计所替代,人们纷纷以画面作为封面的主元素,或象征,或暗示,或比喻主题,使现代长篇小说的图书装帧风格为之一变。如张资平的《飞絮》,1926年以封面中心配以圆形的开盛的絮状花朵为基本元素;1930年以黄、灰、蓝三色为主色调,三分之一处为黄色,上印两个大大的艺术字体"飞絮",下三分之二处对半斜开,上以灰色示底,印之以作者名,下以蓝、白、黄三色组成波浪纹图案,这样,书名、作者名及整体色调醒目而搭配和谐,可谓新颖别致。又如《最后的幸福》,先是简单的印刷体;再以蓝、白两色美术字为书名,配之以抽象的艺术画;再以具体的图画——一个睡在床上但却做着爱情梦的少女为主要图案作为封面设计;又以仿日本的印象派画风将那个做爱情梦的少女印象化,时尚而新潮。再如《脱了轨道的星球》,初版本的设计是金黄色的太阳为主色调,一颗脱离了轨道的星球斜贯其中,与书名题目相联；再版时则改为黄色主调，两道黑色条块竖立两边，中间是书名，其中左边黑色宽条块下，一个带有光环的星球在下角，映入黑色界面的一半星球则是黄色，映入黄色界面的一半星球是黑色，右边则是黑红两色条块，中书红色的书名与作者名，色彩明亮，构思切题，令人称赞。对此，史蟫就曾回忆道："创造社出版部成立后所出的基本书籍，确实非常精彩，尤其是张资平的长篇小说《飞絮》，和郭沫若的长篇小说《落叶》，几乎成为青年们的枕畔珍宝，人手一编，行销钜万，这不但由于内容的动人，就是形式方面，也非常美观，封面和装帧的图案，统出于叶灵凤的手笔，可说自有出版物以来，装潢没有如此精美过的，自然更使青年们爱好了。"①同样有特色的还有黄心真的《罪恶》设计。为了很好地诠释佣人阿进见色起心，嫉妒、多疑而滥杀多人这样一个十足的变态狂和杀人魔王的变态性格，设计者以一个愁苦的人脸像作为主要元素，同时从他的双眼角勾出两条吐着蛇信的毒蛇，盘桓在他的头顶，象征着他目光如蛇、心毒手辣。毛笔写就的两个字"罪恶"一右一左地排列脸边，其中"恶"上边的"亚"字为空心，下面的"心"与"罪"字完全墨写，暗示阿进的罪恶是"心恶"，是"罪"，其最初的本质绝非恶人。整个封面配之以浅灰色的底色，更衬托出恐怖狰狞的气氛，阿进的人性之恶与作品的主题以及作家的意图也由之揭示得形象生动，入木三分。同样是以蛇作为主元素，章克标的《银蛇》以浅黄色为底色，四条银色蛇形波纹衬托下部合而为一、上部反向蜿蜒的两条红蛇，再配以红色"银蛇"两字，形象生动地传达了作品的主旨，令人拍案叫绝。

之后，众多的现代长篇小说就在这一基础上拓新、深化。而最为有名的如良友图书印刷公司、开明书店、文化生活出版社和生活书店四大出版社，在长篇小说出版上，统一装帧，以线条、文字、条块为主元素，既保持了传统文化的意味，也吸收了西方现代的元素，彰显出它们中西合璧、卓尔不群、中立自由的指导原则。特别值得一提的是，当摄影照排

---

① 史蟫：《记创造社》，载《文友》1943年第2期。

《罪恶》封面

技术刚刚传至中国时,赵家璧就率先在上海良友图书印刷公司为《一个女兵的自传》量身定做,采用软布面精装,外加彩印封套,封面以日本引进的照排技术将谢冰莹英姿焕发的戎装照作为装帧设计的主元素,书页选用米色道林纸,内插四幅作者不同时期的照片,形款毕现,堪称珍本,不仅再次轰动全国,还引发了书业界装帧设计的又一次革命,也使《一个女兵的自传》成为中国现代传记文学中最珍贵的记忆之一。后来,赵家璧又将老舍的坐像置于《惶惑》封面上,也取得了良好的效果。

总之,中国现代长篇小说装帧设计的先驱者们,以与时俱进的姿态,新颖独特、中西合璧的设计和朴素美观、醒目别致的构思,赢得了广大青年读者的喜爱,不断引领着中国现代长篇小说图书装帧设计的新潮流,在客观上对中国现代长篇小说的现代转型起到了重要的推进作用。故而在编年史中,以原书影与版权页相并立的方式,图文并茂地呈现现代长篇小说的装帧艺术,实有必要。

三、如何编撰编年体长篇小说史

一般而言,编年史的编撰体例是以历史时段为序,在第一手史料的基础上,通过对原始史料全面翔实的发掘、整理、辑录,构建一个足以返归现场的历史逻辑和秩序,一个以深广度占优并以细节取胜的历史全景图。《中国现代长篇小说编年史》将在保持这一体例的基础上略有所变,即在总体例上,设引论总述中国现代长篇小说的创作生态、长篇小说思想艺术发展、现代长篇小说传播接受、现代长篇小说装帧艺术等内容,总结其规律特点,探讨其相关问题,之后各章以 1922—1949 年为限,年下辖月,月下辖日,以现代长篇小说为联结点,通过对长篇小说创作生态史料、长篇小说创作发生学史料、长篇小说创作传播接受史料、长篇小说装帧史料等第一手资料的全面发掘及长篇小说思想艺术评介,构建一个足以返归现场的、符合现代长篇小说历史逻辑和秩序的、以深广度占优并以细节取胜的现代长篇小说发展全景图。在具体辑录时,为防止成为简单的资料长编,本编年史除生态史料与长篇小说初版节点按时序辑录外,其余的相关史料一概以现代长篇小说的初版时间节点为点,辑录于该作之内(长篇小说出版日期不明者置于月末,月日均不明者置于年末,多卷本或系列创作以全部完成后的出版时间为准,若多卷或系列未完而实际出版的初卷具备长篇小说的自然形态,则以初版时间为准),即在现代长篇小说初版本名下,呈现该作的封面书影(含版权页)、思想艺术评介、传播接受史料、发生学史料,并按发表时间有机呈现,不仅重构了中国现代长篇小说历史的发展全貌,也使每部作品呈现出特有的"编年史"信息。需要特别说明的是,对每部作品进行思想艺术评介以及对传播接受史料的梳理钩沉,都从长篇小说诗学的角度,遵循历史的、审美的、人性的、时代的审美眼光予以审读、辑录、研判,而非政治的、功利的、狭隘的眼光予以遮蔽、删改,尽最大可能地还原中国现代长篇小说的发展历史,使《中国现代长篇小说编年史》成为一部内容全面丰富,史料扎实可靠,叙述客观真实而又成一家之言的信史。

这或许有很大的难度,但我必须面对,迎接挑战!

抗战建国语境下的"蒋夫人文学奖金"征文

《妇女新运》封面

抗战爆发之后,国民生活被纳入战时体制,建立抗日民族统一战线,动员国内外各行各业的爱国同胞救亡图存,是时代也是历史赋予每个中华儿女的神圣使命。这其中,如何获得妇女力量的支持,号召占全国人口半数的二万万广大妇女从事战时服务工作,显得尤为重要。这也是以宋美龄为主导的全国妇女工作者的工作重心。同样,在抗战军兴的时刻,如何将妇女解放与民族解放相结合,在针对妇女的宣传动员中恰当地处理与解决两者之间的关系,也成为当时女性杂志普遍关注和讨论的话题。1940年9月,由新生活运动会妇女指导委员会会刊《妇女新运》主办的"蒋夫人文学奖金"征文活动,就在这一历史语境下应运而生。

一

《妇女新运》是1938年12月在大后方重庆创刊并发行的一份女性杂志,是新生活运动会妇女指导委员会(以下简称"妇指会")下设的文化事业组负责的机关刊物,由妇指会的总干事张霭真负责编辑。作为妇指会的会刊,《妇女新运》的主要内容是宣传介绍妇指会下设的各个机构的工作状况,也刊载一些关于妇女、家庭、儿童问题的论文和文艺作品。妇指会的工作纲领遵循1938年宋美龄"庐山谈话"所通过的《动员妇女参加抗战建国工作大纲》,"有计划有组织地来推动全国妇女大众,参加神圣的抗战建国工作"①,因而《妇女新运》的宣传立场也非常明确,即"负起指导全国妇女参加抗战建国工作,创造新中国新妇女的新生活"②。1940年2月29日,《妇女新运》以"蒋夫人"宋美龄的名义向全国女性文学爱好者进行征文。征文启事如下:

一、定名:定名为:蒋夫人文学奖金。
二、宗旨:以奖励妇女写作及选拔新进妇女作家为宗旨。
三、金额:总额三千两百元。
四、征文种类:共分两种。
　甲、论文:凡关于妇女问题,妇女工作,妇女修养,妇女运动等研究著述。
　乙、文艺创作(小说、短剧等)以在抗战中的妇女生活,妇女活

---

① 蒋宋美龄:《动员妇女参加抗战建国工作大纲》,载《新运导报》1938年第17期。
② 《卷首语》,载《妇女新运》1938年第1期。

动为中心题材。

五、作者资格：限于三十岁以内之女性，未曾出版单行本著作者。

六、录取名额及奖级：甲乙两种各取第一名一名，每名给奖伍佰元。第二名各取二名，每名给奖二百五十元。第三名各三名，每名给奖一百二十元。第四名各四名，每名给奖六十元。

七、字数：甲种每篇五千至一万字，乙种每篇五千字至一万五千字。

八、报名：愿应征者须于今年六月底以前向妇女指导委员会文化事业组报名。可以通讯办理。报名时须填具姓名，年龄，籍贯，学历，经历，应征种类（甲种或乙种）及通信住址，并缴最近二寸半身相片两张。如在报纸刊物上发表作品者，并填明该项作品之名称及发表之刊物与时期。

九、截稿期限：廿九年八月底截止，交稿时稿面上只写号数，不书姓名，并须密封。

十、评刊：特聘作家七八人至十一人组织评刊委员会评定之。

十一、揭晓：廿九年双十节。

十二、证明：作品经录取后，应经二人之证明，确为该作者所著而未经他人修改者，方得领奖。

十三、版权：凡录取作品之版权，归妇女指导委员会所有。未经录取之稿件一概负责退还。

十四、地址：报名及交稿请寄重庆曾家岩求精中学内妇女指导委员会文化事业组。封面书明："应征蒋夫人文学奖金"。①

启事一经刊出，迅速得到其他媒体的支持与响应，《中央日报》（重庆）、《大公报》、《江西妇女》、《湖南妇女》、《广西妇女》、《岗哨》、《文化

---

① 《蒋夫人文学奖金简则》，载《妇女新运》1940年第2期。

教育》等报刊纷纷刊载,号召广大妇女撰文应征,不少知识女性也表示了自己的欣喜。"这件事,妇女们及文艺写作者极表欢迎,帮助文艺运动的开展,提高妇女写作的兴趣,各种文学奖金,是应该由政府有计划的,而且应该经常举办的。'蒋夫人文学奖金'我们希望它是由此鼓励起姊妹们的写作兴趣,进而造就许多的新进的作家。在民族革命的斗争中,那种控制人们灵魂的文学武器应该被重视。"①由于报名人数众多,又时值战乱,交通不便,原本定于双十节揭晓的征文活动,不得不应各地征稿者的要求,将交稿延期到十月底,揭晓期延期到元旦日。后又因"评判员散处各地,稿件寄递须时"②,直至1941年9月,"蒋夫人文学奖金"征文活动才尘埃落定。评阅此次征文的评委由文艺界的资深作家和新运妇指会的成员共同构成。论文组由陈衡哲、吴贻芳、钱用和、陈布雷、罗家伦负责;文艺组则由谢冰心、郭沫若、杨振声、朱光潜、苏雪林负责。经统计,此次报名应征文学奖金人数为552人,实际收到稿件360件,其中论文组146件,人数虽少,但得分较高,录取11人;文艺组214件,得分较低,本着宁缺毋滥的原则,将第一名空缺,录取8名。1941年9月,《妇女新运》杂志第3卷第3期以《蒋夫人文学奖金征文专号》的形式,揭晓并公布了全部获奖作品及其全文:

论文组

第一名:陈廷俊《妇女修养》

第二名:王文锦《文艺中的女性》,潘毓琪《我国青年妇女的心理健康问题》,赵蓉芬《时代妇女应有的自觉和解放》

第三名:李鸿敏《从中国妇女在礼法上的今昔地位以瞻其解放的前途》,阮学文《从我国教育史的分析谈到我国妇女运动的将来》,蔡爱璧《家庭教育史上的两个基本问题》,范祖珠《中国新女

---

① 荫文:《蒋夫人文学奖金》,载《浙江妇女》1940年第4期。

② 《蒋夫人文学奖金专号·编后记》,载《妇女新运》1941年第3期。

性与民族文学》

第四名:饶蔼林《战时家庭妇女生活之改进》,廖志恪《论妇女工作者之修养》(此文被检),郭俊《工作与教训》

文艺组

第一名:(无第一名标准分数,故缺。)

第二名:朱瑞珠《晨星》,朱桐先《卖歌女》

第三名:萧凤《达可儿》,高钟芳《除夕》

第四名:石傑《刘大妈》,钱玉如《恒河》,桂芳《新的生路》,潘佛彬《扣子》①

从以上名单可以看出,获奖作者皆为读者比较陌生的文坛新人,其中大部分作者是首次刊发作品,表明此次征文活动旨在鼓励、选拔新人。宋美龄特意在《专号》中撰文强调:"我们这一次举行文艺竞赛,目的在藉此鼓励女界青年热心于写作",因为"我们中国受过教育的妇女,在全国女同胞总数中所占的比例,实是太小了,而能够运用优美的文字,表达胸中的思想的,更是不多"。她鼓励女界青年应有坚忍不拔之毅力,方可获得文学上的成功,希望"因这次竞赛而提高我们女界青年写作的热心和兴趣",并"祝颂我们中国女界文艺的进步"。②

作为抗战期间专门针对女性群体而设立的文学征文活动,"蒋夫人文学奖金"虽以宋美龄个人名义设立,奖金也由其捐献,但其意义显然不仅仅是为了选拔女性作家,而是作为抗战建国语境下的一次重要的、动员广大妇女投身社会、救亡图存的爱国宣传活动,一次鼎新除弊的思想文化工程来实施的。

---

① 《蒋夫人文学奖金专号·编后记》解释"论文第四名廖志恪君论妇女工作者之修养一文,为重庆市图书杂志审查委员会检去,故阙"。

② 蒋宋美龄:《告参与新运妇女指导委员会文艺竞赛诸君》,载《妇女新运·蒋夫人文学奖金专号》1941年第3期。

二

从获奖作品来看,论文组的作品分别从战时妇女修养、妇女的今昔地位、妇女心理健康、女子教育、新女性与民族文学等方面切入,痛斥封建社会对女子的压迫与摧残,鼓励妇女解放自己,但又不约而同地指出,在全民抗战时期,民族解放应当先于妇女解放。而文艺组的作品为了表现"抗战中的妇女生活"之主题,皆以女性人物为主角,或写女性在抗日谍战中的智谋与勇气(《卖歌女》),或写已参军妇女惊心动魄的战斗生活(《扣子》),或写年轻女性在残酷的抗战中的觉醒与反抗(《晨星》《达可儿》《除夕》《新的生路》),或写农村妇女挣脱家庭、鼓励丈夫和儿子打游击的新生活(《刘大妈》《恒河》),等,传递出女性理应为国难担当的时代呼声。事实上,在举国抗战的环境影响下,在《妇女新运》的舆论引导下,社会语境必定给此次应征作者的话语表达构成一定影响,在限定的题材范围内,战争、妇女与国家的关系表达成为书写中心,获奖文本也因此呈现出两个特点:论文大多围绕妇女解放与民族解放之间的关系展开;文艺作品则着力刻画广大妇女在抗日民族救亡运动中发挥的积极作用,二者相辅相成,共同彰显出抗战时期广大妇女高涨的爱国主义热情和社会责任感。

1938年4月1日,国民政府通过了《抗战建国纲领》,系统地提出了抗日救国的宣传主张,《纲领》第三十二条明文号召"训练妇女,俾能服务于社会事业,以增强抗战力量"。[①] 在党、政、军、农、工、商各界都开始进行抗战总动员时,妇女作为重要的储备力量,就自然被纳入战时体制中来。在民族危亡之际,走出家庭、追求男女平等、要求合法权利的妇女解放诉求让位于争取民族解放的时代诉求,让每个女性都自觉地担负起抗战建国的使命,把自己融入民族解放的时代潮流中,成为社会的

[①] 国民党中执委宣传部编:《抗战建国纲领宣传指导大纲》,载《抗战建国纲领》,衡阳区书刊供应处1938年版,第42页。

共识，妇女在"天下兴亡，匹妇有责""爱国爱国、匹妇有责"的口号下投身时代，视国家观念高于一切、社会价值至高无上，成为战时妇女动员工作的基本国略与指针。

作为"国家第一夫人"、新运妇指会指导长，宋美龄团结社会各界女性知识分子，号召全国妇女有组织地进行宣传、救护、征募、慰劳、救济、儿童保育、战地服务、侦查汉奸、劳作生产等抗战建国任务。她在抗战时期发表的数篇文章里多次提到妇女工作的重要性："国家战争之能继续维持，与妇女精神力量能支持与持久的程度，有密切的关系。全国妇女苟能急公忘私，历久不懈地为国家尽忠，为战时工作服务，则其所以振作前线士气，与安定后防秩序，必能对于抗战胜利的历史中，成为一个极重大的决定因素。"①她一再阐明民族解放与妇女解放的关系："中国妇女运动之中心，特别是在抗战期中，已不是向国家争妇女权利地位的平等，这是我们的法律已明白的规定了，而是对国家争贡献与服务，这是今日未能充分发挥的。我们不应当仅为个人或妇女界的自由平等和解放而努力，我们的更大使命，是要集结全国妇女与全国男子站在同一线上，共同努力，来争取我们中国民族的自由平等和独立。"②"我们今天来谈女子解放，也要晓得国家没有解放，我们全国的女子就得不到真正的解放，我们国家今天受敌人这样的欺侮侵略，整个民族处在暴力的总要之下，全国同胞流离痛苦，我们不先把这个危急的国家扶救起来，我们四万万五千万人无分男女，都要做亡国奴隶，更从何处谈女子的解放，更向何人去要求女子的解放？"③宋美龄的呼吁是将国家整体利益置于女性话语与权利之上，显现出其对国家独立的诉求与焦虑，这种"重义务、轻权利"的价值取向也是当时妇女工作者的普遍共识。曾任

---

① 蒋宋美龄：《中国妇女抗战的使命：为妇女指导委员会三周年纪念作》，载《湖南妇女》1941年第2期。
② 蒋宋美龄：《中国妇女抗战的使命：为妇女指导委员会三周年纪念作》，载《湖南妇女》1941年第2期。
③ 蒋宋美龄：《妇女解放与民族解放——在妇女节纪念会训词》，载《妇女新运》1939年第2期。

妇指会文化事业组组长的沈兹九强调:"目前妇女运动就是妇女参加抗战的运动。在争取民族复兴的过程中,也就是奠定妇女解放的基础。中国妇女随着抗战而新生了,抗战正因为妇女的知道'匹妇有责',将加速达到胜利。"①邓颖超也认为:"中国妇女解放也只有在参加抗日的民族自卫战争的最后胜利中才能获得……环绕着抗战的总方针之下,动员广大的妇女群众,参加抗日战争动员的各个方面,是目前妇女运动总的任务。"②在"国家本位"的时代诉求之下,救亡图存的现实压倒了一切,以"义务平等"彰显"男女平等"的宣传话语取代了过去以"权利平等"追求"地位平等"的解放话语。

  由此反观其获奖文章所传达的观点,与当时的抗战建国语境保持了高度一致。如论文组获奖作品就结合实际生活,对战时妇女生活和修养提出了新的要求和建议。《妇女修养》一文认为,"在此抗战期中,妇女的修养应该有一个共赴同归的方向……我们今日不要对国家争取我们个人的自由平等,正要与全国人民不分男女站在统一战线上,来争取国家民族的自由和在国际上的平等。不必对国家争取我们个人的独立和解放。正要与全国男女同胞站在同一阵线上,来完成国家民族的独立解放大业。"而妇女应当对国家社会负起责任,"妇女对国家社会的贡献愈多,就是妇女对国家社会所负担的责任愈大;妇女对国家社会的责任愈大,就是妇女在国家社会中的地位愈高。我们所争取的是义务,不是权利,也不是以义务来交换权利,而是以义务来谋取大众的幸福"。③《战时家庭妇女生活之改进》一文指出,由于"女子教育不普及""职业范围太狭窄""儿童公育不普遍",导致女子不能全数脱离家庭的枷锁,而"改进家庭妇女的生活,不仅有利于家庭妇女本身,而且有利于抗战建国……家庭妇女正应该各人站在自己的岗位上,充实自己的生

---

① 兹九:《抗战以来的工作成果》,载《妇女生活》1940年第7期。
② 邓颖超:《对于现阶段妇女运动的意见》,载《妇女生活》1938年第6期。
③ 陈廷俊:《妇女修养》,载《妇女新运·蒋夫人文学奖金专号》1941年第3期。

活,改进自己的生活,拯救自己,同时也拯救了国家"。①《我国青年妇女的心理健康问题》一文,分析了心理健康对青年妇女的重要意义。作者认为,心理问题会对社会、经济、个人产生危害,尤其对民族生存和抗战建国有不良影响,将会减低我们抗战能力,增加建国大业的困难,要促进青年妇女心理健康,需从修养和教育两方面入手。②《时代妇女应有的自觉和解放》则从历史、环境、社会制度等方面探索了妇女地位变化的原因,指出"妇女解放的真义,是要使妇女大众自动自觉的状况下,利用应有的机会,发挥优良的性能",妇女解放的目的是建立起"两性互助合作和精神协调的团体",要达到这样的目标,"必须妇女自身,彻底觉悟"。③《文艺中的女性》和《中国新女性与民族文学》从文学的角度分析了文艺作品中的男女作家风格差异,并对女性作家提出了新的要求。前者通过文艺性别调查,探讨男女性在作品上的区别及一般人对男女性文艺上的见解;后者则以中外女作家为例,指出从事民族文学可以启发女性文学天才,尤其在抗战期间,"民族文学是促进民族生存最伟大的工作"。④《从中国妇女在礼法上的今昔地位以瞻其解放的前途》和《从我国教育史的分析谈到我国妇女运动的将来》两文,皆讨论了中国封建社会在道德、礼法、教育、宗教上对妇女的约束,并对妇女运动提出了新的要求。前者认为在当今时代下,妇女唯有投入抗战才能被社会广泛承认,才"证明了唯有自由身所奋斗争取的地位,才是光荣的,才是真正的胜利"。⑤《女子教育》则认为中国妇女须认清时代,确立独

---

① 饶谒林:《战时家庭妇女生活之改进》,载《妇女新运·蒋夫人文学奖金专号》1941年第3期。
② 潘毓琪:《我国青年妇女的心理健康问题》,载《妇女新运·蒋夫人文学奖金专号》1941年第3期。
③ 赵蓉芬:《时代妇女应有的自觉和解放》,载《妇女新运·蒋夫人文学奖金专号》1941年第3期。
④ 范祖珠:《中国新女性与民族文学》,载《妇女新运·蒋夫人文学奖金专号》1941年第3期。
⑤ 李鸿敏:《从中国妇女在礼法上的今昔地位以瞻其解放的前途》,载《妇女新运·蒋夫人文学奖金专号》1941年第3期。

立的人格,以"三民主义"为信仰,培养革命的人生观,肩负起转移风气的使命,在抗战时期,更要对国家、民族、社会、家庭负起责任,而"最主要的任务就是担当起抗战期间一切最艰巨的责任,以期早日促成最后胜利"。① 除此之外,《家庭教育史上的两个基本问题》围绕儿童教育的重要性,探讨儿童教育的方法,如维护儿童的健康、尊重儿童的人格等。《工作与教训》则以作者在中条山从事八个月的政治工作经验为依据,总结了在农村进行妇女抗战宣传所遇到的问题与教训。认为,"妇女解放必须建筑在男女互尊的信念上",只有解决封建传统思想的束缚、妇女经济不能独立以及部分女性虽然不受封建思想之束缚、经济独立,但由于主观方面丧失自信和勇气而苟安堕落这三个问题,妇女才有"解放"可言。最后,作者还认为,妇女解放与"抗战建国"最高国策相调协,相互为用。② 通过以上分析不难看出,论文组的不同文章虽涉及妇女生活的各个方面,但都与时代诉求密切联系,紧扣"抗战建国"之主题,将民族解放与妇女解放运动相统一,坚持"本位救国"的基本观点,倡导妇女在自身修养、家庭生活、文艺创作、保育儿童等方面为国家民族贡献出自己的力量,成为中华民族争取自由解放的一分子。

　　文艺组获奖的八篇作品更是通过小说、短剧的形式,刻画了女性在抗战中的觉醒、成长与奉献的光荣历程。达可儿本是草原上单纯无忧的少女,战争却彻底改变了她的生活:哥哥印化鲁麻木迟钝,被征去当了伪军,她则遇人不淑,与伪军葛于普古私奔,不料葛将她拐骗至驻营地后把她卖到了妓院。达可儿在堕落的生活中日渐颓靡,所幸抗日游击队队长石如珍看见了达可儿的悲伤与无助,将其发展为地下联络员,负责保护机密文件,经历了数次战斗的达可儿认清了民族仇恨与自己苦难的根源。石如珍牺牲后,她返回家乡,积极参与抗日救亡的宣传活动,希望"以一个蒙古人的钥匙的资格,去为祖国启发那团庞大无比的

---

　　① 阮学文:《从我国教育史的分析谈到我国妇女运动的将来》,载《妇女新运·蒋夫人文学奖金专号》1941 年第 3 期。
　　② 郭俊:《工作与教训》,载《妇女新运·蒋夫人文学奖金专号》1941 年第 3 期。

烈火"①(《达可儿》)。"我"父亲是美国人,母丧后"我"随父亲传教来到中国,并深深地爱上了这片土地,"我"为要去美国念书而离开中国感到悲伤。父亲去世后,我放弃了国外优越的环境和萌芽的爱情,回到中国的女子学校工作,抗战爆发不久后,上海沦陷,"我"决定留在上海,利用自己的身份之便在收容所里安置、照顾难民,不料某日日本兵强行闯入收容所,逮捕工作人员,在冲突中"我"被日本兵开枪打伤……日方最终碍于"我"的肤色,释放了被捕人员,"我"感到"肩头的重压",因为"我们自己解释这是负着泥土和砖块的肩头,它将帮助建成一座新的更坚固的伟大的长城,能够趁这国家遭到困难的时候为它多做点事,使将来生活在新社会里的时候因为曾经效力而无惭气……"。这样想着,病愈的"我"便看见象征着黎明的晨星在梧桐树头高高挂起……②写"我"即便是在黑暗中也仍然坚定信心,做一颗晨星给他人带来光明,带来希望(《晨星》)。还有《新的生路》中的小玉,她在上海一家环境恶劣、薪水微薄的日本纺织厂工作,日军进攻上海后,工人们不仅没有讨到工资反而遭遇轰炸死伤无数,流离失所的小玉流浪到租界,不料再次落入地狱——她工作的新纺纱厂实际是招收女工为日本人卖淫的魔窟,走投无路之际,小玉收到好友大肚皮阿嫂的来信,大肚皮阿嫂已经开始了抗战的实际工作,小玉看完信,设法离开了纺纱厂,开始了"新的生路"。③又如《除夕》中的贵太太陈蕴华,她的丈夫吴少文以洋行经理的身份为掩护,参与义勇军在哈尔滨的救亡工作。不知情的蕴华却不满生活现状,遂向汉奸黄存义提出为丈夫在政府谋求差事的要求,黄存义假意答应却试图从蕴华口中得知吴少文及其同志的消息,并告诉她日军机关长松井除夕之夜有要事相商。蕴华满口答应,却未料松井一见到她便暴露出禽兽本相,关键时刻,吴少文及其他同志出现,原来他们早已策反了伪军,生擒黄存义与松井,蕴华幡然醒悟,开枪打死了黄存义与松

---

① 萧凤:《达可儿》,载《妇女新运·蒋夫人文学奖金专号》1941年第3期。
② 朱瑞珠:《晨星》,载《妇女新运·蒋夫人文学奖金专号》1941年第3期。
③ 桂芳:《新的生路》,载《妇女新运·蒋夫人文学奖金专号》1941年第3期。

井,成为一个"新中国的女儿"。① 再如《刘大妈》中,草原上生活的刘大妈一家和其他乡民一样,不得不在鬼子的"空室清野"行动中背井离乡,周寡妇的女儿被鬼子杀害,刘大妈的房子也被付之一炬,但暴行并未摧毁刘大妈的斗志,她号召大家重建家园,鼓励自己的丈夫和儿子参加战地服务队。某天深夜,突然有掉队的伤兵在刘大妈门口求救,希望村民将其抬到百川堡伤病招待所,而此时村里的男丁都在五原前线。女人们犹豫不决,认为:"女人哪里抬得动?再说哪有女人出头露面的?"刘大妈却鼓励大家"咱们女人也一样的给国家出力"。终于,在妇女们的共同努力下,伤兵被及时送到了百川堡,"刘大妈带回了个人胜利的喜悦,更带回了全国喜悦的五原大捷的消息"。② 而《恒河》中的知识女性丁宁,致力于"用各种方法输送知识到全村妇女的头脑中去,增强她们的国家观念"。在她的努力下,同村的素杏和瑛也积极参加乡村妇女运动,办妇女学校,为妇女们宣传"终有一天,敌人会侵略到我们的头上来,我们要使每个妇女都直接或间接地成为战士!要扫除历代以来重男轻女的习惯,要为一切含辱受死的女同胞复仇"。恒河懒蛇村的妇女们各司其职,鼓励丈夫参军,连平日惧怕丈夫的阿法媳妇也说服阿法去打鬼子,而男人们自发成立了自卫军,在敌人到来之前做好了一切准备……③

  与上述作品不同,《扣子》和《卖歌女》则直接表现了前线女兵和地下工作者的战斗生活。《扣子》中"我"和念石是长白山下的义勇军,也是一对恋人,念石被捕后牺牲,留下遗物——"我"用戒指融成的两枚扣子。"我"决心复仇,在一次军事行动中,"我"独自跟随着溃败的日军来到 TS 城并获得重要情报,"我"委托城中老妇将情报送出,自己则乔装成尼姑前往 MA 城,决心杀死害死念石的汉奸孙福蔚。虽然未能成

---

① 高钟芳:《除夕》,载《妇女新运·蒋夫人文学奖金专号》1941 年第 3 期。
② 石杰:《刘大妈》,载《妇女新运·蒋夫人文学奖金专号》1941 年第 3 期。
③ 钱玉如:《恒河》,载《妇女新运·蒋夫人文学奖金专号》1941 年第 3 期。

功,但部队用"我"的情报打了胜仗,孙福蔚也畏罪自杀。① 小说虽富有传奇色彩,但共赴国难的决心与意志,历历可感。《卖歌女》则讲述了乔装为卖歌女的革命女青年与日本军官斗智斗勇的故事。郑孟虹是一名革命青年,他整日以吃喝玩乐掩人耳目进行地下工作,孟虹的恋人方奕萍并不知情,对孟虹的改变感到十分诧异和失望。日军占领县城,孟虹的父亲在逃难中被日军打死,孟虹悲痛万分,告诉了奕萍自己的真实身份,并交给她一个任务:设法拿到军官盐谷大佐的秘密进攻图。奕萍和同志赵清秋、孟虹的妹妹孟痕乔装为卖歌女,取得了汉奸胡德夫和盐谷的喜爱,并使二人争风吃醋,产生裂痕,在一次活动中,得知孟虹被捕的孟痕在愤怒中向盐谷举起手枪,情急中奕萍制止了她,盐谷大怒,抓捕孟痕,反而更加信任奕萍,邀请奕萍到日军司令部唱戏。奕萍在司令部偷听到攻打游击队的消息,便立刻打电话通知战友,不料胡德夫在一旁偷听,他得意地告诉奕萍想要的秘密作战图在他手中,并威胁她要告诉盐谷。奕萍心生一计,告诉盐谷胡德夫要偷走作战图,本就十分厌恶胡德夫的盐谷举枪打死了他,但并不知道作战图就藏在胡德夫的尸身中,盐谷突然下令杀死孟虹和孟痕,奕萍只好表明身份,以作战图的去向为威胁要求盐谷放人,盐谷放了二人但将奕萍扣押为诱饵,关键时刻,被释放的孟虹立即组织义勇军的同志们攻入了司令部,活捉了盐谷,拿到作战图并高喊:"最终的胜利属于我们!"②

诚然,由于作者没有亲身参战的经历,作品难免传奇有余而写实不足,技巧也稍显稚嫩,在文学性与审美性上有待升华,但以"抗战建国"为主旨塑造的充盈着不屈斗志的女性觉醒者与成长者形象,传递的共赴国难、共担痛苦、共享欢乐的爱国主义精神,至今读来依然感人至深、令人敬佩,它们与论文组的题旨相辅相成,共同契合了"蒋夫人文学奖金"在抗战建国语境下的时代诉求。

---

① 潘佛林:《扣子》,载《妇女新运·蒋夫人文学奖金专号》1941年第3期。
② 朱桐先:《卖歌女》,载《妇女新运·蒋夫人文学奖金专号》1941年第3期。

三

历时一年的"蒋夫人文学奖"征文活动在战时环境下结束了。这次征文虽然是以宋美龄的个人名义设立,但以宋美龄的特殊身份及其在妇女界的影响力而言,此次征文的舆论引导与宣传意味远远大于征文本身的文学意义。在《妇女新运》刊出征文细则后不久,就有读者评论此次征文:"抗战以后,像揭开云幕似的,一切都活跃起来,妇女参加了神圣的战斗,生活经验丰富了,写作题材也充实了,新进女作家,新的作品,也正在增加和提高她的品质,不过到目前为止,不但少有硬朗的作品,健康的作者,连抗战中的指导妇女行动,反映妇女要求,动员妇女方法的正确的妇运理论,还是不够……只有真正参加实际工作,在斗争中成长,不脱离集团生活的作者,才能够摄取丰富的现实的题材。而有了'手触生活'的经验,更要根据科学的理论,进步的思维,去分析她,把握她,以便反应出这时代的生活重心,与最基本的东西。指导妇女运动的理论,更其重要,'只有民族解放,才有妇女解放','妇女占人口的半数,必须参加抗建工作,才能获得胜利'。这些固然是至理名言,然而真正的要求,已不是人云亦云的口号或八股可以满足的了,我们要知道的是为什么?和怎样?怎样配合着具体条件,客观环境,走向实际行动的方法,以及抗战胜利以后,理想的妇女生活,所谓平等,自由,幸福,到底是怎样的?"① 而由前文分析可知,征文活动最终的获奖作品恰恰是回答了这些疑问。

可以毫不夸张地说,在抗战建国的历史语境下,这一征文活动不仅仅是为了选拔青年女作家,更是一场动员广大妇女投身社会、救亡图存的爱国宣传活动,一次鼎新除弊的思想文化活动。此次征文的获奖作品虽然在理论深度及文学性与审美性上有待升华,但其所呈现的"国家解放先于妇女解放",以"义务平等"昭示"男女平等""本位救国"的价值导向与话语基调,契合了时代的潮流,成为普遍的社会共识与舆论导

---

① 俞中寄:《蒋夫人文学奖金与女作家》,载《建国月刊》1940年第1期。

向；以"抗战建国"为主旨的文学作品所塑造的女性觉醒者、成长者的形象，所弘扬的女性依然可以为民族解放出力奉献的自我存在感，以及与祖国同在，与时代共呼吸、共命运、共忧患的爱国主义情怀，彰显出抗战时期广大妇女崇高的历史使命感和社会责任感，其历史意义应予以充分肯定。征文所发掘的女作家，之后也大多成为各行各业的精英人士，为时代做出了应有的贡献，应该为历史所铭记。

行文至此，本已结束，但我们仍愿再赘言几句，因为她们是时代女性的优秀者，是女性自强不息的杰出代表，她们的事迹令人感动，她们的才能令人敬佩。我们愿再次写下她们的名字和我们所知道的她们散碎的后来，并希冀永远铭记她们的功绩。我们所惜者，由于时代等因素，个别获奖作者的身份经历未能查明，恳望能得到后人或方家的补充。若有错讹之处，亦望能得到后人或方家的纠正。

愿健者长寿，逝者安息！

陈廷俊（不详），上海人，1930年就读河南大学法律系，1932年转上海法政学院法律系，1934年毕业。余不详。

王文锦（1915—1956），浙江杭州人，1935年考入浙江大学中文系，1938年1月转西南联合大学中文系三年级，1938年11月与陈立在桂林结婚。发表有《抗战中的家庭主妇》《人生与服务》等文。

潘毓琪（1918—2017），浙江海宁人，1938—1942年就读于中央政治大学经济系，曾在上海同庆钱庄工作，后调至北京人民银行工作，直至退休。

赵蓉芬（1917—2005），江苏无锡人。西南联大（北大）史地系学生，未报到。1938—1942年就读于中央政治大学教育系。1945年与梁声泰先生结婚，1946年在南京教育部工作，1947年来美就读于哥伦比亚大学教育系，1961年至1970年在联合国经济和社会事务部执行长办公室任事务员，后入联合国秘书处中文组工作，襄助丈夫服务侨社，成绩卓著。

李鸿敏(1919—2009),北京人,1937—1941年就读于西北联大国文系,长期从事教育教学工作,曾任大学教师、北京师范大学附中教师、女15中教导主任、第116中学副校长、第11中学校长、崇文区教育局教研室主任等。

　　阮学文(1919—?),安徽人,太原平民中学高中毕业,1938—1942年就读中央政治大学教育系。后去美国加州留学,与吴思琦结婚后定居美国。发表有《今日中国的婚姻纠纷》等文。

　　蔡爱璧(1915—1981),江苏镇江人,曾任江苏省立大港乡村教育实验区教师,当过幼儿园园长、级任、小学校长。发表有《小学音乐成绩考查法》《一般家庭教育方法的分析研究》《几个家庭教育方法的错误及矫正》《大港乡村教育实验区女教师的自我素描》《怎样尊重儿童的人格》《我为何献身教育》《怎样指导学生讲演》《介绍一个幼稚园的历史》等文。出版有《儿童教育的经验》(贵州文通书局1946年版)、《给父亲和教师介绍几种教育读物》(湖北人民出版社1956年版)。后任甘肃省立兰州女子师范学校教师。

　　范祖珠(1918—1995),江苏南通人,1938年入浙江大学教育系。1944年与王玖兴结婚并一同考入西南联大附设清华大学理科研究所心理学部研究生,1945年入学。发表有《无敌之人》《三八献辞》,散文《在桂南前线》等。

　　饶藹林(1913—2004),北京人,北平大学女子文理学院附属高中毕业,1931—1935年就读于武汉大学文学院。晚年任湖北文史馆馆员。

　　廖志恪(1915—1980),四川达县人,曾用名姚佩群、姚文。1931年考入民国大学,不久又加入中国共产党。1933年10月28日被捕,1937年9月出狱。以廖志恪本名写《论妇女工作者之修养》,获第四名(被检),文章被检的原因可能与她曾是共产党员以及被捕的经历有关。1951年8月任第一届新疆省民主妇女联合会主任(后改名妇联),为新疆的建设与发展特别是妇女工作的建设与发展做出了重要贡献。

郭俊(1919—?),湖南湘潭人,1938—1942年就读于武汉大学法学院经济系。余不详。

朱瑞珠(1916—2003),浙江宁波人,1935—1939年就读于金陵女子大学中文系,曾任上海北郊中学校长、上海市北虹高级中学校长、上海市虹口区政协常委、上海教育出版社特约编委。1960年获"全国三八红旗手"称号。

朱桐先(?—1955)。本名朱桐仙,创作有戏剧《铁血将军》《警报之后》,小说《懒人的幸运》等,抗战后期曾在贵州毕节弘毅中学从事教学与演剧活动。

萧凤(1917—1995),北京人,1937年曾就读于北京师范大学历史系,1938年参加"平津学生演剧队",1939年路经延安到绥西参加抗战工作。1947年创作中篇小说《王爱召的故事》。1940年代后期任《平明日报》《大公报》高级记者。1950年代在《进步日报》工作,1957年不幸被打成右派。1980年代后出版长篇小说《巴山不了情》,自传体长篇小说《草木一生》。

高钟芳(不详)。

石杰(1916—2001),北京人,1938年参加"平津流亡学生演剧队""新西北剧团"。1942年在宁夏奋斗小学(后为北京奋斗小学)任教导主任。

钱玉如(1921—　),浙江诸暨人(生于杭州)。原名钱玉如,笔名钱起、郁茹、茹茹。抗日战争爆发后,孤身离开故乡,辗转流浪到重庆。1939年写成短篇小说《恒河》,后被介绍入《文艺阵地》社协助编辑。1941年创作中篇小说《遥远的爱》,参加文协。1946年到上海《新民晚报》工作。次年去香港,任《华商报》记者。1949年起任广东《南方日报》记者、文艺部副主任。1957年调作协广东分会,从事文学创作。1960年曾任中共新会县委委员、公社党委副书记,后任广东省文联委员、省作协驻新会理事兼《作品》编委。出版有《曾大惠和周小荔》《一只眼睛的风波》《我们小时候》等。

桂芳(1915—1990),浙江定海人。本名武桂芳,笔名桂芳、木圭。1935 年与金性尧结婚。曾在上海《申报》《文艺新潮》《救亡日报》《文汇报》《新中国文艺丛刊》等发表作品多篇。抗战时在上海孤岛与王任叔、唐弢等从事文化活动。获奖小说《新的生活》稍加改动后以《新生》之名收入 1941 年大华图书公司出版的作品集《背上了十字架》。

潘佛彬(1919—2005),辽宁法库人,笔名潘人木,1938—1942 年就读于重庆中央大学外文系。毕业后曾随丈夫去新疆工作,1949 年去台,历任台湾教育事务主管机关儿童读物编辑、总编辑,专事写作。曾获多项文学奖。著有长篇小说《莲漪表妹》《马兰的故事》,短篇小说集《哀乐小天地》,儿童文学《吉吉会唱营养歌》《汪小小学医》《夸我》《老冠军》等。

中编

发轫与奠基
——1922—1929年中国现代长篇小说论

中国现代文学史上第一部长篇小说《冲击期化石》初版封面

一、问题的提出

20世纪是中国文学由古典向现代转型的第一个百年,也是现代长篇小说逐步走向繁荣的时代。经过近一个世纪的发展,长篇小说以其辉煌的成就当之无愧地成为现代中国新文学发展中成绩最为卓著的文学门类之一。不过,发端于20年代初期的现代长篇小说,并非如短篇和中篇小说那样一开始就涌现出如《狂人日记》《阿Q正传》等这样一批显示出极高起点的标高之作,它不仅出现的时间晚,在内容与形式上也显得极为浅表,作家们缺乏自觉的长篇小说的文体意识,多将长篇作为篇幅长的小说来创作,直至20年代末30年代初才开始走向定型与成熟。可以说,20年代初期的长篇小说起步迟、起点低、成就平是不争的事实。但是,晚熟并不意味着它在缓慢的萌发过程中没有为其后来的茁壮成长提供新的基因,更不意味着自身的裂变在历史的演进中分解出异元的质素。相反,它恰恰为长篇小说日后强健的生长和自身创作独特性的形成确定了内在的机缘,使得20年代初期的现代长篇小说在经过了短暂的低谷徘徊后,迅速走上了充满勃勃生机的发展道路。

然而,令人遗憾的是,由于目前学术界关注的视野普遍集中在长篇小说成熟的三四十年代,对现代长篇小说发轫期出现的诸多值得探讨的问题尚未予以应有的重视,导致这一时期的长篇小说研究在很长一段时间内成为空白。殊不知,今天的成熟是从昨天的稚嫩中走过来的,漠视历史反会遮蔽我们的科学眼光。当20世纪已然向我们告别之际,科学探究新文学在转型初期长篇小说的崛起及其新质、长篇文体的演进及其过渡性特征以及上述问题带给我们的启示等,是我们回顾与总结近百年文学历程所面临的基本的也是无法回避的历史选择。

二、必要的回顾

一般来说,中国长篇小说的现代转型就其外部因素而言受益于西方长篇小说,但正如国外学者指出的那样,西方的影响并未在中国文学现代化的运动中起到应有的重要作用,只是自身进化的一种外在补充,其内源性因素仍导源于晚清长篇章回小说的裂变。[①] 没有晚清章回小

---

① 米列娜:《从传统到现代——19至20世纪转折时期的中国小说·导言》,北京大学出版社1991年版。

说质变的转化,也就没有20世纪20年代现代长篇小说的诞生与发展。虽然裂变后的重构呈现出一定的断裂性特征,但却不是完全的断裂而是革命性的继承与拓展。因此,要阐释20世纪20年代现代长篇小说的质变性内涵,就有必要对晚清小说的某些特质做一简要的回顾。

众所周知,中国章回体小说生成于宋代,经历了《三国演义》《西游记》《水浒传》《金瓶梅》后,到《红楼梦》达到顶峰,形成了章回小说在谋篇布局等叙述方面独有的特色。它极大地优化了中国小说的艺术建构,也在后来的发展中定型化了中国长篇小说的艺术形式,使得章回小说的叙述模式在不断完善中渐至僵化。到了清代末年,为使章回小说能保持新鲜的艺术活力,小说家们开始不断地探寻艺术的变革之路。受明清传奇的影响,他们先从形式上即回目的设置上寻求突破。例如《风月鉴》第一回"投胎,解笑",第二回"幻梦,刁宴"等,就不再用七字句或八字对做标题,显示了一定的创新意义。《燕山外史》在回目问题上更向前迈进了一步,不立回目,按骈俪文字不分卷数的惯例只分为八卷,且八卷的分割还是考虑到过于冗长不便于读者而强行割裂的。《海上花列传》干脆不用传统的"欲知后事如何,且听下回分解"之类的套语结束,而改用"第×回终",不用"话说"开头,而用"按"。这些形式上的变革,初步显示了晚清章回小说在叙述模式方面变革的实绩。但是,中国章回体小说是一个十分完善且自足的叙述范式,由拟说话系统而逐步形成的言说体制,如分回标目、回目工整、对仗;分章叙事,情节顺时连贯;内容通俗,语言浅白流畅,结构完整,悬念迭出,全知叙述等固定套式,广大读者不仅习惯接受,乐意接受,而且形成了不如此反不可的接受定式。故而仅从外在形式上做一星半点的变革,根本无法撼动强大的章回叙述传统。

在内容上,晚清小说同样寻求着新的突破,像清末"四大谴责小说"中的《官场现形记》和《二十年目睹之怪现状》,以切近时弊、抨击腐败的丑恶社会为创作目的,将创作视角从一般的社会世情移至整个统治集团,或揭示官场"千里为官只为财"的贪婪本性,或揭示腐朽社会中各种触目惊心的怪现状,与传统章回小说的四大题材——历史演义、英雄传奇、神魔小说、世情小说相比,内容为之一变。面对社会颓势,刘鹗奋笔痛作《老残游记》,一反揭示贪官之恶的常规而揭"清官"之恶,对国家、社会、民族之危亡的忧患意识贯穿其中,显示了作家救国安邦、救亡图存的拳拳之心。更具新意的是《孽海花》,小说的视角不仅转向了洋务派的官吏,而且把焦点对准门户开放后的维新人士,以金雯青、彩云为贯穿始终的人物,讽刺与批判了封建制度即将崩溃之时,中国的知识分子特别是高级知识分子走向世界时迂腐可笑的行径。值得一提的还有吴趼人的《恨海》,小说正视现实,一改传统言情小说"大团圆"的喜剧模式,以离乱中的两对青年男女的爱情悲剧为主线,对封建的家长包办制婚姻发出了血泪的控诉,尽管小说还残存着"发乎情止乎礼"的封建观念,但其中所体现的感伤情绪,已标志着现代精神素质的萌生。

　　清末民初的长篇小说在形式与内容上的突破与转换,无疑已显示出中国长篇小说在社会历史变动中所获得的革新的内在渴求。然而,历史实践也证明了,这种内在的渴求毕竟还无力掀开一个新的小说时代。于是,在五四新文化运动呼唤下出现的长篇小说,自然就成为我们考察现代中国长篇小说历史的新起点。

三、发轫期长篇小说新质之一:小说创作力点的位移——人的凸现

　　五四新文化运动的狂飙,将中国文学的现代转型推进到一个急速的节奏,长篇小说尽管以"慢半拍"起步,但当它一踏上这条新的轨道,就逐渐显示出它与以往长篇小说不同的一些新特质。这里必须说明的是,由五四运动拉开序幕的中国现代文学,直至 1922 年才开始出现长篇小说作品,在整个 20 年代,长篇小说的数量相当有限,从 1922 年至 1929 年,据笔者的统计,共有 51 部左右。在这些作品中,蕴含着我国现代长篇小说新质的一些端倪,而 1929 年出现的《棘心》《倪焕之》《二月》,标志着现代长篇小说草创阶段的结束而开始步入新的创造性阶

段。故本文的重点,则主要在于探讨1922—1929年的草创阶段中长篇小说所隐含的新质。

1922年2月,泰东书局出版了张资平的长篇小说《冲积期化石》,这是张资平的第一部长篇小说,也是中国现代文学史上第一部白话长篇小说。小说的开创意义不在于张资平通过回忆主人公鹤鸣求学时期的种种往事,讽刺了社会的不平,抒发了对亲人的深厚感情,而在于以"人的生活为是",以"人道人义为本,对于人生诸问题,加以记录研究"的"人的文学"这一新文学的革命主张,首次在长篇小说创作领域得到了真切的落实。虽然作者的人道主义思想尚浅,但以普通的文体记普遍的思想与事实,以真挚的文体记真挚的思想与事实的"平民文学"观,即直面人生的勇气和服务现实的"为人生"的五四精神,却实实在在地流贯其中。10月,王统照以长篇小说《一叶》传递了五四前后部分知识青年对现实世界与人生问题的思辨与诉求。随后,张闻天的《旅途》(1925),张资平的《飞絮》(1926)、《苔莉》(1927)、《最后的幸福》(1927)、《爱力圈外》(1929),孙梦雷的《英兰的一生》(1927),洪灵菲的《流亡》(1928)、《前线》(1928)、《转变》(1928),老舍的《老张的哲学》(1928)、《赵子曰》(1928)、《二马》(1929),蒋光慈的《最后的微笑》(1928)、《丽莎的哀怨》(1929),含沙的《爱的牺牲》(1928),陈铨的《天问》,罗西(欧阳山)的《你去吧》(1928)、《爱之奔流》(1929),叶鼎洛的《未亡人》(1928),马仲殊的《太平洋的暖流》(1929),戴万叶的《前夜》(1929),汪锡鹏的《结局》(1929),陈学昭的《南风的梦》(1929),金满成的《黄绢幼妇》(1929),苏雪林的《棘心》(1929),克农的《缺陷的生命》(1929),杨荫深的《曼娜》(1929),谭勉予的《俘虏的生还》(1929),叶圣陶的《倪焕之》(1929),叶永蓁的《小小十年》(1929),周阆风的《农夫李三麻子》(1929),柔石的《旧时代之死》(1929)、《二月》(1929),巴金的《灭亡》(1929),白薇的《炸弹与征鸟》等相继问世,为发轫期的长篇小说卷起了第一股潮头。这些带有实验性质的长篇小说虽然思想艺术价值不一,但其探索价值却具有划时代的意义,即在内在构思上,作家们在酝酿构思、设计情节和表达主题时,无一例外地将"人的文学"作为高扬的旗帜,将塑造人物的性格作为小说创作的主要力点,以人的命运作为叙述纽带组构全篇,从故事的叙述转向人的形象塑造,这种创作力点的转移,标志着现代长篇小说的建构开始了新的历程。

　　人的凸现必然使那些走出国门的小说家在涉笔长篇时,从各自的生活与体验出发,表现人的生活、人的情感、人的命运。这样,人物的生存空间与活动空间就不再单纯地拘泥于九州方圆,而是与域外相联通,呈现出广阔的时空背景。"冲积期化石"是一个地质学名词,原指保存于第四纪时期形成的陆相沉积物地层中的古生物遗体、遗物和它们的生活痕迹。作者以此为书名,意在借喻地质与人类社会的发展关系,既表达自己对逝去的父亲的思念之情,又刻下现实生活中具有历史文物性质的人与事的印迹。小说以两个孩提时一起在私塾蒙学,少时同受新式教育,青年时同去日本留学的年轻朋友的成长经历为线索,既写了留学生鹤鸣在故国和异乡所遭受的冷遇、歧视,又写了中日青年在学习生活中所建立的虽短暂却真诚的友谊;既批判了辛亥革命前后中国社会里特别是弥漫在教育界、政治界和家庭婚姻制度中的种种腐败行为,讽刺了外国宗教势力及其依附者的虚伪本质,又表现了日本社会种种不平和吞噬生命的丑恶现象。这种在较为广阔的背景下展示与比较中日两国及两国青年或同或异的社会现状、生活境遇、人物命运的文本,无疑拓宽了小说的表现域。《旅途》以应聘于美国亚罗镇工程局青年工程师王钧凯与美国姑娘克拉小姐(安娜)、加利福尼亚大学法兰西文学科的玛格莱的跨国恋爱为题材,上演了一部中国的"白马王子"赢得美国女子的芳心并与异国女子一起预演"爱情+革命"的现代剧。虽然小说充满着精神自居感与浪漫情怀,但大跨度的时空转换与异域风情的展示,仍令读者耳目一新。最值得称道的是苏雪林的《棘心》。小说取《诗经》"棘心夭夭,母氏劬劳"开头二字,将海外游子对祖国的依恋,对母亲的情怀,写得情真意切、文采斐然。作者以优美的文笔尽情展示了法国各地的文化景观,特别是法国浓郁的宗教氛围,修女虔诚而富有牺性精神的宗教信仰,巴黎富有历史意义的名胜古迹等,令人眼界大开。成功的人物塑造、完整的艺术结构,使《棘心》一问世就风靡大江南北也在情理之中。当然,表现海外生活的文学,《冲积期化石》迟于《孽海花》,但曾朴涉笔的是高级知识分子在国外的表演,形式上也是章回体,属"贵族文学",与之有着本质的不同。① 与同是抒发中国留学生在日本苦闷彷徨并带有强烈的自传色彩的《沉沦》相比,《冲积期化石》反封建的力度和时代的气息虽较为逊色,但它更侧重于表现国内的黑暗与不平,在涉及国外的阴暗面时,写实大于抒情,忆旧重于比较;刻画压抑的性心理时平隐不露,故伤而不恨、怨而不怒。与《棘心》相比,受日本私小说的影响,张资平过多地表现出性的苦闷与压抑而造成的生理痛苦与心理扭曲,而苏雪林则杂糅着东西方双重思想,通过自我的克制、转移或宗教的洗礼改造心灵,化解情感与理智的矛盾。一个在父爱面前是缅怀、忏悔,一个在母爱面前是报恩、行孝;一个在真情中透出大胆直率,一个在挚情中呈现细腻委婉;相得益彰。异曲同工之作还有《太平洋的暖流》与《流亡》。前者以青年贾尚时不满家庭包办婚姻来到南洋西利岛伊丽女子中学任教时与女学生美云相恋却被解聘、判刑的痛苦经历为线索,深刻地揭露了南洋教会学校的昏暗与腐败,表达了青年男女向往爱情自由的理想追求,传递了海外游子期盼祖国富强的强烈愿望;后者以革命党人沈之菲在大革命失败后,颠沛流离又义无反顾地投身革命道路为情节,时而 S 埠,时而 C 城,时而新加坡,时而暹罗,紧

---

① 至于因"反华工禁约运动"而产生的一批作品如《苦社会》《苦学生》《黄金世界》《劫余灰》等,虽写了因穷困潦倒而被迫漂洋做工的华人在海上受尽折磨,在岸上则受尽歧视这一屈辱的非人境遇,其中的一些情节也不乏感人之处,但整体来说,作者并不熟悉海外生活,平面化的叙述远多于真切的生活感受与内心体验,且选材的重心多在国内,如《黄金世界》写华工渡海之惨比《苦社会》更简略,后半部则转向叙述主人公回国后开山建厂的经过;《劫余灰》也涉及华工被当作"猪仔"卖的事,但只是文中寥寥数百字且是耕伯劫后归来的自述,重心还在宣扬女子之节烈观;《苦学生》写黄孙出洋学习,倍受歧视,遂发愤苦读,终学成归国。表面看来这是写海外留学生生活,但作者对留学生活一无所知,只得以"转眼之间,又进学堂。到了毕业这一天,领凭出校"这一短语匆匆带过。这类作品严格来说不宜算作海外文学,至多是触及皮毛而已。

张浪漫又别有洞天。这是发轫期小说中一道不灭的风景线。

人的凸现自然使作家们努力塑造出具有艺术魅力的人物形象。在新文学初始阶段,长篇小说创作在内容与形式上都显得极为浅表,作家们缺乏自觉的长篇小说的文体意识,多将长篇作为篇幅长的小说来创作,人物塑造自然也就缺乏必要的长度,形象模糊、单薄也就在所难免。如《冲积期化石》中的鹤鸣、《一叶》中的天根等就具有符号性质。但很快作家们的人物塑造水平有所提高,一批面目清晰甚至栩栩如生的人物形象扑面而来。如勇敢脆弱的刘琇霞、猜忌变态的云姨(《飞絮》),自我放纵的苔莉、患得患失的谢克欧(《苔莉》),自暴自弃的魏美瑛(《最后的幸福》),大胆叛逆的祝菊筠(《爱力圈外》),软弱、善良而又无助的农民李三麻子(《农夫李三麻子》),消极厌世又浪漫变态的章芷芳(《结局》),张扬爱情自主、流动、共振的现代女性杜玉琼(《爱之奔流》),聪明、机智却又诡诈、邪恶的青年林云章(《天问》),不学无术的混子,空有乌托邦理想的油子,倒驴不倒架的痞子,好吃懒做的公子赵子曰(《赵子曰》),等等,都令人过目难忘。从构成上看,青年形象最为集中,人物性格各显特色。但大体而言,青年女性形象如琇霞、魏美瑛、苔莉、英兰、芷青(《爱的牺牲》)、祝菊筠、杜玉琼等,多有一定的叛逆色彩和个性解放思想却缺乏独立意识,社会的不公与黑暗的现实不断地吞噬着她们的理想,而她们自身的弱点又迫使她们跌入黑暗的深渊,无奈地承受悲剧的结局。青年男性形象如王钧凯、沈之菲(《流亡》),王阿贵(《最后的微笑》),霍之远(《前线》),赵楠(《前夜》),阿曼(《俘虏的生还》),杜大心(《灭亡》),等,则与之相反。他们更多地具有强烈的反叛色彩和革命精神,面对社会的黑暗与人生的坎坷时,他们不是臣服而是反抗,不是悲叹而是忘我地投身于革命,将自己的意志融入革命的洪流中,即便牺牲也在所不惜。尽管其中不乏浪漫主义因素,但震天动地的反抗精神却浩然长存。就形象新质而言,外国女性形象的塑造,是发轫期长篇小说的新质点。无论是热情浪漫的安娜、沉静稳重的玛格莱,还是美丽纯真的佩裳、美云(《太平洋的暖流》),或是博爱虔诚的修女马沙、白朗(《棘心》),以及悲苦哀叹的丽莎、纸醉金迷的密海诺夫伯爵夫人(《丽莎的哀怨》),都令人新奇而震撼。特别是白俄贵族少女丽莎的形象,是新文学长篇小说创作中首次以完整的艺术长度着力塑造的外国女主角,她的沉沦与美梦的破灭,是白俄贵族无可奈何花落去的历史命运和新兴无产阶级势不可挡的必然趋势,而作者对她沉沦的心理轨迹细腻真实的描写以及性格转变因由清晰准确的刻画,显示了革命文学的新绩。不过,最令人欣慰的是,发轫期的长篇小说创作出现了典型人物形象倪焕之(《倪焕之》),这标志着发轫期长篇小说创作现代转型的初步奠基。热心乡村教育的倪焕之应校长蒋冰如之邀来到乡镇小学,本想和校长一起改革旧制,却遭到旧派势力的联合抵制,倪焕之的"教育救国"幻想也随之破灭。本想在同志兼妻子金佩璋身上寻求支持的力量,但金佩璋也在结婚后专心于家庭,对世事漠不关心,这使得倪焕之大为感慨。五四运动爆发后,倪焕之再次振作起来,继而到上海投身于救亡运动。岂料,大革命失败,倪焕之陷于深深的悲观与失望中,不久病逝。从充满活力到悲观失望,从不断追求到不断幻灭,近十年来,倪焕之经历了"理想教育"的欢欣、"理想爱情"的感慨和"理想革命"的绝望历程,也经历了一个具有现代意识的知识青年从自我寻找到自我建设到自我破灭的探索历程。小说不仅展现了五四前后到大革命时期小知识分子思想行动的变迁历程,也传递了一代乡村知识分子在时代面前如何设计自我与如何定位自我的现代思考。因此,倪焕之的形象体现出鲜明的时代性和深刻的典型意义。他的成功塑造,是发轫期长篇小说创作最重要的收获。

1920年代也是"人的发现"与"文学的发现"的时代。对人的自我价值、社会价值进行自觉的探求,以"人的重新定位"为起点对社会与人进行再反思、再观照,是这一时代作家孜孜以求的创作目标。故而,无论海外学子坎坷艰辛的生存之路(《太平洋的暖流》《棘心》),还是小知识分子漂泊不定的人生之旅(《一叶》《前夜》),无论青年男女在五四初期为争取恋爱自由、妇女解放而付出的艰辛努力(《苔莉》《爱的牺牲》

《英兰的一生》），还是革命青年在大革命失败后对黑暗现实强烈的激愤及对革命前途的不屈追求（《流亡》《转变》《俘虏的生还》），以及市民阶层各自不同的人物命运与生活道路等（《老张的哲学》《赵子曰》），都成为艺术家选取并呼应思想启蒙这一时代声响的自然选择。《结局》就是体现这一时代呼声的优秀之作。小说以大革命时期芷芳的人生遭际为主线，反映了部分青年女子欲求经济独立而不得，欲做贤妻良母而无缘，欲做革命者而无力，不甘麻痹自沉又不得不一度麻痹自沉的时代痛苦，表达了青年妇女渴望构建自我、实现人的价值的时代诉求。

  1920年代更是精神大解放的时代，回应青年男女追求婚姻自主、个性解放的呼声更是这一时期长篇小说家一致的创作使命。快枪手张资平的爱情系列长篇《飞絮》《苔莉》《最后的幸福》就因大胆地表现青年男女挣脱爱的羁绊，追求个性解放而唯情至上、唯欲至高、重情轻理的反封建之路而名噪文坛。女青年刘璓霞信奉"恋爱是一种权利！无论谁人都有这种必然的权利"，中意相貌与能耐都较平常的文学青年梅君，父亲却将她许给有洋博士头衔的吕君，母亲则希望她嫁给目不识丁的商人的孩子。婚爱相违，悲情迭出。苔莉嫁给商人国淳做第三姨太太，长期的分居和国淳的堕落，使苔莉倍感婚姻不幸，情感空虚。表弟谢克欧勇敢地冲破传统与她倾心相爱，最后在爱的引力下双双殉情。所谓"最后的幸福"是说女主人公魏美瑛贪图表兄凌士雄的资财，明知他体弱多病且抽吸鸦片仍嫁给他，结果婚后情与欲都大失所望。痛苦之下她先后与妹夫黄广勋、昔日情人松卿萌发旧情，后见她初恋的对象同村农民阿根，魏美瑛深感只有阿根才真正爱她。在染上病毒病危时，她写信让三人来见最后一面。阿根打死松卿后赶来，魏宽恕了黄，托他将她的遗骸带回故乡，在与阿根做最后的吻别后死在阿根的怀中。上述作品的主人公大多已获得恋爱自由的权利，家长的干预或他人的阻拦已不能从根本上左右他们争取爱情解放的道路，诚然他们的选择存在着彷徨甚至迷误，但最终支配他们命运的是他们自己。他们追求的是两性相吸、两情相悦，与传统的发乎情止乎礼的观念相反，他们是发乎情越乎礼,将所有的陈规陋习都抛之脑后,尽情地享受情的欢愉与爱的满足,他们的命运多以悲剧结束,但唯其悲剧性的结局才透视出封建礼教吃人的本质,才反映出五四时期青年男女追求爱情婚姻自由的困坷之旅。当然也应该看到,他们的思想境界不高甚至带有封建的东西(如对处女宝的极端强调),他们的人格理想中没有独立的人格精神和高尚的道德情操,他们追求爱的等分线却强调爱的依附力,他们视爱为生命却只将性欲的满足等同为爱的满足,而爱的原生点又缘发于一方的感官刺激或兽性的冲动,一旦这种欲望急剧膨胀,他们便不顾一切地只求一朝拥有不管天长地久,欲望的破灭便是生命的最后归宿。归根结底,他们不明白什么是真正的爱情,也不知道怎样取得爱的权利,更不知如何珍视和运用来之不易的爱的权利,他们是一群身子和脑子虽降临于新时代却发育不健全的早产儿。

人的凸现还包括对人物内心世界即人的情感、欲望等意识与潜意识活动多层次多角度多方面的展示上。中国的长篇小说有说书艺术形成的传统,一向不擅长描写人物的内心世界,自宋以来的程朱理学"存天理,灭人欲"更是将人的内心欲望压抑到了极点,这使得我国心理小说极不发达。受现代思潮的影响,此时的作家们也开始向内转,利用长篇小说的文体优势,直接充分地表现人物的内宇宙,包括潜意识的心理活动,取得了一定的成就。与传统小说侧重于"做什么"与"怎样做",注重的是人物的外部言行,面对的是客观世界,描绘的是人与他人之间的复杂的社会关系相比,发轫时期的长篇小说在心理描写上则侧重于"想什么"和"怎样想",注重于人物的心理意念,面对的是人的主观行为,描绘的是主体世界对自身的感受、联想、情绪、欲望等意识与潜意识活动。最先涉足这一领域的还是张资平,他最早尝试在白话小说中描写性心理,如《冲积期化石》中鹤鸣与陈女士由香港同舟东渡日本,在短暂的几日航程中他萌发的青春躁动,独居海外又失去亲人的孤寂、悲凉、厌世之感,留学日本期间与日本少女如嫣产生异性相吸的情爱而不可得的青春期悸动等,虽无后来那样大胆直率,却也显出几分成色来。

写《飞絮》《苔莉》时,张资平就多在男女青年性苦闷、性压抑、性爱过程中妒忌、烦闷、疑虑、犹豫乃至因失恋的痛苦而导致的性变态心理上做文章,看上去写得浅显直白,直露有余而深度不足,但因其率真精细而迎合了众多读者的接受心理。更为系统全面表现人物心理的是《苔莉》。小说以隐藏于克欧和苔莉内心的心理奥秘为主线,突出两人不同时空、不同场合的内心波澜,把他们在爱欲裹挟之下沉湎无忌又患得患失的心理过程写得惟妙惟肖,以至于张资平自己都认为"可超过《飞絮》的"。① 小说起笔写克欧来看苔莉时的迟疑心态,接着叙述认识她的经过和思念她的缘由。理性告诫他要与表兄嫂以礼相待,内心却使他禁不住欲望的冲动一步步滑向超规越礼的边缘。小说写活了克欧在苔莉不幸的婚姻面前进退两难、跋前疐后、踟蹰不决、动摇不定的踌躇心理,也写到了主人公所强调的婚姻的双重和谐,即基本的物质条件与必要的精神交流使婚姻赖以维持,忠贞的爱情观与夫妻和谐的生活内容使双方尤其是妇女感到身心的愉悦与满足。如果爱情的结果使其处于失衡状态,那么这种痛苦的爱情就没有维系的必要。这合理的具有现代内核的婚姻观念无疑具有时代的进步意义。张资平朦胧地感到了这一点,赋予克欧爱的胆识和勇气,寻求他与苔莉的精神沟通点。令人惋惜的是张资平很快就沉醉于肉欲的占有与满足上,如克欧所渴望的完全是她的肉身,最终使他决意追求苔莉是难以抵挡她雪白膨大的乳房的诱惑,而一旦苔莉的一身全托付于他,他便无节制地贪图享受,直至染病而双双殉情。这就使小说围绕克欧的功利主义思想所写的"本我"与"自我"的潜意识冲突,举棋不定、瞻前顾后、自我斥责、自我忏悔的心理行为及苦闷、怅惘、激动、快意、懊恼、悔恨等心理状态,背离了五四反封建的时代精神而沦为小市民庸俗层面上低级趣味的描写,其审美意义也大打折扣。发轫时期的心理小说并不发达,没有严格意义上的心理小说,作家们多是借用心理描写手法写人物的心理,而不是刻意用心理

---

① 转引自郁达夫:《非编辑者言》,载《创造月刊》1926 年第 1 期。

感知结构全篇,如《一叶》中直接描写少女伍慧对云哥敏感而微妙的心理微澜,《棘心》中抒写醒秋思亲念友的惆怅,《流亡》中简写沈之菲对他童年及其故乡的梦幻,《旅途》中钧凯与安娜并行时内心意念的一闪等,都是小说中一个小小的片段起丰富叙述的作用,那种将心理分析、主观感觉作为目的而非手段来支撑全篇的心理小说,只在"新感觉派"那里才得以实现,尽管那是昙花一现。

综上,发轫期现代长篇小说力点的位移源于人的文学的确立,起始于那批走出国门的先驱者,他们在广阔的艺术视野中探寻人生,标志着他们领会了新文学与生活的真正含义,他们将社会的视角代之以自我的观察,将"文以载道"的思想代之以个人思绪的表达,尤其是作品所表现的面对命运与既有秩序的抗争态度,与五四文学"人的自觉"的光芒交相辉映。他们回归生活、回归自身的文学选择和文学实践,为后来者在更深更广的视野中探求人生确立了支点,奠定了基础。在人物塑造上,发轫期长篇小说虽然没有栩栩如生的典型人物,但一些有个性的复杂的形象,还是给人们留下了深刻的印象。在人性的透示上,发轫期的长篇小说响应了五四个性解放的时代呐喊,那挣脱束缚与维护旧制的夹缝中痛苦煎熬的人性揭示,赢得了无数青年的强烈共鸣。特别是作家们对人的自身弱点所酿成的悲剧的揭示,使得发轫期长篇小说的反封建性不仅与同期的中短篇小说迥然有异,也比一般的反封建题材更见力度、更显水准。也不可否认,个别作家对人性的挖掘注重于人的自然属性而忽视人的社会属性,未能从更高的哲学意义上正确地阐明人性的光辉,终未能跻身于时代的前列,反而随着时代的进步、文学的发展,褪去了应有的色泽。在人的内心世界的揭示上,发轫期现代长篇小说多层次、多角度、多方面地展示了人的情感、欲望等意识与潜意识活动,深化了人性的表现尺度,凸现了人的非理性色彩,为人的立体化工程的全面实施创造了条件。尽管其中的一些描写有违于五四反封建的时代精神,降低了原有的审美意义,但其为表现人的丰富性所做的具有现代意义的尝试,为发轫期现代长篇小说实现转型的筚路蓝缕之功,依然不宜抹杀。正是上述对人的多维度的刻画,一个个较为立体的、丰富的、具体可感的人才矗立在人们面前,人的凸现才成为现实,新文学长篇小说的现代转型才宣告胜利奠基。

四、发轫期长篇小说新质之二:文化反思——双重视角的交汇

究其实,发轫期长篇小说一个突出的特质也是对之后的文学影响颇为深远的是对人性弱点的批判与双重文化的观照。鸦片战争后,特别是甲午战争的失败,使中国的知识分子不再盲目自大而开始认真地反省自身文化的弊端,为国运的衰微探因溯源,以寻求图存与自新之路。辛亥革命虽获得成功,推翻了旧的封建体制,但人们很快就发现距人们所期待的目标仍有相当大的距离,封建的思想观念仍然残存在人们的头脑中。因此,"打倒孔家店",铲除旧的文化观念,建立新的价值体系,用新的文化心理、伦理道德促进时代的变革,尤其在西方文化的观照下把握东方文化的脉理,成为摆在人们面前的重大课题。也就是说,中国的文化有哪些积弊?其国民劣根性突出的表现是什么?与传统的关系又体现在何处?同样,西方的文化有哪些优越性?其国民素质高在哪里?与中国相比体现在何处?等等,成为五四新文化先驱者们激烈争辩的现实问题,也成为新文学创作者们着力表现的重大母题。鲁迅的《祝福》《阿Q正传》等就是这一思潮催动下诞生的杰出成果。

但是,发轫期长篇小说在揭示中国文化的流弊与改造国民性方面,却不像中短篇小说那样从农民的视角取得了重大的建树,而是从小市民和知识分子的视角中闪现出五四先驱者睿智的思考。《老张的哲学》是老舍的第一部长篇小说,以往人们常常注意的是这部小说(近似油滑)的幽默风格,实际上这是老舍在整体文化的反省与改造中批判人性弱点,建构新的文化个性的起步之作。小市民李应与龙凤、王德与李静是两对情意绵绵的恋人,他们的自由恋爱都以男方的退却而告终。其

中的缘由固然有权、钱的压迫导致的精神臣服,但这妥协的背后又何尝不是双方人格的缺失所造成的悲哀! 王德和李应不堪老张的欺凌双双来到城里谋生,勇敢而又怯懦、厚道而又鲁莽的王德不是一团骄傲就是不肯屈就一切,不屑家教,受雇于报馆又直率有余而灵活不足,更不用奢谈学习社会心理学以适应社会,其结果只能是样样都做不长而愤懑离去,与李静的婚姻也成为夸夸其谈的笑柄。李应也因深感生活无着落而与龙凤不辞而别,一去不返。王德与李应生活在五四个性解放的时代,他们大胆地走进城市,反映了他们不满现状积极进取的强烈愿望和迫切要求自我设计自我创造的时代追求,他们勇敢地迈出了可喜可贺的第一步,闯进了自我发展自我完善的轨道,初步建立了新生的支点,但是他们没有抓住生活提供给他们的机遇,以此撬动他们的生活历程,更没有在实践中反省人性的弱点以改善自身、调整自我,而是自我封闭、自我排拒,甚至不切实际地过高估计自己,最终丧失应有的机会而一事无成。中国的文化一向强调共性而压抑个性,要提倡并大力发展个性首先要建设好自身,充实好自我,以健全的品质挑战现实,才不至于在社会的习惯势力面前仓促地败下阵来。对于爱情,他们生在恋爱婚姻自主的时代却没有走上掌握自己命运的道路,外在环境并没有从根本上窒息他们,但他们自身性格的软弱使他们争取婚姻的努力虎头蛇尾,力不从心。他们看到了经济对现实婚姻的制约力,却没有看到人在现实生活中的主动性;他们明晰地感到爱的离心力,却不知爱的内核究竟有多大的质量才能产生足够的向心力凝聚他们的爱情;他们并不缺乏情感的动力,却畏首畏尾无力冲破爱的桎梏而真正发出个性解放的呐喊;他们寻找通向未来的道路,却不知路在何方;他们是一群受现代文化冲击却被传统文化戕害而尚未真正觉醒的迷茫者。与张资平的情爱追逐者相比,老舍笔下的人物多了压抑的色彩和妥协氛围,少了释放个性追求性爱的狂热维度;多了理性的思绪和现实的重负,少了感性的欲望与理想的张扬。一言以蔽之:多了传统的观念侵蚀,少了现代的思想洗礼。

这不是说老舍没有现代思想,而是说老舍更看重从传统与现代的比照中体察国民的缺失,这一点在《赵子曰》中体现得更为明了。赵子曰胸无大志,不学无术,好高骛远,什么都学又什么都学不会。他安于现状,无所事事,贪图享受,以各种名义骗取父亲的钱财,以满足他吃喝嫖赌的丑恶生活。他头脑简单,讲求虚荣,生活的全部内容就是为了满足他的虚荣心。对于西方文明,他提出"简捷改造论":将西方的一切发明,拿来为我所用,不用讲什么进取的精神、研究、发明等等。这种坐享其成,只想在精神上包揽东西文化全部为我所用而又无须奋斗的空想思想,正是赵子曰对自以为老大的中国传统观念中负面因素的因袭。老舍尽情地嘲弄这个看似"万物之灵"实为"万物之蠹","人中之灵"实为"人中之愚"的草包,意在揭露与鞭挞传统文化中腐朽没落的思想对人心灵与肉体的浸淫,以唤起民众自新自强自立自重之心,在反省与批判的同时寄寓着作者建构新的文化个性的急切之心。李景纯就是将"香味永远吹入有志的青年心里去的"理想人物。他与赵子曰游谈无根形成鲜明对照:工作不论巨细,一概做得扎扎实实;事情无论大小,一应有条不紊。他脚踏实地,面对现实,宽以待人,严于律己,被同学称为"学问,品行,见解,全第一"。他主张革命要从具体事情入手,光说不做永远无望。救国只有两条路:一是救民,启民智;一是杀军阀。只有军阀杀尽了,民智提高了,有识之士潜心求学,特别是出国学实学才能改造社会。他恪守自己的信条并为之付出了生命的代价。李景纯的反抗固然有个人激愤情绪的成分,但他踏实严谨、求实进取的作风,无疑包含着老舍对理想人物应具有的内在品质的明确肯定。这种立足于现代意识,通过对传统文化的反思与批判,最终摆脱沉重的因袭,走向建构与完善新的文化心理的艺术之路,日后成为老舍不断叩问的主题。

如果说《老张的哲学》《赵子曰》立足于国内从传统与现代的角度批判国民的劣根性,那么《二马》则立足于国外从东方与西方的角度对国民的劣根性进行双重文化的观照。老舍有意将老马放在异国的土地上,就是要在中西文化的背景下比较中英两国人的不同,以衬出国民性的荒谬之处。在老舍看来,生成于传统农业社会土壤上的中国文化,其深层结构是"农"的、"乡土性"的,其本质还是一种礼俗文化,属伦理范畴;西方近现代文化是资本主义工商文化,是建立在契约的基础上的,属法理范畴。中国要迈向现代化,首先要扬弃传统的礼俗陋习,建立健全合理有效的法理机制,使礼俗文化法理化。为此,老舍在作品中主要设计了因循守旧、墨守成规、懒散懦弱、妄自尊大、碌碌无为的老马,虚心学习、积极进取、勤学苦做、不卑不亢、年轻有为的李子荣,务实、自立、直率、韧性、讲法守约又自负傲慢、礼诚相待又固存偏见的伊牧师、温都太太等三种人,并试图通过他们之间的性格冲突,烛照出中国传统文化在现代的双重困境。胸无大志的老马来到英国只是为了继承兄长遗留的产业,并无开拓商机的"野心",带小马出来也仅是为了让他学点知识以便学成后享受清福。他所遵循的章法就是"礼数",就是"面子""客套""人情"。他看不惯英国人各自独立的经济意识,认为发财之道是做官,经商没有出息。他讲究"派头",爱好虚荣,自以为是且不思进取,因此,当伊牧师及李子荣等不讲礼数讲变数,不讲人情讲商情,不讲通则讲法则,不讲空想讲思想,不讲无为讲有为时,老马便显得束手无策,消极地应付着生活中的一切,淘汰也就在所难免。通过《二马》,人们看到了落后的礼俗文化与先进的法理文化的现实差异,看到了生成于传统农业社会土壤上的中国文明在"老化"的道路上滑行的险境,看到了生存于这一土地上的人民已迈向"出窝儿老"的危险边缘,看到了要建设中国的现代文化,就必须扔掉沉重的历史包袱,将西方法理文化作为核心建构的必然选择。需要说明的是,老舍赞成以英国的法理文化作为中国文化的核心建构,并不是要全盘否定中国文化,中国现代文化的创造性转换只能在中国文化的土壤中进行,因而他对于传统文化中合理的部分如老马尚自然、重人伦等都予以了明确的肯定。与同代人相比,老舍较少情绪上的倾斜而多一份伦理上的感知,这也是他在传统与现代、东方与西方的交汇点上建构新型文化理想所表现出的独特个性。

双重视角的交汇使五四的先驱者拉开了与中国文化难以间隔的距离,相对冷静而又客观地从西方的文化角度反视了民族文化的积弊与现状,辨析了传统文化与民族性格、民族心理状态的制约关系,形成了他们独特的文化批判视域,从而确立了从西方的文化的视域中改造国民性为他们基本的创作动力和着力追求的创作目标,为五四新文学的发展开启了一个崭新的局面。可以说,这也是发轫期现代长篇有别于其他体裁的一个独特之处。诚然,由于时代的因素,他们对西方的了解还显得浅表化,对国民未来的设计显得单纯而富于理想,对民族弊端的批判也显得软弱而又温和,其"救世良方"也过多地强调道德的自我完善等诸多传统因素,其保守性与狭隘性在所难免。但他们毕竟摆脱了简单盲目地审视问题的单一视角,凸现了自己的文化理想,即将中西文化的优秀特质糅合、互补生成一种崭新健全的文化品格与国民性格,将全球视为一个整体的现代眼光与世界意识,依然熠熠闪光。

　　发轫期的长篇小说对知识分子人性弱点的思考相对来说显得较为薄弱,但对个性解放中所表现出的软弱与屈从及其悲剧的揭示还是显示了较强的力度。钧凯、蕴青、玛格莱有自由恋爱的基础却无结合的必然,软弱的个性使他们不敢砸碎旧的枷锁,只得将精神的依托作为他们爱恋的最佳选择。有意味的是,钧凯爱蕴青,蕴青则恪守旧制;玛格莱爱钧凯,钧凯却守志不移。这种在传统与现代之间维护传统,在东方与西方之间维护东方的思维定式,反映了转型初期的人们面对双重文化的冲击时往往习惯性退让的守成立场。《棘心》是苏雪林具有自传性质的小说,主人公醒秋是一个深烙旧思想印记又受新思想熏沐的知识女性,在法国留学时极力逃避同学秦风撒下的漫天情网,惧怕家人的责骂而忠守家庭的包办婚姻,将拒绝秦风的求爱自诩为平生第一个光荣的胜仗。实际上,醒秋之后曾痛感不擅文辞又冷若冰霜的未婚夫对她的轻视而一度皈依天主教,作者本人不幸的婚姻更使人不能不感到这一屈从的背后流淌着无尽的悲哀。《飞絮》中梅君、吕君同爱琇霞却使她时而悲痛、时而愤怒、时而悔恨、时而惘然,脆弱无助的灵魂饱受痛苦的侵袭。云姨的暧昧使梅君委曲求全、敷衍塞责、放纵恣欲,云姨临终前的忏悔又将人性的弱点暴露无遗。他们的悲剧究其根本都在于软弱的外表下埋藏着屈从的灵魂。其他如揭示社会实践中幻想、不切实际的思想与行为,像《一叶》中天根明知痛苦与人永伴,自身又更加感受到了社会的罪恶,却倡导爱可以化解一切,爱是人间最大的补剂,显然带有浓厚的理想色彩;批评缺乏意志、浑浑噩噩的利己主义思想,如《飞絮》中四人各自抱着"爱是一种权利"各行其是,只能以悲剧收场等,都反映出发轫期长篇小说家积极的思考。尤其是这些思考出现在20世纪初期的20年代,确实难能可贵。

五、发轫期长篇小说新质之三:从混沌走上自觉的文体意识

茅盾说:"'五四'以后的文坛上充满了信手拈来的'即兴小说',许多作者视小说为天才的火花的爆发时的一闪,只可于刹那间偶然得之,而无须乎修炼——锐利的观察,冷静的分析,缜密的构思。"①的确,发轫期的现代长篇小说家多凭一时的兴致提笔创作,很少考虑长篇小说的写法,不太注重长篇小说的文体意识。但是,如果我们稍加审视的话,我们还是明显地感受到,与传统章回小说相比,叙述手法日渐多样化,叙述的主观色彩大为加强,在蜕变的同时谋求文体的多变并走向自觉,是发轫期现代长篇小说在文体演进上所表现出的最显著的特征。

胡适在论及短篇小说时说:"短篇小说是用最经济的文学手段,描写事实中最精彩的一段,或一方面,而能使人充分满意的文章。"这"事实中最精彩的一段或一方面"即是生活的"横断面"。② 发轫期的长篇小说家在创作长篇前大多都尝试过短篇小说的写作,故而他们以生活

---

① 茅盾:《读〈倪焕之〉》,载《文学周报》1929年5月12日。
② 胡适:《论短篇小说》,载《新青年》1918年4月第5期。

的"横断面"方式构思长篇,抛弃章回小说那种有头有尾、情节因果性连贯的模式,相对就显得驾轻就熟。《冲积期化石》截取的是鹤鸣留学前后国内外生活的一段经历,以他的一封信开头,用倒叙的方式展开故事,颇具新意。以倒叙的手法展开故事并非起于张资平,吴趼人的《九命奇冤》就采用了倒叙手法引起悬念,曾引起一时轰动,可惜未能继续探索就浅尝辄止。《冲积期化石》用倒叙、预叙、插叙、补叙等多种艺术手法使小说在叙述结构上与传统小说发生了根本性的改变。另外,中国章回小说一个重要的特征是文备众体,诗、词、曲、赋、奏疏、诏书、祭文、书信、酒令、灯谜等等文体应有尽有,但那多是从说话人系统中全知全能的叙述里展现的。晚清长篇小说已开始显现出求变的迹象,如《二十年目睹之怪现状》就以"我"作为叙述者参与其中,但远未成为普遍的样式。发轫期长篇小说将书信、日记等引入长篇,则是限知叙事,以此作为显现主人公心灵的一个窗口,既真实细腻地解剖了主人公的内心世界,又丰富了长篇小说的叙述艺术。这些实验有的相当成功,如醒秋的书信、沈之菲与曼妹的信对刻画人物、体现人物的主观情绪、深化主题起着不可或缺的作用。尽管有些运用远不那么娴熟,如天根的日记几乎可说是败笔,包括后来老舍用倒叙手法写的《二马》尚存明显的刀斧痕迹,但它们一开始就表明长篇小说家寻求长篇文体的多变是有意识的行为。

可以说,只有到了发轫期小说家这里叙述的多变才真正成为自觉的追求。尤为重要的是,这时的小说家都明白"小说的任务是在描写人生,表现感情,故无论作家取怎样高度的纯客观的第三者的态度,但仍不免有多少主观的意识或幻想之表示。即艺术的真实,是从我们的主观,我们的特定感情滤过出来的"[①]。因此,他们无论采用何种叙述角度,都摈弃了说书人的口吻,以个人化的写作姿态介入其中。《冲积期化石》《飞絮》中的"我",不是游离于故事之外的说话人,而是参与人物

[①] 张资平:《小说研究法》,载《出版周刊》1934年第84期。

及故事情节变化的行动者与叙述人,是故事中的角色,故事中的诸多情节与"我"密切相关,"我"的一切随故事情节的变化而变化。即便是第三人称全知叙述也不是与己无关的客观叙述,如老舍小说中的景物描写,就让人觉得"物境之美而由心中说出"。① 这就突破了旧小说全知全能的叙述模式,叙述者的主观情感也就自然融汇其中,无形中强化了叙述的主观性。诚然,当时作为第一人称叙述者的长篇小说尚不多见,主要还是第三人称全知叙述,但多种叙述手法的尝试并使之成为长篇小说一个有机部分是最有意义的实践。主观色彩的加强不仅使发轫期的长篇小说以全新的面貌营建了现代小说的叙述手法,为中国现代长篇小说文体的革新与建构开辟了道路,奠定了基础,也为后来长篇小说的成熟积累了必要的经验。

当然,我们也应看到,发轫期长篇小说家的创作大多是试作,有限的经验也多是从几本中国章回小说和外国小说中得来的,在不断的摸索与实践中才逐步走上正轨,难免在创作中呈现出一些过渡性特征。如《一叶》混乱的叙述,不时地将说话人与叙述者混为一谈,破坏了作品的阅读效果。《老张的哲学》中那半白半文的文字连老舍自己都感到羞愧。不过,当我们历史地看这一问题的时候,我们也会理解发轫期现代长篇小说在其诞生期所显露出的一切。这是新的体裁在其形成伊始必然出现的问题。没有他们的探索与实践,也就没有现代长篇小说的成熟与发展,他们的经验与教训为自身也为后来者的拓进提供了可资借鉴的印记。像老舍,从"信手写来"到"烧出香味"到"平易澄清"——"活"的语言,老舍付出了艰辛的努力。正是老舍不懈地探求,才使他的语言艺术炉火纯青,成为新文学史上名副其实的语言大师。至《骆驼祥子》《四世同堂》的亮相,老舍名冠新文学文化巨人也就当之无愧。至于从成熟走向炮制,走向滥制,走向深渊,走向泥潭的张资平,就另当别论了。

---

① 老舍:《我怎样写〈二马〉》,载《宇宙风》1935 年第 1 期。

结　语

　　发轫期现代长篇小说是在"人的文学"的促进下崛起的,它虽然与晚清长篇小说有千丝万缕的联系,但只有在五四"人的文学"确立后才真正完成了初步的转型。人的文学的凸现使发轫期的现代长篇小说家们开始在广阔的艺术视野中探寻世界、表现人生,作品所表现的面对命运与既有秩序的抗争态度,与五四文学"人的自觉"的光芒交相辉映。有个性的复杂人物的描写、双重人性的透视,特别是对人的自身弱点所酿成的悲剧的批判,人的多重意识世界的揭示以及在双重文化的烛照中透视国民的灵魂,在追求叙述手法的多样化和强化叙述的主观色彩的同时走向文体的自觉等艺术特质,使它和旧文学彻底区别开来,并真正迈开了中国现代长篇小说现代化的步伐。尽管发轫期的现代长篇小说在最初的实践中,没有出现可与鲁迅相比拟的作家和特别为之振奋的作品,也没有出现堪称典型的人物,反而显露出一些亟待解决的问题,但它与五四文学精神取同一步调,为日后长篇小说的繁盛积淀了必需的基质。没有20世纪20年代发轫期现代长篇小说最初的奠基与历史性的突破,也就没有三四十年代长篇小说走向成熟、走向世界的开端。对此,郁达夫说得好:"现代我们所说的小说,与其说是'中国文学最近一种新的格式',还不如说是'中国小说的世界化',比较得妥当。"①的确,发轫期的现代长篇小说家在现代小说的转型上的所有努力,其根本意义都可以归结到这一点上。

---

① 郁达夫:《小说论》,光华书局1929年版,第3页。

发展与深化
——1930—1937年中国现代长篇小说论

《桥》封面

1930年对于中国历史来说或许是一个普通的年头,但对于中国现代长篇小说的历史演进而言却是发展与深化的第一年。当1929年《结局》(汪锡鹏)、《棘心》(苏雪林)、《倪焕之》(叶圣陶)、《二月》(柔石)等一批具有现代品格的长篇小说完成了中国现代长篇小说由古典向现代转型的奠基工程后,也就迈开了20世纪30年代现代长篇小说发展与深化的前进步伐。据笔者统计,从1930年1月至1937年7月,新文学共出版长篇小说116部(三部曲合之的算一部,如《蚀》《地泉》《爱情的三部曲》等),不仅数量上较1922—1929年的51部增长了一倍多,而且艺术水平也大为提高。不仅涌现了一大批可载史册的厚重之作,如《蚀》(茅盾:1930)、《桥》(废名:1932)、《子夜》(茅盾:1933)、《家》(巴金:1933)、《山雨》(王统照:1933)、《一个女兵的自传》(谢冰莹:1936)、《死水微澜》(李劼人:1936)等,也涌现了一批体现时代风貌的优秀之作,如《虹》(茅盾:1930)、《光明在我们的前面》(胡也频:1930)、《田野的风》(蒋光慈:1932)、《离婚》(老舍:1933)、《幽僻的陈庄》(傅闻:1935)、《野火》(王鲁彦:1937)、《天下太平》(左兵:1937)、《像样的人》(陈涉:1937)等。更为可贵的是,一批感应时代为民族独立而呐喊的抗战长篇小说应运而生,如《大上海的毁灭》(黄震遐:1932)、《万宝山》(李辉英:1933)、《新路》(崔万秋:1933)、《三根红线》(万国安:1934)、《八月的乡村》(萧军:1935)、《战血》(王寒生:1936)等,为中国现代长篇小说的发展增添了别样的风采,既勾画出一幅20世纪30年代中国现代社会多姿多彩的历史画卷,也使得1930—1937年的长篇小说呈现出创作风貌各异、时代气息浓烈、思想艺术精湛、艺术影响深远的繁荣局面,标志着中国现代长篇小说迈向了发展与深化的新阶段。

一

丹纳说:"艺术家不是孤立的人,……只因为有了这一片和声,艺术家才成其为伟大。"①这句话也可以这样说,长篇小说的繁荣不是单指某个作品,而是指涌现出一大批具有艺术水准的作品,正是因为有了这批精彩纷呈、各显风貌的优秀作品,其中的佼佼者才称得上伟大。纵观1930—1937年的长篇小说创作,作家们在传递底层革命者的精神诉求上,在人性问题的探索上,在揭露社会的黑暗及乱象上,在揭示20世纪

---

① 丹纳:《艺术哲学》,傅雷译,安徽文艺出版社1998年版,第45页。

30年代的社会镜像上,在抗日爱国思想的传达上,均显示了出色的艺术才能,不仅反映出时代的创作风貌,也彰显出时代的思想深度,成为现代长篇小说发展与深化的重要指征。

传递底层革命者的精神诉求是这一时期创作量最大也是最为时尚的文学选择。1927年轰轰烈烈的大革命风暴后,受国际左翼文学思潮的影响,一批出身底层而又跻身革命洪流的青年作家开始以长篇小说的形式书写出他们在这一历史潮流中的迷惘困惑与底层民众的精神诉求。王阿贵因参加工会维护自身权益却被资本家开除,看看家里的困境,想想自身的处境,他认为只有以暴抗暴才是最后的出路(《最后的微笑》)。主人公逸如因失恋而陷入苦闷中,在时代的裹挟下走上街头,又因现实的残酷而退守于书斋,后因恋人的牺牲而悲痛病逝。逸如短暂而悲痛的一生反映出大革命时期部分知识分子迷惘无助、无以排解的困惑与忧思(《逸如》)。所谓"饿殍"即是指主人公精神无所依傍而产生的迷惘、困苦、孤独、悲愤,甚至绝望的情绪,如同死人一般。小说以汪柯坦与何宗陈作对比:一个盲目,一个理智;一个重行,一个重言;一个软弱动摇,一个坚定刚强;一个想从革命中寻求社会的出路,一个想从精神中批判现实的痼疾;将时代青年对社会不满却又想急切地改变社会的焦灼心态展示了出来,而他们失败后又对所进行的"事业"极端否定的偏激心态,他们那种"无家可归""在飘泊的途中来创造人生"的无根情态,正是这一时代小知识分子极易患染的"时代病"的真实体现(《饿殍》)。不过,最具典型意义的是茅盾的《蚀》,无论是静女士生活理想与爱情理想的破灭(《幻灭》),还是方罗兰的逃遁和胡国光的嚣张(《动摇》),抑或一班青年追求理想却被现实无情地击得粉碎的苦闷(《追求》),都是大革命时代底层革命者现实矛盾与精神之旅的真实再现。它形象地表达了现代女性如何寻求自我的时代诉求,形象地说明了革命时代如果一个革命者没有一副革命家和政治家的手腕和心肠,而是软弱摇摆甚至倡导中和,其结局势必相反。小说真实地反映了大革命失败后弥漫在都市上空的"幻灭的悲哀,向善的焦灼,和颓废的冲动",其鲜明的时代性使茅盾一跃而为表现革命文学困惑矛盾的代表性作家,特别是他所反映的一代青年的时代病与精神色盲和"世纪末的苦恼",更为史家所称道,"时代女性"也因之成为衡量茅盾小说创作艺术水准的一个重要标志。

底层革命者的精神诉求往往通过革命青年的浪漫激情与畅想表现出来。主人公王曼英是一位"被压迫的群众",她认为唯有保持灵魂的高洁才能以身体报复黑暗社会,这种个人主义的思想受到了革命者李尚志的批评。为了完成反个人主义的目标,王曼英走向工厂、走向集体,最终与李尚志结合实现了"认识现代的生活,而指示出一条改造社会的新路径"的理想(《冲出云围的月亮》)。同样,是信奉马克思主义还是无政府主义是摆在刘希坚和白华这对恋人面前的一个两难选择,白华的放弃与刘希坚的坚守,反映了马克思主义对无政府主义的胜利,为小资产阶级知识分子指明了中国革命应汲取的思想资源,也预示了中国革命的光明前景(《光明在我们的前面》)。这种直接地状写两种不同的思想交锋与灵魂的搏战,并最终以一种思想完全俘获另一种思想而宣告结束的构思图式,将文本的理想与浪漫色彩展现得一览无余。王余杞将小说名为《浮沉》,意在指出人世沧桑、浮沉升降是社会必然,而要打破这一世尘,只有"革命才是出路"。这也是王孝明帮助芝英逃出樊篱到达革命地江西的唯一目的。更具浪漫色彩的是洪灵菲的"流亡三部曲"。主人公沈之菲认为"革命和恋爱都是生命之火的燃烧材料。把生命为革命,为恋爱而牺牲"是一件非常有意义的事。所以,他逃亡时心系革命,革命时心系爱情。曼曼同样如此:"家于我何有?国于我何有?社会于我何有?"因此她写信给他的情人,而沈之菲也正是接到曼曼的来信才重新点燃了他革命的火焰(《流亡》)。所谓"前线"即指进入革命的团体中来,谓之走上了革命的前线。《转变》则是在革命与爱情之间的转变。在李初燕看来,革命的缘由是爱情得不到自由,革命的目的就是为了爱情得到自由,二者间的位置与转变就是李初燕思想、行动的目标与追求。只是小说所描写的并非是真正的爱情,而是个人原欲的冲动得不到满足的悲哀与不幸。因为触发李初燕的不是情而是欲，无论二嫂还是张丽云，吸引李初燕的只是她们姣好的容貌与丰满的身体，产生痛苦的缘由是无法占有她们肉体。这种单纯的欲望抒写显然只充满畅想。从《转变》中我们也可以看到，伦理道德、浪漫爱情与革命情感三者之间的冲突是作者思考的主要问题，以爱为核心向双边发展：为爱而欲冲破伦理，为爱而不得走上革命道路。但寻求革命的"自由之路"易，冲破伦理道德的壁垒难。因而在大革命的历史背景下，《转变》以革命青年的浪漫激情书写爱而不得的压抑、痛苦与解脱的诉求也在情理之中。不过，这一浪漫的书写范式后来衍化为"革命＋恋爱"的创作模式，虽一时影响广泛，但终因理念化、公式化、概念化倾向严重，标语式、口号式的语言泛滥而沉寂。

揭露社会黑暗及乱象的描写在这一时期同样成绩突出。张天翼的系列小说《鬼土日记》《一年》《洋泾浜奇侠》《在城市里》以及老舍的《猫城记》、王任叔的《证章》等就是其中的代表之作。《鬼土日记》由44则日记构成，以鬼土两大政党争夺大统领宝座的斗争为主线，用讽刺和幽默的手法，辛辣地揭露了资产阶级议会政治的虚伪，表现了统治者及其御用文人空虚没落的精神世界和骄奢淫逸的腐朽生活，在一定程度上真实地反映了现实社会阶级斗争的风貌。《一年》中写白慕易认为做官光宗耀祖便丢弃裁缝职业进入官场，起始在五舅的推荐下获得上士的职位，可去报到后才得知自己得到一个传令下士，他很不甘心，又不想与无聊、庸俗的同事同流合污，便辞职住在本家哥哥白骏家里等待机会。后来，白慕易得到一个录事的职位并慢慢适应官场的哈腰生活。而五十多岁郁郁不得志的梁梅轩却遭裁员，致使衣食无着落，被迫将妻子送回娘家，自己到处去借钱，受尽屈辱。白慕易见状不仅不帮助他反而嘲笑他，梁梅轩病重白慕易依然无动于衷，不久，梁梅轩病逝。然而，好景不长，随着新处长的上任，白慕易再一次失业。此时，到处讹诈、侮人妻子的李益泰诓骗白慕易南下发达，白慕易禁不住诱惑去了后才知李冒充士兵卖烟土被抓，自己上当受骗，而此时他又因赌博欠下流氓二百元。白慕易走投无路,投江自杀。白慕易从离家谋事到投江自尽,也就一年时间。小说借白慕易、梁梅轩、李益泰等一心追求官场飞黄腾达到头来不过是一场悲剧的艺术描写,猛烈抨击了那种见利忘义、势力庸俗的无耻小人和弥漫于官场的裙带风、闲聊风和打牌风,深刻揭示了官场利欲熏心、任人唯亲、泯灭良知的黑暗本质,嘲笑了他们不择手段、蝇营狗苟、投机钻营的可笑行径以及四处碰壁可叹可鄙的丑恶情态,也堪称一幅揭示社会腐败、人性沦丧的官场丑态图。《在城市里》,张天翼一如既往地以讽刺的笔法展示城市间人与人特别是亲情之间"钱"字当头、"利"字为先的功利关系,将人性的扭曲体现得一览无余。作者从旁观者的角度刻画人物猥琐、唯利是图的嘴脸,形象生动。在讽刺碌碌无为、鱼肉乡里的恶霸、乡绅的同时,也流露出对丁寿松之类的苦难者的同情之心,批判了他们的奴性性格。一枚证章有多大作用,看看王任叔的《证章》就知道。无业大学生杜清白在夜里意外发现屋里有一张牧民公署委任他为七等科员的委任状,喜出望外。第二天一早就到公署领到佩带的证章,领回放到屋里后又同老婆出去租新公寓。老妈子听说证章是金子制成的,就将它与委任令一起偷走,压在石头下面,不料被一乞丐看到又偷去,收古董的商人看到后又从乞丐手里买下这证章,冒名顶替到公署就任。凭着他吹拍压的本事,很快平步青云,被推荐为"参事"。而杜清白却穷困潦倒,隐姓埋名四处逃避,不得不靠老婆林如兰到舞场卖笑为生。这时,"杜参事"在舞场上勾引上了林如兰。当林如兰从"杜参事"手中得到证章和委任状送给杜清白时,杜清白已在抑郁中死去。作家以荒诞不经的手法批判了官场社会的势利和腐败、卑鄙和无耻的黑暗现实,反映下层百姓贫苦无助的悲惨生活,字里行间流露出深刻的同情。

此外,万迪鹤反映大学生散漫、教育界黑暗的《中国大学生日记》和杜衡的《漩涡里外》等,也体现了作者的批判力量。而老舍借寓言小说《猫城记》所揭示的猫人国的生活、习俗、教育、文化、政治等多方面病入膏肓的情形,实际上象征当时中国整个社会制度和国家组织的种种"病象",也体现出老舍对国民劣根性的深入思考。

真实再现底层民众的贫苦生活,为生活在那个时代不幸但不屈的人们留下时代的侧影在这一时期同样引人关注。凌克西与唐莉蕾从小要好,后来克西在上海S大学读了半年因经济窘迫而辍学。莉蕾则上了蚕桑学校。克西热衷政治活动,关心下层民众的生活,对社会的剥削性质有了进一步的认识。受克西革命精神的鼓舞,莉蕾便要求克西带她前往上海。由于下车时不慎摔伤,莉蕾被就近送到"利民医院"。克西在一家工厂门前过夜时,被巡捕当作罢工工人痛打并关进牢里。莉蕾由于无钱交医疗费,被判以工代偿,直到还清为止。晚上,克西得知此事,看到严峻的现实说:"出卖力气者的出路只有一条:'和资产阶级斗争,夺得最后的胜利一条出路!'"小说以强烈的阶级意识和对底层劳动人民的同情,以及对上层统治阶级的愤恨,表达了身处底层的被压迫阶级无时无刻无论何地都遭受着残酷的压榨与非人的待遇,要改变这种面貌,只有联合起来进行斗争才能夺取最后的胜利的主题(《最后胜利》)。马宁的《处女地》是一部以日记体的方式记叙底层工人生活和不幸遭遇的小说,也是一部体裁别致的革命文学。这些孩子多数生活在底层的单亲家庭里,挨打受骂是家常便饭,个别孩子还受到家长的虐待,在家中他们感受不到亲情,父母的眼里除了金钱没有亲情,沉重的生活重压使他们的血缘关系扭曲,只剩下赤裸裸的经济往来。在工厂里更受到监工的侮辱和谩骂,过着奴隶般的日子。为了生存,他们不得不忍受卑微的生活,也不得不团结起来,走上街头争取他们微薄的权利和义务。他们的生活没有基础,他们的生命没有保障,因而他们更富有斗争精神,更具有不屈不挠的品质,更何况他们所进行的都是他们为争取自己的人权而进行的合理的抗争,是无产阶级为争取合法权益所进行的斗争。小说满怀同情地描写了这些身处底层的劳动人民的不幸遭遇,赞扬了他们不畏强权誓死斗争的革命精神,为生活在那个时代不幸但不屈的工人们留下了时代的侧影。

对人性的揭示也是这一时期颇为有益的探索。老舍的《牛天赐传》《离婚》以及陈涉的《像样的人》堪称这类题材的代表作。《牛天赐传》是老舍脱稿于济南盛夏的一部长篇小说,是老舍立意返归幽默后的作品,也是老舍试图通过对市民社会的描写批判国民劣根性以启蒙社会的又一收获。小说通过对牛天赐一家欢悲兴衰的描写,特别是通过对牛天赐自出生后逐渐磨合成典型的"出窝老"的性格,以及"钱本位""官本位"思想且以"官本位"为中心的文化思想的渐变描写,讽刺了小市民虚伪庸俗的社会心理和世情炎凉的人情世故,体现了老舍对如何启蒙国民、如何建立适应国情的教育力点等问题的新思考。这也是老舍选择以一个人从幼年到青年的成长经历作为描写对象的重要原因。而在写作《离婚》之前,鉴于《猫城记》的教训,老舍决定在这部作品里"返归幽默",因而全篇充满着机智与风趣,俏皮的语言俯拾即是。但是,这只是技巧层面,就其内里而言,作家以老张为中心,通过对灰色社会中一群灰色小人物灰色生活的描写,批判潜存于市民社会中的怯懦之情、敷衍之态、妥协之意、苟安之心——中庸之道,批判市民性格中无聊、庸俗、得过且过、息事宁人的性格及其滋生这一劣根性的思想文化传统。它是老舍从传统与现代的角度考辨国民性总主题的继续,也是老舍自觉地以市民社会作为自己主要写作对象的开始。只不过在这里,老舍考虑更多的是写作技术的层面而非思想的提炼,他考辨国民劣根性,并没有像《赵子曰》中树立李景纯、《猫城记》中树立大鹰那样寻求一个"现代"的支点以构建与完善新的文化心理,只是凭感觉给人物一个"应该"的结局,至于这一结局是否合理,是否代表着未来,似乎并不重要。因而作家让老李回乡以中和矛盾的预想就显得较为空洞,这不能不说是一个遗憾。相比较而言,《像样的人》写得更为深刻。在这部揭露乡村士绅奸诈狡猾、虚伪歹毒、道貌岸然、贪婪卑鄙之本性的小说中,作者以严谨的现实主义手法真实地刻画了生活在南方某农村农民卑微的生活境遇,鞭挞与嘲讽了所谓"像样的人"的虚伪本性,深刻揭示了社会的黑暗与不平及其吃人的本质。正如蔡元培说:"阅陈涉所著《像样的人》,描写乡间劣绅贪鄙残忍之行为,极深刻。"[1]恶绅杨砚田、夏

---

[1] 《蔡元培全集》(第十七卷),浙江教育出版社1998年版,第52页。

奇峰的形象堪称乡镇此类士绅的典型。可惜作者有同情杨砚田之心，多少冲淡了批判的主题。

如何剖析20世纪30年代社会镜像也是这一时期作家们着力思考的问题。茅盾的《子夜》堪称表现城市全景生活的杰作。我们知道，关于《子夜》的创作意图，茅盾在《跋》中说有"大规模地描写中国社会现象的企图"。因此，小说通过以吴荪甫为首的企业经营者和以赵伯韬为首的金融资产阶级的较量，真实而全面地展示了20世纪30年代中国都市社会的生活全景，深刻地揭示了资本运作环境下人性的本质，以及经营投资者在资本运作过程中违背经济规律的主观动因，形象地说明了阻碍经营投资者完成资本积累及扩大再生产这一时代悲壮性历程的历史动因。以往人们常将其归为城市题材小说，应该说是不准确的。同样想通过经济活动来展示整个社会，表现20世纪30年代城镇经济破产，以及资产阶级唯利是图、相互倾轧的本性和下层人民的苦难的是《春王正月》。小说写城里首富刘元祺筹款购置田产，想搞旅游开发的公路建设，但协大绸缎庄老板程之廉并不热心，他想投资公债生意，结果大败而归，家里也乱成一团。永康钱庄项有声老板将他破产的消息散布出去，众多储户纷纷上门讨债。许多小储户因之遭受严重打击，悲痛欲绝。程之廉外出躲债，度日如年。与他素有矛盾的项有声落井下石，以程之廉宣布破产时隐匿财产罪相讹诈，在刘元祺的斡旋下，官司总算平息。程之廉将最后的希望寄托在修公路上，但建设厅以全国公路计划另有安排为由没有批准他们的计划。这样，就在新春正月，他们东山再起的美梦化成了泡影。但是整个小说看上去是在说明这些现象和这些人物，而不是客观的叙述与描写，作者常常在作品中现身说法、指点评断，而不是通过艺术的描写自然而然地予以呈现，大量的事件叙述淹没了人物的形象刻画，看似劲道有力，实则缺乏艺术，形象性也大打折扣。因而无法与《子夜》的宏大深刻相比，也无法与《子夜》的艺术造诣相比（尽管《子夜》也存在着一些不足）。

如果说《子夜》与《春王正月》侧重于表现城市镜像，那么，《山雨》

《幽僻的陈庄》《天下太平》就侧重于表现农村镜像，它们共同构成了20世纪30年代中国现实社会的全景图。《山雨》出版于1933年，小说以自耕农奚大有一家的生活遭遇为中心，通过对北方农村陈家庄农民不幸生活的描写，反映了在帝国主义经济侵略和军阀政府的高压统治下，中国农村经济走向崩溃、中国农民走向破产的悲惨命运。横亘在他们面前的是兵匪敲诈、天干地旱、苛捐杂税、大兵洗劫，他们不得不铤而走险、典卖土地、背井离乡、自谋出路，甚至凄惨地离开这个世界。残酷的现实打破了农民千百年来一成不变的守土生活，破除了他们"固定而少变化的心情"。现实使他们不得不挣扎在贫困线上，不得不怀疑生活的信条，不得不声讨人世的不平，不得不催醒反抗的火种，直至走向悲壮的抗争之路。小说以"山雨"命名，自然寓有"山雨欲来风满楼"之意。小说自北洋军阀时代写起，至日本军国主义咄咄逼人的严峻时刻，将批判的锋芒指向军阀所统治的整个时代，指向对中国虎视眈眈的日本军国主义，将阶级矛盾与民族矛盾相连接，将人民争取生存自由的斗争与民族争取解放的斗争相连接，使底层人民的斗争显示出较为广阔的时代背景和较为深刻的历史内涵。如果说早期的王统照还信奉"爱"与"美"的理想感化世界的话，那么在这里，现实主义的精神已渗透于作家的血液中，渗透于作家选材、塑造与描写中。虽然小说的后半部关于城市和革命的描写较为薄弱，收束也显匆忙，但它较之《一叶》而言，甚至较之于时代而言，不只是内容的丰厚与深广，更是作家长篇小说创作史诗力度的初现。它的出现，标志着作家现实主义小说艺术迈向了新的高度。也正是在这个意义上，人们将它与表现城市生活的力作《子夜》相提并论，将1933年视为"《子夜》《山雨》年"。

同样是表现乡村生活，王林的《幽僻的陈庄》却是另一番景象。游手好闲的田成祥的父亲病入膏肓，田成祥却以抓药为名在外面乱逛，他的心思并不在家里而在村妇小白身上。父亲原来想让儿子学个功夫挣家业，反倒养成了成祥土棍子的性格。父亲死后，有恃无恐的成祥得知小白的丈夫也病死后，往小白家跑得更勤了。白寡妇每次都将他拒之门外,但他并不死心。这天,他听到村里首户陈老仲在小白家,知道他也在打她的主意,就放火烧了他的麦秸垛。这让陈老仲有所收敛。成祥替白寡妇做地里的农活,将自家的麦子卖掉后替白寡妇还清了欠陈老仲的钱,无依无靠的白寡妇默默地接受了这一切。一天,正逢集市,成祥知道白寡妇也来赶集,就特意在她面前摆场,显示他的武功,引起了白寡妇内心的波动。当晚,成祥翻墙进了白寡妇家,满足了自己的欲望。陈老仲知道后非常愤恨,借兵税一事告了成祥一状,警察以成祥拒交税款为由将他带到警察局,不料成祥刚刚交了款,警察只得放了他。他猜想这一定是陈老仲干的,就反告陈老仲侵吞村公款,县里没告成,又去天津告。到了天津看到都市的繁华,决定离开村了去天津经商谋生。小说充满着乡土味,充盈着各种声音、颜色同气味交织的健康的乡土气息,通篇可以感受到沈从文在写作教学中所倡导的"用各种官能向自然捕捉各种声音、颜色同气味,向社会中注意各种人事"①的指导思想,作品所透露出的健康意识、纯朴的风格和严肃的态度,正是沈从文美学思想的自然展现,这也是这部作品最突出的特点。左兵的《天下太平》以朴实的笔触真实而生动地描绘了江南农村凋零的景象和农民困顿无助的生活本相,以及革命在大众心中生根开花的历史必然。小说也因之获得良友文学征文奖金。鲁彦的《野火》写太甲山傅家桥村的华生是一个二十一岁的青年,高大英俊但性格刚烈、倔强。他的哥哥葛生老实忠厚,善良软弱,人称"弥陀佛"。华生不愿像他哥哥那样给人家做牛马还被人欺负,他也不愿做亡国奴。他与宝隆豆腐店老板朱金贵的女儿朱菊香相爱,但朱金贵却想把女儿嫁给丰泰米店老板阿如的儿子阿珊。怀恨在心的阿如老板借故打骂华生,华生奋起反抗,却被保卫队带到乡公所。乡长傅春山假意看在葛生的面子将他放出,但暗地里却逼迫葛生向阿如鸣放鞭炮赔罪。看到哥哥放了赔罪炮后,华生不堪忍受耻辱,决意报复,但终因统治者的狡猾与势力而失败。作家以细腻的

---

① 沈从文:《〈幽僻的陈庄〉题记》,载《水星》1935 年第 6 期。

笔触描写了深处底层、受苦受难、饱受欺凌的农民们，对地主阶级高高在上、鱼肉人民的凶恶本性予以深刻的批判。此外，张资平的《明珠与黑炭》、蒋光慈的《田野的风》、罗皑岚的《苦果》等，也深刻地反映了底层人民的不幸生活，是那个时代的一部部控诉书。

这一时期最具特色也最为人们所忽视的是抗日爱国创作。由于人们常以1937年"七七"事变作为中国抗战的起点，因此忽略了1931年"九一八"后沦陷的东北抗日文学。实际上，黄震遐的《大上海的毁灭》、李辉英的《万宝山》、崔万秋的《新路》、万国安的《三根红线》、王寒生的《战血》等，是中国现代文学史上优秀的抗战小说，他们所书写的中华健儿不畏强权、争取民族独立的爱国主义情怀，必将成为中华民族的宝贵遗产永载史册。

《大上海的毁灭》是第一部以"一·二八"淞沪大会战为题材的长篇小说，也是一部长期被误读的讴歌中国军民不屈不挠地抵抗外来侵略的爱国主义小说。小说主要写了三方面：一是汤营长、罗连长等为代表的十九路军的正规军抗战的英勇行为；二是战争期间罗连长的未婚妻阿霓和她的密友露露、买办张先生等的醉生梦死的生活；三是以草灵为代表的自发的、个人的为民族而战，保家卫国，不惜牺牲生命的爱国民众。三者相互交织，彰显抗战军民浴血奋战、可歌可泣的英雄事迹，以抨击那些苟且偷安者，抒写爱国民众自发的、崇高的牺牲精神以讽刺那些只说不做的可怜虫，同时也流露出对中日两国军力不对等致使中国政府被迫撤退的失望之情。《万宝山》是李辉英以"万宝山事件"为素材创作的长篇处女作，也是第一部在描绘东北民情风貌的同时，展现东北人民反日斗争生活的长篇小说，更是一部喷发着强烈的爱国主义激情的长篇小说。日本领事田代和警部中川看中了地处伊通河万宝山一带的五百垧荒地，便收买汉奸郝永德做"长农稻田公司"经理，雇佣高丽人种水稻。对此，一部分农主觉得有租收总比荒着好，另一部分农主担心开荒掘沟掘坏了龙脉，引发水灾。但由于县长和公安局长已被买通，一些地主也觉得有利可图，高丽人很快就开工了。师范生李竟平来到万宝山,给农民们讲了日本人雇佣高丽人开水田的实质和野心,农民们这才觉悟起来。待高丽人开水沟危机到自己的地界时,以马宝山为首的农民们开始了保卫自己田地的斗争。他们先是抓住郝永德,希望县里能公正裁决,但被买通的官僚却放了郝永德。农民们看寻官府无望,而日本警察又来做帮凶,毅然拿起武器开始了保卫家园的斗争。由于作者取材于历史事实,彰显抗日旗帜,在其出版伊始就以题材重大、倾向鲜明、社会效果显著而引人注目。它所开拓的表现东北人民抗日烽火的创作视阈,成为东北作家天然承传的文学精神,并生生不息于中国新文学史册。

　　如果说《万宝山》是一幅"九一八"事变前的抗日情绪图,那么《三根红线》则是一部真实、正面、多角度地表现"九一八"事变后东北军民抗日烽火的一幅具有鲜明时代气息的战斗画卷,全篇洋溢着强烈的爱国主义精神,充满着对日本帝国主义侵略中国东三省的愤怒之情。作者以弘扬民族利益与国家利益至上为精神主线,热情歌颂了英勇战斗在东三省的义勇军将士和为抗日而卓越奋斗的不屈民众,鞭挞了卖国投降的汉奸分子,表达了中华民族不甘做亡国奴而御侮抗辱的历史诉求。在民族大义的感召下,张禹勋、关伟军、赵佩英等中华健儿,勇敢地拿起武器与日寇进行了殊死的搏斗。无论在抗敌前线还是做情报工作,他们都出生入死,毫无畏惧,显示出中华民族不屈的灵魂。《战血》同样是一部由"实地参加过东北义勇军工作的热血青年含着血泪写成的""义勇军抗敌史料"(陈纪滢《序》中语),所写的人与事多是有稽可考的客观史实。亦如《战血读后记》中所言:"《战血》是'九一八'的炸弹爆炸的血迹","是中华全民族反帝国主义的前奏曲","是轩辕黄帝子孙祭祖的宣誓词"。作品以"我"(吴铁侠)自"九一八"后不甘做亡省奴五赴东北抗日前线的经历为线索,如实地记述了东北义勇军在东三省沦陷之际不甘屈辱而奋起反抗的血战历程,揭露了东三省的大好河山在日寇的铁蹄下被肆意践踏、人民被肆意凌辱的痛苦现实,表达了东北人民誓死捍卫民族尊严的历史必然。全书澎湃着强烈的爱国主义激情和不屈的意志,对入侵者的暴行刻骨仇恨,对人民遭受的兵焚无限同情,对东北义勇军自发地组织起来但因缺乏统一指挥以及装备落后、中央另有隐情而无力支援导致的失利表示无奈与惋惜。作品每节古诗词做题引契合氛围,烘托了全书的诗意,增强了作品悲壮与感伤的艺术氛围。只可惜写实性强,剪裁不够,有些散,一些地方说理成分有较强的书生气。

即便作为一部义勇军抗敌的重要史料,亦有不朽的文献价值。颇为难能可贵的是崔万秋的《新路》。作者以留日学生在日本感受民族危机日益加重的历史氛围为主线,以一批爱国留学生的爱国主义行为为中心,热情歌颂了他们虽身处侵略国但却丝毫不失爱民族爱中国之心,坚决反对一切外来者侵犯中华民族主权的凛然正气,强烈批判了丧失民族大义的民族败类和纸醉金迷的生活方式,批评了沉溺于个人情感迷失自我的糊涂行为,奏响了一曲别致的爱国主义的颂歌。小说题材别具一格,构思新颖,他没有简单地反对日本人民,而是反对日本军国主义对中国的侵略,将中日两国人民间的友好与军国主义的侵略行径区分开,在艺术描写时能真实地刻画日本人民友善的情谊、日本国土美丽的自然景观,而将愤怒的笔墨指向日本特务、警察、军人等这些向中国留学生施威的国家机器的组成部分,历史观、战争观清晰,民族观、国家观强烈,难能可贵。

这一时期还值得一提的有反对封建家庭吃人制度的《家》,表现女兵成长与时代同脉的《一个女兵的自传》,探索人生与信仰的《爱情的三部曲》,表现辛亥革命的"大河三部曲"——《死水微澜》《暴风雨前》《大波》以及励志小说《三儿苦学记》《残碑》等,它们共同构成了1930—1937年中国现代长篇小说的创作实绩。从中我们也看到,20世纪30年代的中国是一个大动荡的时代,帝国主义的经济侵略、军事侵略、军阀间的混战,严重地威胁着中华民族的生存。国内连年不断的天灾加剧了人祸的横行,人民生活更加艰难,为生存不得不挣扎在死亡线上。无论农民,无论工人,无论知识分子,甚至资本家,社会各阶层的人们都为了求生存而拼命挣扎,甚至不惜手段相互倾轧、尔虞我诈。可以说,表现人在社会中为生存而战,资本家为利益最大化而战,仁人志士为民族为尊严为国家而战,是这一时期最为重要的主题选择。人的觉醒、人民的觉醒、民族的觉醒也因之而律动。由此,我们也可清晰地看出发展深化期的长篇小说与发轫奠基期相比,有一个明显的变化,这就是,如果说前一时期还重在精神的解放、个性的张扬,侧重于个人在爱情、婚姻中的位置,那么这一时期的创作则侧重人与社会的解放,侧重于人在社会中的位置,侧重于人与社会的各种不和谐矛盾的揭示与解决。也正因此,这一时期的长篇小说迥异于前一个七年(1922—1929),不仅成为记录中国30年代社会全景的历史镜像,也成为记录中国30年代社会巨变的晴雨表。

二

发展与深化不仅体现在题材的开拓与深化上,还体现在人物形象的成功塑造上。20世纪20年代的长篇小说创作由于起步迟、起点低,相对而言成功的人物形象除了屈指可数的苔莉、英兰、芷芳、倪焕之、肖涧秋、农夫李三麻子外,鲜有栩栩如生的典型形象。这一时期不仅成功的人物形象俯拾即是,如梅行素(《虹》)、胡国光(《蚀》)、张进德(《田野的风》)、奚大有(《山雨》)、屠维岳(《子夜》)等,而且涌现了一大批屹立于文学史的典型人物,如觉新、觉慧、高老太爷(《家》),吴荪甫(《子夜》),杨砚田(《像样的人》),蔡大嫂(《死水微澜》)等,各显风貌,各具特色,堪称这一时期最重要的收获。

中国是一个有着几千年封建专制思想统治的国家,封建思想的浸淫使生活在封建大家庭的每一个人都感到窒息,感到压抑。虽然辛亥革命与五四革命的风暴打破了旧有的思想观念,但顽固的封建思想并没有随着封建专制体制的灭亡而灭亡,特别是在那些封建大家庭中,旧有的思想观念仍然占据着统治地位,而新的思想又不可遏止地冲决上来。因此,生活在这样一个大家庭中的新旧人物的性格冲突就必不可免,这一冲突在转型时代无疑就具有典型的意义。巴金《家》中所描写的两代人中传统与现代的冲突所体现出的意义就具有典型性。高老太爷是一个专横的封建大家族的最高统治者,他独断专行,极力维系并发展由他建立的四世同堂的封建大家族,但他奉行专制主义思想,使他只能充当封建礼教的杀手、毫无人性的悲剧的制造者。他晚年的幻灭感和临终前的忏悔,宣告了他人生理想的破灭,他的衰老、死亡与腐朽,象征着旧家庭和专制制度走向崩溃的历史必然。觉慧是封建专制思想的叛逆者,一个受五四思潮影响的充满朝气的进步青年。他从幼稚到坚定直至离家出走,成为封建大家庭中的第一个叛徒,表现了五四新思潮的威力和新一代民主青年的成长历程。觉新则是一个清醒地意识到自己悲剧命运却又怯于行动的"多余人",是封建家庭与旧礼教毒害下人格分裂的悲剧典型。他善良懦弱,既是一个受封建教育熏陶浸淫的奴性少爷,又是一个受五四新文化运动冲击的时代青年。思想与行动的矛盾使他每一次的屈从都以牺牲自己或他人为代价,也使他自身感到罪恶深重。他意识到封建大家族必然崩溃的历史结局,却尽力维护这一行将就木的罪恶现状,而不是试图摆脱这一环境的桎梏,这使他的悲剧极为深刻。他的命运彻底宣告了"作揖主义"的破产,不抵抗主义的失败。他最后的觉醒和反抗是旧时代深受封建思想侵蚀的知识分子精神裂变的必然之旅,具有典型的时代的进步意义和文学意义。

20 世纪 30 年代还是民营资本迅速发展的时代,表现这一时期民族资本家的性格及命运自然也成为一些作家的时代选择。虽然对民族资本家的描写一向比较薄弱,但吴荪甫的出现还是填补了这一空白。民族资本家吴荪甫一心想发展自己的企业,为筹措资金,他一方面不得不与买办金融资本家赵伯韬周旋,合伙做公债投机买卖,另一方面又与王和甫、孙吉人等商量合股成立益中信托公司的事宜,以实现他建立"工业王国"的理想。他可以依靠他的手腕吞并朱吟秋的丝厂和陈君宜的绸厂,也可以借此成立益中信托公司,盘进因受日本工厂排挤而濒临破产的八家日用品工厂。他还可以利用屠维岳以软硬兼施的手段暂时平息工潮,在公债市场上做"多头"以获得可观的收益。但是,他却无法化解由于军阀之间的中原大战造成交通不畅、产品积压滞销、资金周转不灵,从而出现的严重的经济危机。他欲通过裁员、延时、减薪等手段弥补损失,但并不奏效。于是,他拒绝了赵融资的条件,决心孤注一掷,将全部资产抵押后投入公债市场,与赵伯韬决一死战。他一面收买赵伯韬的姘头刘玉英做内线,刺探赵的动向,一面竭力拉拢其姐夫、金融资本家杜竹斋联合起来做"空头",以壮大资本与声势。但在关键时刻,完全了解内情的杜竹斋倒戈做了"多头",吴荪甫彻底破产。吴荪甫的悲剧固然表现了民族资本家在外部势力的压迫下无法独立生存的因素,但更主要的是他盲目扩大经营而导致的资金断裂所致,他的投机则加速了这一悲剧的产生。尽管如此,吴荪甫作为20世纪30年代第一个具有典型意义的民族资本家形象,还是显示出其重要的文学史意义。

中国是一个农业国,从农村走出来的作家对曾经生活在这一土地上的各类人物自然熟稔于心。无论是生活在底层的农民还是处于相对上层的乡绅地主,他们写起来都得心应手,因而,人物也就更具性格,更具典型性。不过,较为突出的还是农村小混子形象的刻画,如田成祥(《幽僻的陈庄》)、阿珊(《野火》)等。而最为出色的是乡绅形象的刻画,如何云荪(《在城市里》)、百家长(《在松花江上》)、杨砚田等。这其中又属杨砚田最具典型性。

泼辣、大胆极具个性的女性形象也是这一时期颇值得称道的艺术形象。蔡大嫂的形象堪称典型。作家通过这位农村妇女的性格嬗变,将中国从封建社会向现代社会过渡的思想性格表现得淋漓尽致。婚前,这位名叫邓幺姑的姑娘勤劳善良、执拗倔强,但因封建社会的禁锢而显得无知、愚昧。可她无法苟安于贫困、低贱的生活,极度向往都市的物质文明,并试图突破阶级局限,以期获得人权的平等。结婚后,蔡大嫂人性中的自我意识开始觉醒,清楚地意识到自我对爱情的需求。当她成为袍哥罗歪嘴的情人时,她开始大胆反叛传统伦理纲常,追求灵肉一致的爱情。这表明她的现代女性意识已初步觉醒,学会以不信任、怀疑嘲讽的目光重新看待男人与自己,试图享有支配生活的权势。在男权社会中实现了一个女人对男人的自由选择。小说写蔡大嫂与罗德生对彼此的发现,蔡大嫂钦佩罗德生有思想,有正义感,有胆量气魄,见多识广,敢作敢为,铁骨铮铮,支持他打教堂、杀洋人。这连罗德生心中都甚为诧异:"这女人倒看不出来,还有这样的气概!并且这样爱问,真不大像乡坝里的婆娘们!"而她迫于生计改嫁小粮户顾天成,既圆了她的金钱梦,又满足了她的权势欲,同时也体现了她追求个性解放的思想。小说对她改嫁前的询问与谈判写得极为精彩,堪称经典。蔡大嫂是一个独特的中西合璧的典型形象。小说因之成为现代文学的重要收获之一,作家也因之成为现代文学史上成就卓著的历史小说家。

三

发展与深化固然离不开对题材的开拓与主题的挖掘,离不开典型人物的刻画与塑造,同样也离不开对艺术手法的开掘与深化。如果说20世纪20年代的长篇小说家的艺术表现手法还多模仿的痕迹,还残留有由古典向现代转换的印痕的话,那么,这一时期的长篇小说家则多趋于成熟,甚至开创了新的文体范式。而一些作家熟练地借鉴西方现代的艺术表现形式,并融创为中国现代长篇小说的艺术范式,也为中国小说的现代化提供了有益的借镜。这就使得这一时期的长篇小说创作与前一时期的创作明显地区别开来,也成为发展与深化的重要标志。

诗化小说是这一时期开创得最为成功的文学样式。废名的《桥》是这一文体的代表作品。可以说,废名的名字是与现代诗化小说紧密地联系在一起的。虽然现代抒情小说的源头可以追溯到鲁迅那里,但诗意的乡村书写却是在废名这里发扬光大的。周作人冲淡平和的哲学也在废名这里神意飞扬,以至于周作人傲然地称废名是他的得意门生之一,不仅为他的小说集做序与跋,而且在序中对他的小说推崇备至:"冯文炳君的小说是我所喜欢的一种","我觉得废名君的著作在现代中国小说界有他独特的价值者,其第一的原因是其文章之美"。的确,废名小说所表现的牧歌情调以及文中所透出的禅趣与诗意是美的,是开风气之先的。周作人在序中就认为,若从文体变迁的角度去欣赏美文的意境就会看得更清楚,也会更觉得有意义。在《桥》中你会发现,废名看重的不是故事而是一种情趣、一种诗境、一份禅意、一种人与自然的诗情画意。小说文体形似散文却清新隽永,虽有曲涩之感却曲径通幽、诗意盎然,每章如一帧精美的山水画,可单赏,可连观,虽跳跃性大但却文脉相连,令人爱不释手。小说写主人公游山逛寺,赏花赋闲,参禅悟道,莫不流溢温情,虽有惜时伤逝之情,却有怡然自得之趣。这种田园牧歌式的诗情吟唱,这种空灵跳跃的禅意抒发,这种唐人绝句式的书写思路,在新文学初始的小说中,可谓别具机杼。当然,废名的这一探索,对于看惯了小说故事性的读者来说,确实有些不适应,文中大量的留白与带有禅宗意味的意境,难免给人以"曲""晦涩"之感。但《桥》的诗境、画意、禅趣,交相辉映,相得益彰,开一代文风,对中国抒情小说的发展产生了深远的影响。仅就长篇小说而言,萧红的《呼兰河传》与孙犁的《风云初记》都可在这里找到美丽的风景。

《子夜》是一部全景式反映 20 世纪 30 年代城市生活的力作,人物众多,线索纷繁。为使故事能在广阔的生活面上展开,同时又能在两个月内完成,茅盾采取了横断面的方式展开故事情节,以吴老太爷之死这一主要情节拉开人物的出场关联,这很容易使人想起托尔斯泰的《战争与和平》的开头。但在之后的人物介绍与性格揭示时,又采取中国的"烘云托月"的方式,让几个人物围绕一件事情谈其感受,观其反应,人物不同的性格特征神情毕现。而茅盾因之所开拓的"社会剖析派"又成为中国现代小说流派中一个重要的派别。

"大河小说"原是法国文学中的一种形式,特指那种多卷本连续性并带有历史意味的长篇巨著。受其影响,曾留学法国的李劼人,决定以历史的转捩点折射时代的风云,以几部连续的长篇小说细腻描绘社会的日常画卷、风俗图景与心理场景，全面展示19世纪末到20世纪初四川社会的历史风貌，《死水微澜》《暴风雨前》《大波》就是这一创作理想的具体实践。小说以宏伟的构架与深广度，被称为"大河小说"，其长篇三部曲也被称为"小说的近代史"。这其中，《死水微澜》成就最为突出。小说以蔡大嫂、袍哥首领罗歪嘴、教民顾天成三人构成的多角冲突为主线，通过对四川的风土人情、市民阶层的心理状态和生活方式惟妙惟肖的刻画，充分展现了甲午战争到辛丑条约签订这一时段的历史氛围，深刻地揭示了教民和袍哥两股势力的相互激荡和消长，透视出欧美资本主义文明侵入后，在如同"死水"一般的四川盆地内激起的微微波澜。小说以邓幺姑—蔡大嫂—罗情妇—顾三奶奶的思想品行为中心，写历史转捩与男女情爱中，寓政治风云与乡风民情里，结构宏大而严谨，叙述客观精细，人物栩栩如生，而浓郁的川腔不仅形象生动且颇具地方特色，将历史中的人与人的历史表现得淋漓尽致，堪称时代的人性的史诗。这一艺术范式的形成就包含着作者对法国19世纪现实主义情有独钟的艺术选择。可以说法国现实主义的宏伟性，对局部、对细节的渐次观察与精雕细刻的思维方式，对艺术真实性的追求以及对女性形象的细腻塑造等，与李劼人对中国传统小说的嗜爱所形成的审美情趣相契合，而成都幽闭的文化环境与生活情调，使他最终将法国模式与中国传统文学形式相融合，创造出既体现出法国19世纪现实主义的伟大精神和艺术特征，又融合着传统白话小说与反封建的民主追求的文艺精品。

此外如李健吾的《心病》，从关注现实人生到深入人心的心理存在，运用弗洛伊德的精神分析去审视人的潜在意识和人性的复杂性，以意识流的手法努力去表现人物的性格悲剧和深度人性，追求对人类普遍情绪的表达，对中国现代小说现代性实践具有开拓意义，是20世纪30年代别具一格的一部长篇小说。其他如萧军的《八月的乡村》借鉴法捷耶夫的《毁灭》，谢冰莹的《一个女兵的自传》与卢梭的《忏悔录》等，都在借鉴西方的表现手法中显示出中国作风与中国气派。

结　语

经过前一个七年的发展，1930—1937 年的中国现代长篇小说较前一时期而言取得了长足的进步。无论是传递底层革命者的精神诉求，还是反映革命青年的浪漫与激情，无论是真实地再现底层民众的贫苦生活，还是剖析并揭露 20 世纪 30 年代社会的黑暗及乱象，无论是对人性的揭示与探索，还是在抗日爱国情绪的书写上，都彰显出时代的特色。特别是侧重于表现人与社会的解放、人在社会中的位置、人与社会的各种不和谐矛盾的揭示与解决，是发展深化期的长篇小说最鲜明的变化。一大批屹立于文学史的典型人物，是这个时代重要的收获。这使得这一时期的长篇小说不再幼稚而走向深化，为继续发展的长篇小说奠定了基础。

低徊与复兴
——1938—1949年国统区现代长篇小说创作论

《骆驼祥子》初版封面

《围城》初版封面

历史的发展往往不以人的意志为转移,对于中国现代历史而言尤其如此。1937年7月7日,"卢沟桥事变"爆发,中国从此走上了全面抗战的道路,中国的社会经济与文化生产也随之发生了重大的转变。受此影响,中国现代长篇小说的发展也在时空上出现了不同的变迁与格局:从时间上看,1938—1942年中国现代长篇小说的发展可谓低徊,1943—1949年呈复兴之势;从空间上看,沦陷区、国统区以及陕甘宁边区又由于意识形态的相对差异而呈现出不同的发展样貌。因此,当我们探讨 1940 年代中国现代长篇小说的创作实绩时，就不能不考虑历史的现实性与现实的复杂性。也就是说，我们不能简单地以 1940 年为界做机械的划分，而是以 1938—1942 年与 1943—1949 年为期划为两个不同的阶段，并按各自不同的特点分为低徊期与复兴期两个阶段予以分析。只有这样，我们才能做出符合历史同时又符合文学史发展实际的艺术判断。

由于沦陷区与陕甘宁边区长篇小说创作的特异性，笔者将另文撰述，故本文以国统区长篇小说创作为中心，对 1938—1949 年现代长篇小说的思想探索做初步的探讨。

一、低徊期的现代长篇小说

之所以将 1938—1942 年视为中国现代长篇小说的低徊期，主要基于以下几个原因：①抗日战争的爆发使现代长篇小说自"七七"事变后长达八个月的时间里没有出版一部创作长篇小说，直到 1938 年 3 月 15 日才由上海金汤书店出版了含沙的《抗战》，这在 1928 年后的长篇小说创作中是没有出现过的。②抗战激发了全民族的抗日激情，许多作家在救亡图存的感召下选择了短平快的体裁，长篇小说的创作激情锐减，而连绵的战火又严重损害了作家的生活条件与创作条件，作家难以从容不迫地从事长篇小说创作，出现了不少急就章、进行曲，甚至是未竟稿。③抗战的爆发使国民经济受到重创，出版业也受到极大的影响，不断动荡的出版格局使出版社勉力为艰，五年来仅出版长篇小说 35 部——这也是唯一一个连续五年长篇小说创作均为个位数的历史时段。④整体创作水平不高，仅有老舍的《骆驼祥子》和萧红的《呼兰河传》堪称亮点。不过，尽管如此，这一时期的长篇小说创作，依然在抗战爱国精神的传承上，在对社会黑暗现实的揭露与批判上，尤其在对人性弱点的开掘上，达到了新的时代高度。

以高昂的爱国热情与同仇敌忾的抗日意志，继续传递中国人民奋勇杀敌的坚强决心，抒发他们坚强不屈的抗敌意志，是这一时期最强烈、最集中的时代诉求，也是作家们共同表达的时代心声。在民族危难之际，应该做怎样的人，走怎样的道路？这个问题已历史地摆在每个爱国青年的面前。东北沦陷区的学生陈学海从不关心时事到以国家民族为己任，积极行动起来投身到救亡图存的民族洪流中，显示了时代潮流不可阻挡的历史趋向，从而使这一"新生代"人物具有了深刻的典型意义(《新生代》)。锥子嘴的保安队想投降日本，小学校长魏克竭力劝阻却遭到关押。赵德胜将他救出后往白岔山奔去。谁知到了白岔山才知道吴大队长假抗日真投降。魏克、赵德胜就与另两支抗日队伍成立"热西抗日义勇军"，加紧备战宣传工作。虽然一时难以抵挡日本军队的步步逼近，不得不撤出沽源，但抗日的流洪已势不可挡(《抗战》)。艾老爹虽已是古稀之年，但他反抗斗争的热情比年轻人还高。他虽然对杏子抱有成见，但看到杏子被汉奸所害，艾氏父子等人还是在五丁的领导下自觉地走上了武装反抗日本侵略者的战场(《大地的海》)。在边陲线上，虽然叛徒季伟刚点燃了火药库，日本人已冲过第一道关卡，刘司令打算投降日军，但刘强还是带领真正的爱国战士一面抵抗，一面和朝鲜红党联合起来，夹击日军，向着远处飘扬的红旗，欢呼着扑了过去(《边陲线上》)。诚然，与强敌拼杀，常常伴随着更大的流血与牺牲，但流淌着中华民族血液中那股不屈的精神还是鼓舞着他们义无反顾地为民族尊严而战。在白狼村，鬼子打散了罗三和老独。罗三与鬼子硬拼，结果中了埋伏，除罗三等七个人被救出外，其余人全部遇难，但冲出重围后，老独仍带着队伍坚持在白狼村、大旺村一带与鬼子战斗(《地下》)。放牛仔雷公汉和伙伴们组成了"捞家"(即土匪)，带着公鸡满等人打家劫舍，专和富人作对。但广州失陷后，他和伙伴们成立了"八乡人民抗日游击队"，在妻子被日寇强奸自尽后，他率领游击队袭击敌人据点，大败敌人，但也在这次战斗中献出了生命(《伙伴们》)。在石家镇，江南人民在民族大义的旗帜下，自发地组织起来抵抗日本侵略(《春雷》)。大江南北，到处燃烧着抗日的烈焰。不仅是直接的反抗，即便是个人恋爱,也要将个人的狂飙上升到民族的狂飙,即从五四运动的个人主义转变到现阶段的民族主义,才是时代的诉求(《狂飙》)。此外,欧阳山、熊佛西、徐仲年等也都通过《战果》《铁苗》《双尾蝎》等作品,描绘出熊熊燃烧的抗日烈火在中华大地上的壮丽景象,而这种高昂的爱国主义情怀,已成为中华民族不屈的灵魂,生生不息于中华民族的文学史册中。

揭露社会黑暗是知识分子良知的体现,即便在抗战时期也有不少作家写下了中国黑暗现实的一面侧影。周文的《烟苗季》就是这样一部作品。小说通过旧军阀内部之间相互倾轧、相互拼杀的艺术描写,以细致的笔法刻画了为权力而争的旧军阀们阴险、狡诈的丑恶嘴脸,揭露了他们鱼肉百姓的罪恶行径。在这里,人们不仅看到了军队内部的腐败与罪恶,更透过这一小社会看到整个社会的腐败与罪恶,具有强烈的批判意义。面对县府朝令夕改的"随粮代征"政策,面对着歉收而生活无望的现实,大望爸与安妞爸不得不走上了反抗的道路(《随粮代征》)。不过,这一时期较有影响的是茅盾的《腐蚀》。女青年赵惠明为反对家庭专制离家出走,却被国民党特务机关利用从事特务工作,这让赵惠明心里很痛苦,一方面觉得这种投靠灵魂肮脏,另一方面她又不满自己的处境但又无力自拔。她劝自己的恋人小昭去自首,但小昭并不同意。为了表示向上级的忠诚,她告发了革命者萍和 K。不久,小昭被杀。她不满特务头子的凶恶与无耻,与他们拉开了距离。之后她在形势的教育下转变思想,救出女青年 N,自己也决定结束特务生活,离开这里。作者以亲历感极强的日记体笔式,再现了当时的青年"在生活压迫与知识饥荒之外,还有如此这般的难言之痛"①,产生了很大的反响。

对人性弱点的批判是低徊期的小说创作最值得称道的亮点。《骆驼祥子》和《呼兰河传》是其中的典型代表。主人公祥子因农村破产来到城市。这位勤奋善良、纯朴踏实的本分人,只想通过自己的劳动养活

---

① 茅盾:《腐蚀前记》,华夏书店 1941 年版,第 2 页。

自己，但他的三次努力均以失败告终，这使祥子彻底丧失了进取的信心和生活的理想，也彻底改变了他的生活和命运。他开始堕落，开始出卖灵魂，由一个自食其力的本分人沦落为一个无灵魂的行尸走肉。祥子是一个个体劳动者，他所追求的也是劳动者最本分、最单纯、最低微的要求和愿望，他并不想损人和剥削任何人，他只希望以自己的劳动赢得独立生活的权利，捍卫自身的尊严。但是，他这一微薄的愿望仍无法实现，他最终不得不走向堕落。黑暗的社会几次三番地打击着他美好的也是基本的愿望，人性的罪恶几次三番地拉他堕入罪恶的泥潭。如果说，匪、兵的敲诈仅是祥子理想破灭的外在原因，那么，自身的不足与虎妞的性爱是导致他滑向末路的内在因缘，特别是与虎妞的性爱，使他最终失去了一个普通劳动者应有的品质。虎妞不仅毁掉了她自己的一生，也彻底改变了祥子的命运。这位又老又丑的女人将祥子看作补偿自己青春的工具，满足自己欲望的性奴，她以小伎俩欺骗了老实本分的祥子后，就将他牢牢地拴在自己身边，使祥子彻底沦为她的奴仆。她反对祥子以劳动换得尊严的信念，只想着依靠继承家财就可衣食无忧，岂料这一切都化为泡影，而她自己也在难产中死去。更为可怕的是，此时的祥子已丧失了以辛勤劳动换取平等、换取尊严的生活理想，丧失了做一个正直善良的人应有的人格理想与道德标准，人生的劣根性与弱点再次浮现出来，他沦为社会的渣子，沦为一个以出卖灵魂为生的末路鬼。祥子的悲剧，既是对人性在金钱锈蚀下美质的泯灭与恶质的浮泛的深刻反映，也是对人性灵魂善恶本性的有力拷问。《呼兰河传》由七章可单独分立的散文连缀而成，从表面看，它似乎不像一部完整的长篇小说，但它真实地再现了生活在呼兰河小镇上底层百姓的众生相，再现了他们自在乐天的、卑微的生存方式，他们善良却又愚昧麻木的自然秉性。作者寓同情与批判于笔端，将其中蕴含的巨大的文化含量和深刻的生命体验诗意地写出。正如谷虹所说："在《呼兰河传》里，我们只能够看到北中国乡村里人民的无知，迷信，穷困，不幸的生活，而且这一切也是轻描淡写的，被幽美的风景，浓厚的地方情调，以及风俗人情所掩盖着的。"①麦青也认为:全书"结构上虽然没有必然的联系,但是它们被一个目的贯串了,不论在哪一章里,作者都是在表现着呼兰河的住民的迷信与无知。他们习于那荒凉的贫乏的生活,他们对于生活,几乎像没有什么感觉一样。""他们的生死态度总括起来就是:'人活着是为吃饭穿衣。人死了就完了。'""这就是作者所要表现的骨梗,作者就是依这个骨梗,用许多材料给它充实起来的。"②可以说,以沉重的心情对小镇人们人性中麻木愚昧的弱点的揭示是《呼兰河传》的主旨,而且"这一心情投射在《呼兰河传》上的暗影不但见之于全书的情调,也见之于思想部分"③,只可惜许多人关注它在文体上的承前启后性,以及对中国抒情小说的创作产生的深远的影响,轻视了这部作品在人性深度上的发掘意义,多少有些遗憾。

这一时期还有一些反映封建思想摧残个性的作品,如巴金的《春》《秋》、萧乾的《梦之谷》、拓荒的《少女忏悔录》等,但因为时代的潮流发生了转向,加之艺术上亦有失衡之处,并没有引起太大的反响。

低徊期的现代长篇小说虽然整体成就不高,但毕竟为现代文学贡献了《骆驼祥子》与《呼兰河传》这样的艺术精品,这也是值得回味与纪念的。更何况创作的低迷并非作家不努力的缘故,而是外部世界的压迫所导致,因而,当整体抗战环境得到改变,创作出版环境得到改善,长篇小说创作立刻得以复兴并走向新盛,虽然时间很短暂。

二、复兴期的现代长篇小说

同样,将1943—1949年视为中国现代长篇小说的复兴期,也基于以下理由:①经过六年的全面抗战,中日战区的对峙局面相对稳定下来,日本因太平洋战争的节节失利而陷入被动,无力腾出手来在中国战场

---

① 谷虹:《呼兰河传》,载《现代文艺》1941年第1期。
② 麦青:《萧红的〈呼兰河传〉》,载《青年文艺》1942年第1期。
③ 茅盾:《论萧红的〈呼兰河传〉》,载《文艺生活》1946年第12期。

上进行更大规模的扩张,而中国亦因条件所限无力进行全面的反击,这也给了身处大后方的文化工作者们重振文化事业的机缘。在国统区,以陪都重庆为中心,桂林、昆明等地为重地的文化出版事业再次蓬勃发展起来。据统计,1943年,重庆正式登记的出版社书店有164家,印刷厂、店有259家,为重庆历史上印刷机构最多的一年。① 据《桂林文化大事记》一书统计,1943年,桂林印刷厂有109家,其中书版厂8家,书版为主兼印其他杂件的18家,每月出版图书40种,为桂林抗战时期之最。② 在昆明,共有出版社、书店100家,印刷厂70多家,也为历史之最。③ 加之其他各地出版业的恢复与发展,长篇小说创作也得以复兴。1943—1949年共有114部作品问世,年均16部以上的出版势头表明出版业已恢复了元气。②在沦陷区,如华北沦陷区在1943—1945年间,相继出版了闻国新的《蓉蓉》(1943)、袁犀的《贝壳》(1943)和《面纱》(1945)、沙里的《尘》(1944)和《土》(1945)、关永吉的《牛》(1945)、赵荫棠的《影》(1945)、张金寿的《路》(1945)等小说;东北沦陷区也相继出版了山丁的《绿色的谷》(1943)、疑迟的《同心结》、爵青的《黄金的窄门》(1943)、慈灯的《入伍》(1945)等作品,也有了"新进"的意味。③在陕甘宁边区,毛泽东同志的《在延安文艺座谈会上的讲话》于1943年10月19日在《解放日报》全文发表,延安的文艺方针政策开始发生根本性的改变。虽因长篇小说创作的文体特殊性,这一指向性的创作在1947年柳青发表《种谷记》、欧阳山出版《高乾大》后才得以实践,但"转"与"兴"已成时代的必然。④抗战胜利后,虽然重庆、桂林、昆明的文化重镇地位不复存在,但上海再次成为全国文化的中心,也因之重新焕发出盎然的生机。1949年10月,中华人民共和国宣告成立。中国现代长篇小说创作再次转型。正是由于这一时段存在着特定的时空与不同的创

---

① 叶再生:《中国近代现代出版通史》(第三卷),华文出版社2002年版,第311页。
② 叶再生:《中国近代现代出版通史》(第三卷),华文出版社2002年版,第146—147页。
③ 叶再生:《中国近代现代出版通史》(第三卷),华文出版社2002年版,第457页。

作生态，1943—1949年的长篇小说创作在复兴的道路上呈现出鲜明的特征：就国统区而言，作家们对社会对现实对人的探究更加深入，亦不乏以现代主义思想出色地传递现代人观念、与世界意识同步构建的标志之作；就沦陷区而言，虽然因其殖民化倾向以及随着日伪扶持者的失败最终成为回光返照的一现，但多少呈现出"新进"的意味；就陕甘宁边区而言，文学的意识形态性与功利性逐渐强化，以延安为中心开始向东北及全国辐射的新的文学范式逐步确立，并最终在1949年10月后成为新的文艺方向。故而，1943—1949年的文学实践也呈现出与以往不同的多样、深刻、转换、功利及短暂的特点。

复兴期的长篇小说可谓是成绩显赫，用老树新花、名作迭出来形容丝毫不过分。"老树"如老舍、吴组缃、李辉英、沙汀、艾芜、巴金、李广田等，"新花"如姚雪垠、徐盈、碧野、王西彦、田涛、钱锺书、路翎、黄谷柳等，他们所奉献的如《鸭嘴涝》(后改名为《山洪》)、《松花江上》、《淘金记》、《困兽记》、《还乡记》、《丰饶的原野》、《故乡》、《山野》、《寒夜》、《引力》、《长夜》、《春暖花开的时候》、《苹果山》、《微贱的人》、《金黄色的小米》、《边外》、《一个人的烦恼》、《围城》、《财主底儿女们》、《虾球传》、《四世同堂》等，代表了这一时期现代长篇小说创作的艺术成就。无论是对抗日爱国热情的弘扬，对黑暗现实的讽刺、揭示，对知识分子在时代面前当何去何从的理想思考，还是在现代意识的挖掘上，作家们都显示了他们的艺术才干并在思想艺术上体现出应有的时代高度。具体表现在：

第一，展现民族不屈的灵魂不是着重展现民族精英的自我觉醒，而是重在展现被压抑、被凌辱的广大人群的平凡起点。

与前期不同的是，这一时期的抗战小说显然不在于表现民族精英自觉的抗战意识，而着力于展示那些蕴含着国民精神深处的天然的爱国情怀，并使之成为民族不屈的精神起点。他们知道，只有唤起底层民众的民族情感，他们才能对国家、对民族、对人类有真正的认识，才能以自己的生命保卫自己的国家。宁静的王家村被日本鬼子侵占并缴枪，激起了年轻人本能的复仇的烈火,他们袭击了日本兵的住所并打死了一个日本兵,但也很快就遭到了日本人的洗劫,年轻人被迫趁夜色逃往重峦叠嶂的山沟。是抵抗还是屈服,是宁为玉碎不为瓦全,还是忍气吞声、苟且偷安,在决定两种不同命运的关键时刻,王中藩决心成立义勇军,为民族的尊严而战,而起始坚决反对儿子抗日的王德仁老人也在现实的教育下觉醒,自愿报名参加了义勇军(《松花江上》)。农民出身的铁岭和同伴们到山里打猎采参,结果被日本人抢劫一空。走投无路的人们纷纷投奔了义勇军,但铁岭觉得没必要拼掉性命就坚持回到了家里。但回到家中他才发现家是如此令人失望,他不得不离开家乡,到关内加入到抗日的行列之中(《大江》)。

最令人称道的是吴组缃的《鸭嘴涝》,堪称这一时期最出色的抗战小说。鸭嘴涝是个只有三四十户人家的闭塞小村落,全村居民族聚而居都姓章。由于抗日战争局势的紧张,全村人也陷入一种恐慌之中。农民章三官是个相貌不端但能干、个性鲜明的青年,主张抗日,但旧军阀的阴影以及传统观念的影响,使这位刚新婚不久的新郎对抽丁拉夫也唯恐避之不及。这时,战火向山区蔓延,鸭嘴涝也开始大量的过部队。章三官和全村人在经受了短暂的惶惶不安的动荡生活后,发现一切躲避竟是那么可笑和无必要,因为这是开往前线打鬼子的国军,不是旧军阀的武装,是来保卫我们这个地方的自己的军人。章三官兴奋异常,蛰伏在内心的抗敌热情使他挺身而出,主动替部队挑运弹药,一去六天。这让村里人对章三官刮目相看,他自己也感到无比荣耀。不久,游击队进驻鸭嘴涝,村里的人们被动员起来,章三官和村里许多热血青年一样,加入了游击队及各类有关组织,投身到抗日的洪流中。

作者将抗战初期地处偏僻山区的山民的心理动态写得真实可信、细腻入微。朴素而懦弱的山民面对纷乱战局,惴惴不安,无助而无奈,困惑而盲从,他们如同失去亲人的抚慰,本能地贪生怕死,本能地躲避着战火,他们尚未觉悟到这场战争已不是以往的军阀混战,只想着如何保全家人、保全财产,这无可厚非。他们中的有些人甚至愚昧地想当顺民,可悲而可叹。国民素质教育的低下使许多民众特别是身处穷乡僻壤的山民,不知国家、民族、个人命运的关系,更不知这场全民族的抗日战争神圣而伟大的历史意义。当战火燃及自身时,难免彷徨无主,四处躲散了。他们中的有志之士,有爱国之心但不知如何爱国。旧军阀给他们的经历让他们心有余悸,他们渴望能有人站出来,有人告诉他们应该如何做才能担起一个中国人应有的职责,做一个堂堂正正的中国人以不负他们一腔爱国热血。章三官就是这样的人,从他的身上我们看到正在觉醒的中国人民的身影,看到那从怅惘与悲伤中努力寻求"中国人"这三个大字的身影,看到"中国"这一伟大而神圣的力量在崛起。章三官是一个普通的山民,不是一个叱咤风云的英雄,不是呼风唤雨的伟人,但正是这样一个山民,他的悸动,他的迷惘,他的困惑,他的飘摇,他的转变,他的决心——他的为民族而尽力的勇气与决心,他的决心为民族而战的意识与信心,才显得可贵而令人赞叹,也才显示出中国人民不甘于屈服外来势力的内在力量,显示出中华民族御侮抗敌的天然情感。也正是千千万万个如章三官这样的普通民众的逐步觉醒,才显示出人民的觉醒、人民的力量。

作者选材立意与人物塑造可谓独具匠心,立意深邃,尤其难能可贵的是,作者清晰生动且细腻地描绘出了鸭嘴涝民众对待抗战的不同心理行为,栩栩如生地刻画出一群朴实而可爱的山民形象,叙述从容不迫,线索清晰,只可惜下部政工人员描写较为平面,游击队驻村后写得平滞,令人遗憾。但无论如何,作家对题材的选取与人物的塑造都达到了时代的新高度。因为,民族的觉醒不仅仅在于民族精英的觉醒与认识,更在全体人民的觉醒与认识——特别是身处穷乡僻壤的民众的觉醒与认识。只有普通人民大众的觉醒,才是整个民族真正的觉醒,才是这个民族迈向希望与重生的庄严的开始。只有这样,民族才能拧成一股绳,才能以真正保卫自己家园、自己亲人的姿态,保卫自己的家园、自己的亲人,才能真正意识到国家是自己的,才能舍命保护自己的国家——感受到家国同构的神圣与伟大。尽管这一觉醒来自战火,来自异民族入侵带来的刺激，来得较为艰难，但唯其如此，这一觉醒才刻骨铭心，才百折不挠，才毅然决然，才伟大而庄严！这才是古老民族真正走向现代觉醒的开始。小说真实而细腻地写出了章三官从担惊受怕、惴惴不安、恐惧到怅惘悲伤、忧虑，再到愁闷、焦躁不安、兴奋得不能自拟，以至于快乐、轻松与舒畅的心理转变过程，即便在今天仍然令人赞叹，令人敬佩！

第二，深刻地揭示大后方的黑暗与腐败，入木三分地讽刺了卑鄙投机者的丑恶灵魂。

抗日战争是一场伟大的民族解放战争，但一些人却坐而论道，沉湎于享乐、崇尚个人主义、金钱至上等腐化堕落的卑鄙行径，他们无疑是民族的败类。李辉英的《雾都》就揭示了这一丑恶的行径。退伍军人黎将军一度拥兵自重现却赋闲在家，整日无所事事，吃喝玩乐就是他退职后在陪都的主要工作，即使国民党军队迫近河池的捷讯也不及他摸一手同花顺快乐，他所谓的收复失地打游击战也成为纸上谈兵。整日为所谓革命工作奔波的政客胡委员，一心想创办《展望》杂志，但因经济窘迫与笔力不逮，一直停留在呼吁阶段。1944年年底"独山大捷"后，他曾想将杂志改名为《公论》《大捷》，寄希望于委托商行经理罗子亮投资出版，但罗子亮只将钱投资在交际花屈小姐身上，杂志只得胎死腹中。屈小姐知道罗经理垂涎她的美貌，便充分利用她的美色诱使罗经理不断地为她提供挥霍的资金，从而使她能够时常与她的好友王小姐混际于饭店、酒馆、茶楼、舞厅中。她甚至以订婚为诱饵骗取了罗经理一笔巨款，而罗经理为满足她的虚荣心，便不择手段地大发国难财，岂料屈小姐随后却与王处长在兰州结婚，罗经理最终人财两空（《雾都》）。作家客观而真实地揭示了抗战时期"前方吃紧，后方紧吃"的时代侧影，批判了这些社会的"另类"身处抗战这一伟大的洪流中，却全然没有国难当头、匹夫有责的责任感与使命感的丑恶灵魂。

不过，揭示最深刻的当属沙汀的《淘金记》《困兽记》《还乡记》，他也因之将一个严谨的现实主义乡土作家的名字镌刻于现代文学史。特别是《淘金记》,将沙汀的现实主义精神与讽刺艺术体现得淋漓尽致。小说以川西北小镇为背景,通过表现乡镇有权势的代表人物豪绅、袍哥、地主等借开发金矿为名,钩心斗角、沆瀣一气、恃强凌弱、鱼肉百姓的丑恶样态,真实而深刻地揭示了在金钱与利益面前人性逐恶的本来面目,也将国统区偏僻农村社会黑暗腐败的反动本质暴露无遗,辛辣而不露声色,堪称"我们仅见的乡土文学中之最上乘收获了"。①

如果说《淘金记》是沙汀对国统区乡镇恶霸恃强凌弱、鱼肉百姓的丑恶样态的深刻揭示,那么,《困兽记》则是沙汀对乡村知识分子在现实的、物质的、精神的多重挤压下抗争、动摇、妥协乃至认命的根性写照。小说以乡村小学教师们筹备演剧为线索,以主人公田畴与吴楣的暧昧关系、与妻子孟瑜的家庭纠葛为焦点,深刻地揭示了身处于大后方令人窒息的、如死水一般的压抑氛围下乡村知识分子如土拨鼠般的生活样态和精神负荷。它凄楚地表明:置身于这一环境,就如同猛兽置身于牢笼,无论你的拼搏的利爪如何锋利,也无论你向往自由的意志多么坚强,都将无力挣脱这一樊篱,而你所做的一切,如困兽犹斗,无济于事。

《还乡记》同样是一部表现底层百姓为了生存而不得不起而捍卫人的尊严与地位的力作,它与《淘金记》《困兽记》一起构成沙汀川西北乡镇生活三部曲。从揭露乡镇邪恶势力恃强凌弱的丑恶本性,到考辨乡村知识分子的人格建设,再到鞭挞山乡邪恶势力鱼肉山民的丑恶样态,拷问深受封建文化濡染的山民们羸弱而又坚强的精神品格,沙汀构筑了一幅川西北乡镇基层生活的群态百图,其真实性、深刻性与艺术性,都达到了时代的高度。它冷峻的现实主义精神与严谨的现实主义手法几乎完美地统一,它对人物活动的现实动因及人物性格发展的必然性的准确揭示和深度把握,它对尚未摆脱蒙昧状态的山民们精神迷宫的精细刻画,也达到了沙汀创作前所未有的高度,加之浓郁的川西北生活气息,使沙汀的"三记"毫无愧色地成为中国现代长篇小说创作的重要

---

① 李长之:《〈淘金记〉〈奇异的旅程〉》,载《时与潮文艺》1944 年第 2 期。

收获。

第三，以人道主义思想抒发生活在底层的人们美好的人性,控诉黑暗现实的残暴与无情,对他们不幸的遭遇寄寓深深的同情。

贫农仝云庆一家有三个女儿、一个儿子和一个寄养的侄女成湘,全家人辛苦一年却不能解决温饱,更令人雪上加霜的是,水涝与蝗灾接踵而至,仝云庆一家虽靠省吃俭用免于逃荒,但被迫将大女儿姹仙卖给财主做妾,又在盛地未婚妻家的催促下娶进盛地的小媳妇。这时,崔大爷又趁火打劫,以收回租地为名,要挟成湘做小老婆,成湘悲苦无助、含恨上吊。不久,军阀混战,二女冬霞被乱军蹂躏,跳井自尽。三女春絮与邻村一青年私好,但不久那青年又被当作逃兵抓走,春絮只得重回娘家。此时,仝云庆正苦于家里死了耕牛没钱购买,便将春絮半卖半嫁到异乡远方。一个原本热闹有生气的家陷入一片苦寂之中。最后,仝大娘也因劳累过度,吐血死去,只留下盛地为母亲叫魂的声音在黄昏回荡(《金黄色的小米》)。小说取名《金黄色的小米》,意在象征土地的馈赠与生活在这块土地上的人们的希望。然而,辛勤的劳作并不能换来农人期盼的幸福,突如其来的天灾就可以将他们的梦想化作泡影,无处不在的人祸也随时可以将他们的愿望撕得粉碎。为了生活,他们漠视女性的幸福与权利;为了生存,他们臣服于弱肉强食的丛林法则。他们脆弱的生命根本经不起任何外力的打击,甚至连自身的侵蚀也无法抗除,只能默默地承受生活——命运带给他们的一切。"沃土"收获的却是贫瘠的理想,"金黄色的小米"映照的却是黯然的生活!

《边外》同样是一曲农民的悲歌。小说写凤金爷自给自足的日子在大旱这年被打破了。儿子金锁本想娶邻家的青翠,也因无钱而眼睁睁地看着她成为财主家的小妾,不得已全家随村里人一起出去逃荒。在逃荒中遇到须子与她重病将逝的母亲。为了生活,须子在母亲去世后答应与金锁一起生活。回村后,金锁看刘财主家的长工偷自己地里的荞麦,于是也偷了刘财主家的棉花,但遭到财主雇佣的打手凶狠报复。凤金爷被打伤,家也被砸烂,随即刘财主又以地界弄错了为由耕占了凤金爷的几垄地。凤金爷不服,去县里告状,反被抓进监狱遭到毒打。经过这番折磨,凤金爷变疯呆,出狱后不久死去。虽然同是天灾下的破碎,但与全云庆不同的是,凤金爷遭受的不仅有乡村恶霸的欺凌,更有政权及其帮凶的致命打击。正是社会的黑暗与腐朽,才使无数以土地为生存之本的善良百姓遭受冤屈时求告无门,由失望而致绝望,成为那个社会、那个时代不幸的冤魂。这也是作家寓意《边外》的重要原因吧。

以《南行记》著称的艾芜此时将笔触及川西平原上那些挣扎在底层的不幸的人们,《丰饶的原野》就是他写给他们的一曲悲歌。邵安娃、刘老九、赵长生三人是汪二爷的佃户,他们生活虽然贫苦却安于现状,虽然卑微地生活在乡村的最底层,依然苦中作乐,竭力维护着做人的尊严。特别是邵安娃,当他忍气吞声换来的竟是冯七爷得寸进尺、心安理得的羞辱后,他以死作为自己最后的也是无奈的但却是有力的反抗。作家以深沉凄婉的笔调抒写了一曲乡村悲歌,对他们向往美好生活的理想与不幸遭遇寄寓了深刻的同情。不过,作者的诗性写作多少冲淡了悲剧的主题。与之有着同样命运的是"微贱的人"银花。这是一个贫苦人家的女儿,十五岁时,被可憎的继父卖到偏僻的小山村蝦蟆村,但幸运的是她的丈夫陶小土忠厚老实,婆婆也是一个慈祥的人,因此银花便安下心,在蝦蟆村过起了平稳日子。但厄运并没有放过她,日本侵华后,银花的丈夫被抽去当壮丁,在中途逃跑时,被国民党流弹击中。堂叔陶四甲和儿子陶八月想霸占孤儿寡母的田产,村里的不少光棍也在打着银花的主意,银花无奈只得公开了她和情人牛二坤的关系,却在村里遭到了更多的非议。后来,二坤被诬陷为土匪抓走,下落不明。银花再度受到精神打击。她的家无故遭到搜查,自己和婆婆遭到毒打。此后,银花又遭到兵痞流氓的奸污。精神和肉体都受到重创的银花跳进了池塘(《微贱的人》)。作家以被欺压、被凌辱的纯朴的劳动妇女银花的一生,展示出闽西的一个处在战争动乱中的小山村的社会图景,日寇侵略、兵匪洗劫、地痞恶霸的欺压,使生活在底层的百姓民不聊生,只有以死发出对这个社会的强烈控诉。

如果说《金黄色的小米》《丰饶的原野》《微贱的人》只是对生活在农村不幸的人们的生活写照,那么《寒夜》则是对城市普通人在战争环境下不幸生活的真实记录。汪文宣是图书文具公司的一个职员,被人称作"老好人"。妻子曾树生在银行做公关。由于婆媳关系不和,加之汪文宣自己得了肺病,长期以来一直处于极为压抑的生活状态下。对曾树生有爱意的陈主任劝她到兰州去,她犹豫不决:她舍不得自己深爱的丈夫,但又不想在"丈夫没有血色的病脸,母亲的憎恨与妒忌的眼光,永远阴暗的房间"里慢慢"枯死"。几次想去兰州,但都被时时替自己着想的丈夫感动,未能成行。随着汪文宣病情进一步恶化,汪文宣也失去了职位,曾树生终于无法忍受汪母的争吵去了兰州。在庆祝抗战胜利之时,汪文宣无声地死去。与其他作家单纯地控诉黑暗现实吞噬人生、毁灭理想、摧残青春与生命的主题不同,巴金通过《寒夜》的象征意蕴与悲剧氛围对战争境遇下人的命运及母性、妻性潜意识占有与反占有的心理进行了有益的探寻,对代际命运剥夺与反剥夺进行了现代思考,其现实主义精神与现代意识达到了契合与统一,是巴金整个创作中最为杰出的成就。

第四,对知识分子在抗战中何去何从提出了积极的思考。

知识分子是一个民族的先觉者,在抗日战争这样一个决定民族生死存亡的历史关头,何去何从是摆在每个中国知识分子面前的必然选择。刘明读大学时因与父亲的经济纠纷中断了学业,到报馆做助理编辑。抗战爆发后他逃到武汉寄居于表哥家,寄人篱下的痛苦与无聊使他觉得压抑、烦恼,便悄悄搬到朋友石瑞家里,因石母询问他的职业,他认为这是轻视他,冲动之下便想上前线过一种全新的生活,彻底摆脱人间的烦恼。他到山西前线找到同学桂德山参加了战地抗日演剧队。到这里后他又不满周围的人和事,自己又情场失意,部队又不重视他们,最后他又决定离开这里(《一个人的烦恼》)。与刘明的犹豫不决不同,方仲明、苏婷决定坚持在后方抗战,为国出力(《过渡》)。南方某游击队司令部政治主任主海生回后方桂林办事,听说大学时的老同学孔德明在此开办工厂,便去拜访。正好孔外出未归,其妻林慧珍因远离战争和社会而感到空虚和苦闷,现听到早年的熟人讲述前线的见闻,遂激起对新的生活的热情和向往,并向方海生表白爱情。方为了忠于事业和朋友,便悄然离去。最后,林慧珍毅然离家到一所儿童教养院工作,走上了自主自立的道路(《雨季》)。《复恋的花果》也通过男女主人公情感的回归与行动的转变,提出了有为青年在国难面前所应担当的责任与义务这一时代诉求。成康农厌倦城市的生活,想找到一条新生活的道路,他爱着农村少女赛男,可赛男却因曾上过读书人的当绝不嫁给成先生。成康农不甘心,在赛男的母亲病时多方奔走寻医问药,病逝后他又为老人办理了丧事。病好后成康农再次求婚依然没有成功。成康农没有料到自己对赛男倾注了全部的身心竟然不能换回爱情,他放弃了自己的追求,回到群众中,准备寻求更实际的奋斗道路(《寻梦者》)。作者告诉人们,那种只为自己的一己之爱而寻求梦想的人是空幻的,只是投身到实际的群众中去为民族服务、为国家服务才是脚踏实地的人生。李广田的《引力》也表现了这一主题。梦华在敌占区过着艰苦的生活,她思念着在"大后方"工作的丈夫孟坚。由于日军的入侵破坏了他们幸福的生活,孟坚把怀孕的妻子留在家里独自去了济南。梦华既要保护学生,又要照顾家里,非常辛苦。汪精卫的卖国使梦华决意到丈夫那里去。路上,她看到国民党军队纪律松懈,贫困、疾病折磨着广大人民,她忍耐着终于到了大后方,虽然没有见到丈夫,只看到他出走前留下的一个纸条,要到一个更多希望与进步的地方,但梦华依然没有停留,决定跟着丈夫前进,到更多希望与进步的地方去。可以说,努力表现国难当头,勇于担当是青年知识分子义不容辞的责任与义务成了许多作家涉猎的主题,但相对而言,缺乏更为有力、有深度的开掘。

第五,以现代主义思想探询人的存在及其意义。

这是这一时期最具深度的思考,也是与世界意识同步的文学探索。《围城》是这一思考的艺术结晶。众所周知,存在主义思想是第二次世界大战后在欧洲兴起的一种哲学思潮,受此影响,钱锺书以中国的知识分子为素材对人的意义做出了与世界同步的精神探索。抗战爆发,游学生方鸿渐搭船回国,途中与香港鲍小姐厮混被戏弄,同船的苏文纨却对方鸿渐有意。到上海后,鸿渐看上了苏文纨的表妹唐晓芙。苏对唐透露了方在船上与鲍的闹剧,唐与方的关系中止。方只好应邀到湖南三闾大学执教,但学校派系林立,相互倾轧,方鸿渐不愿卷入其中,却因代人保管的书中有一本《共产主义论》而被情敌告发而被解聘。他只得与女友孙柔嘉离校返沪,并在途中举行了婚礼。到上海后,由于双方家庭的介入和纠纷,孙柔嘉离家出走。关于《围城》的创作,作者在《序》中写道:"在这本书里,我想写现代中国某一部分社会,某一类人物。写这类人,我没忘记他们是人类,只是人类,具有无毛两足动物的基本根性。人物当然是虚构的,有历史癖的人不用费心考订。"以往有人认为这是一部恋爱小说,写爱情与婚姻两难境地的作品,其实围城的本题是:城里的人想出来,城外的人想进去,人生也罢,婚姻也罢。由之引申为人是一个不断探索"我将何为,我将何去,我将何在"的存在物,人生也就是不断探索这一目的的循环往复的过程。主人公方鸿渐的人生之旅:出国→回上海→去三闾大学→再回上海,也就是进城→出城→再进城,即何为(做什么)→何去(去哪里做)→何在(意义何在)。小说意在表明:人生充满不确定性,生活充满无目的性,婚姻也与盲目与偶然相关联,生存的危机也随之而来,焦虑与不安、悲观与失望、孤独与寂寞、空虚与惆怅等思绪就上升为主导情绪,并迫使人们不得不思考存在的价值与意义。这一切都是因为人本身的意义与命运的必然性被无意义与偶然性所替代:存在与虚无。对过程、对结果、对手段、对目的的探寻,都失去了对意义本身的探寻,人生不是一个个有希望的联结点,而是一个无意义的虚妄的再生点。这就是《围城》对人的非理性的深入思考,也是对人生处境的荒诞性的哲学思考,即对存在主义哲学的形象的诠释与准确的表达。作者艺术上所采取的存在主义观念的写作姿态令人称道,即在主体取向上,将反抗虚无与自我拯救相统一,以一种彻底的虚无主义的态度洞察人生,剥夺人们对意义本源的探寻,撕破人们对终极意义的关怀,将尘世间的荒凉、虚无与荒诞直面地坦示于人间,以反讽与悖论的形式传递人的现代荒谬感。因此,《围城》是中国现代文学史上第一部以现代主义思想出色地传递现代人观念的优秀长篇小说,也是中国现代长篇小说与世界意识的同步构建的标志之作。

其他如《财主底儿女们》被胡风誉为"青春的诗",老舍的《四世同堂》等也是这个时代重要的收获。因笔者已另文论及,故不再赘述。①

综上,1938—1949年的中国现代长篇小说伴随着中国现代历史的巨变而发展,呈现出鲜明的低徊与复兴特征。低徊为暂时,复兴是必然,复兴不仅是出版业的复兴,长篇小说创作的复兴,更是长篇小说思想探索的复兴。这其中,传递中国人民奋勇杀敌的坚强决心,抒发他们坚强不屈的抗敌意志以及对知识分子何去何从的追问,是整个抗战时期最强烈、最集中的时代诉求,也成为作家们共同表达的时代主潮。随着抗战的深入,这一诉求升华为展现民族不屈的灵魂,不是着重展现民族精英的自我觉醒,而是重在展现被压抑、被凌辱的广大人群的平凡起点上,提升了爱国主义思想的艺术表达。揭露社会的黑暗也转向全方位的思考,无论是对旧军阀黑暗本性的揭示,还是对大后方民族败类及乡村恶绅等邪恶势力恃强凌弱的丑恶本性的揭露,或是对城市普通人在战争环境下不幸生活的现实主义书写,也都达到了应有的时代的高度。对人性弱点的批判、对底层人的命运的探索,特别是以现代意识观照人生的姿态及与世界同步的艺术实践,标志着中国现代长篇小说与世界交流与对话的开始。这也是中国现代长篇小说创作在思想探索上所取得的最令人欣慰,也是最有时代标志的丰硕成果。

---

① 见陈思广、冯鸽:《大西南抗战小说的审美品格》,载《四川师范大学学报》2016年第2期;陈思广、刘笛:《论路翎抗战小说的英雄书写》,载《西南民族大学学报》2015年第11期。

"振兴"的姿态与"新进"的意味
——华北沦陷区长篇小说论

《牛》封面

　　七七事变后,华北随即沦陷,大批作家纷纷南下,华北文坛顿显荒芜与寂寞。日伪统治者为装点门面、粉饰太平,遂喊出"振兴"的口号,欲通过发掘与培养一批所谓"新进"作家的方式"振兴"华北文艺。在1939年2月—1945年6月这六年间,日伪统治者通过长篇小说征文及其他方式刊载或出版了一批所谓"新进"作家的长篇小说,给华北文坛增添了一抹"亮色",亦似乎让人重新看到了华北文坛的崛起。情形究竟如何？我们应当怎样认识"振兴"的姿态？这些"新进"作家的创作又具有怎样的意味？这就是本文所要考察并回答的问题。

一、"振兴"的缘起与姿态

华北的沦陷与作家的南迁使华北的文坛特别是长篇小说创作呈现出倒退与死寂的局面。在 1937 年 7 月—1939 年 7 月整整两年的时间里，华北文坛竟没有出版或刊载一部长篇小说。一些刊物虽以扶持长篇小说创作为名，辟出一定的版面刊载少量的"长篇小说"，但这种或有头无尾，或突然莫名夭折，或虽刊完却仅有几千字的"长篇小说"，引起了读者的强烈质疑。① 直到 1939 年 8 月，李韵如在北京燕生印刷社自费出版近十万字的长篇小说《三年》后，华北文坛长篇小说的死寂局面才得以打破。不过，这部单一地表达热恋中"情人眼里出西施"的痴情曲，不可能起到振兴长篇小说写作的作用，女大学生自费出版的形式又无以显出官方"振兴"的意愿。于是，日伪统治者以重金为诱饵开始在各大官办的报刊上征募长篇小说，如《华文大阪每日》就在 1939 年 2 月第 2 卷 7 月号上刊载启事，悬赏征求 12 万字左右的长篇现代小说（也征求短篇小说），但效果并不理想。此时的华北文坛依然飘零在孤风寂雨中，以至于《中国文艺》的编者在《编后语》中感叹道："关闭在这氛围里的作家们，好像都失去了创作欲，似乎四肢无力的连笔管也拿不动，而读者们也为着失望与悲观，不但对精神食粮没觉兴味，就是对形而上的事情，也很无精打采的。""这种现象就是趋入于颓废的倾向，也可以算是一种自暴自弃的情兆，令人很可寒心。"②1940 年 3 月 15 日，《华文大阪每日》第 4 卷第 6 期公布了第一次长篇小说征募获奖作品，田琅的《大地的波动》获正选，张金寿的《路》获副选。虽然编者声言获奖作品

---

① 鲁风：《所谓长篇小说》，载《华文大阪每日》1939 年第 11 期。
② 《中国文艺》1939 年 9 月 1 日（创刊号）。

是从46篇来稿中选出的,但作者的无名与创作质量的平庸依然难举"振兴"之帜。而且,在之后的两年间(1941—1942),华北文坛依旧没有出现像样的现代长篇小说。这对于日伪统治者来说,不能不感到"共荣"的尴尬。为此,由武德社主办的《国民杂志》于1942年第2卷第2期刊出"本刊大征文(长篇小说)启事",征求以"描写中国民众的真实生活"为内容的10万字左右的长篇小说,以"振兴"华北文坛的姿态出现在大众面前。启事写道:

> 伴随着中华民国三十一年的新年伊始,国民杂志也要开始着一个新的出发,并且企图着飞跃着前进。
> 这次举办长篇小说大征文便是本志革新的具体表现之一。
> 华北尽有着许多刊物,但出版界其实是贫弱而浪费。华北尽有着许多作家,但文艺界却是萎靡而堕落。因此读书界对之不是苦闷而焦灼,便是轻蔑和冷淡。考其原因,不是因为刊物办自己的刊物,根本忽视了读者,便是刊物自身拒绝了作者。优秀的写作者自是无从发现,而真正的文学工作者也在如此现状之前搁笔,所以这次大征文的目的,不仅为振兴萎靡而堕落的文风使得文艺界健康的发展而已,还在于打破从来刊物之门罗性,以及唤起全国写作者之热情。
> 我们知道,在华北除去章回小说家,以及自称"作家"者之外,仍旧存在着许多真正的写作者,但他们表示了沉默。沉默在如今虽在无可非难的,但也并无用处,"清高"的结果,也不过是"绝俗"而已,反而远离了现实。为不负读众的热望,并了解我们暗夜行路的困苦,我仅以十分的热意等候踊跃参加。
> 长篇小说在事变后的文坛上,没有产生过,所以我们征长篇。写长篇虽在于作者之魄力,但也必须有刊物发表,国民杂志就愿意献出这园地来。
> 倘若因此次征文为契机而振兴了出版界,使华北文坛健壮起

来，而获得出版家，作家，读者间之紧固握手，那我们的喜悦就是无限的了。虽然这也许是一件艰苦的劳作，也许是一件困难的愿望。

1943年1月1日，由孙鹏飞、郝庆松、王则、德玉葆、张金寿等组成的审稿人在第3卷第1期的《国民杂志》上宣布征文结果："正选：天津杨鲍的《生之回归线》；副选：宣化刘延甫的《新生》"。同时在引语中说："本刊一千五百元征文，曾一度展期至十月末日，这中间收到计由华南，南中，蒙疆各地寄来的稿件，不下百数十件，在审选时，承审选者始终维持着起初的热，终于拔擢出下列两篇发表于此，对这，我们不敢说什么'我们要建设华北文坛'，但是，在发表难，写作难，稿费难诸声中，我们愿掘发出这两位新人献于华北文坛。"对这次征文，编辑也较为满意，这从该期的《编辑后记》中就可看出："长篇小说自去年一月号刊登启事以来，整整一年，中间因为来稿缺乏正选，便延迟到本期才发表。当选者两篇的好坏不论，仅以写作者的热情来看，我们便不能不高兴的。在现今华北文艺界，长篇小说可谓太少见了，一则作者缺乏写作的勇气与生活经验，二则没有刊物肯给予鼓励也是实在的情形。本刊自去年革新以来便注意及此，不惜以千五百元的赏金与很多篇幅来贡献华北的文艺界。这次的发表，或者能够与华北文艺界一种兴奋剂，因之而能激荡起更多青年的写作的勇气来，这也是我们所期待的。"之后，《国民杂志》还举办了第二次长篇小说征文并公布了获奖作品。与此同时，另一具有很大影响的文艺刊物《中国文艺》也辟出版面刊载现代长篇小说，如闻国新的《蓉蓉》等，华北文坛的长篇小说创作渐至复苏。在1943至1945年间，一些新进作家纷纷出版了他们的长篇小说，如袁犀的《贝壳》(1943)和《面纱》(1945)、沙里的《尘》(1944)和《土》(1945)、关永吉的《牛》(1945)、赵荫棠的《影》(1945)等，华北的现代长篇小说创作终于有了"振兴"的模样。

诚然，从表面上看，在日伪统治者的鼓噪与扶持下，1943—1945年间"新进"作家的长篇小说似乎给华北沦陷区的出版界带来了一丝"振兴"的味道,也给华北文坛增添了些许"亮色",但这显然是回光返照。随着日本的彻底投降,这些依附在日伪统治集团下的"新进"作家们,自然失去了继续从事创作和出版的机会,他们的创作实践也因之定格在这一特定的历史区间。

二、"新进"的意味

据笔者统计,若以彼时长篇小说征文字数(10万字)为限,1939—1945年间,华北沦陷区共发表或出版"新进"作家的长篇小说15部。这些作品主要表现了以下几方面的内容:

第一,赤裸裸地美化日本侵略者的丑恶行径,公然为所谓的"大东亚共荣圈"涂脂抹粉。

田琅的《大地的波动》是《华文大阪每日》第一次长篇小说征文正选之作。小说写16岁的健生告别恋人翠娥奔赴前线抗日,负伤后死在一个小镇里。翠娥与老祖母逃难,过着行乞讨饭的困苦生活。健生的父亲王纲趁日军入城之际,谋得维持会长的职务,但因侵吞公款及儿子从军等原因被革去职务。他曾为此拜访日军及当局县长,希望能官复原职,但未能成功。妻子得知儿子健生死讯后变疯,被王纲监禁在暗室中。王纲的弟弟王纪穷困潦倒,靠收废品为生。一天,王纪开门时发现门上靠着一具被暗杀的死尸,惊慌失措之后逃离了家乡。其妻陈香为生活所迫,不得已与流氓周大荣一起生活,忍受他的虐待。王纪逃到北方后,历经困苦,后当了水手。半年后他回到家里,却得知妻儿早已出走,他再次离开了家乡。

乍一看,小说的故事好像并无大碍,其实作者完全是站在日本军国主义的立场上为其侵略中国而涂脂抹粉的,作品的主旨就是宣扬"中日提携""东亚共荣",合作则兴,抵抗则死,留守则保全性命,逃难则家破人亡。因此,小说写与日本合作的留学生升为县长,参加抗日的青年健生负伤死在缺医少药的小镇里,逃难的翠娥、陈香、王纪等挣扎在死亡线上,抗战区百姓的生活则苦不堪言。为表现这一思想,作者在小说中露骨的描写比比皆是。例如,小说写当日军队进城时,王纲带领一些绅士见日本大佐,感谢日军进城保护良民,维持治台,发誓要本着中日亲善、共存共荣的理想,振兴东亚,互相提携,以建设新中国。他还给他老婆玉英讲,此次日本在中国的军事行动,完全是为了防共和打倒共产党傀儡的抗日政权而举的正义之兵,并不是以一般中国民众为敌对,中国民众应予以支持,同心协力,共同为建设东亚而奋勉,并对日本大佐佩服得五体投地。王纲还以治安维持会长的身份在县民众教育馆召开的民众大会上做《中日提携与新中国之诞生》的发言。一派无耻谰言!一副丑恶嘴脸!

《新生》也是一部彻头彻尾的汉奸小说。作品写大学生俞经和茵这对恋人还有一年就大学毕业时因七七事变而被迫中断学业,俞经回了家,茵去了南京。俞经的父亲是当地有名的绅士。家徒四壁的李吉因心眼直而被人称傻李,一直未能娶亲。不久,日本人建立了维持会,俞老先生在侄子周学仁的鼓动下挂名当了维持会长和警察局长。由于周学仁爱恋俞经的妹妹俞绮,而俞绮和老先生都不同意,周学仁便告老先生"通匪",俞绮只好被哥哥带着躲进了傻李家。岂料,第二天夜里军队来到俞家带走了父子俩,第三天夜里又传来枪声时,傻李慌忙带着俞绮外逃,但跑了没几步就被击中倒地。正当他们绝望时,却发现来的是长工老吴和哥哥带来的剿匪联队,一家人重又团圆。随后,周学仁被判十年徒刑,傻李也养好了伤。经过这件事后,俞老先生忏悔自己看错了人,遂同意将俞绮嫁给傻李。而俞经也接到了茵的来信,说国民政府还都了南京,她也加入了"和平运动",鼓动俞经也来参加。俞经接信后倍感鼓舞,决心明天就赴南京共同"和平、奋斗、救中国"。

可见,这是一部十足的胡编乱造的反动作品,也是一部杜撰的充满奴颜媚骨的说教小说。且不说其中充满着虚假的、荒唐的情节,仅说作品的立意及结尾公然喊出的汉奸汪精卫的卖国口号,就是典型的"汉奸文学",虽然小说局部上有一定的艺术性,但这丝毫不能掩盖这部小说为配合汪伪政权的"和平运动"并服务于其政治纲领的艺术指向,丝毫不能掩盖作者为迎合日伪集团而歌颂日本奴役下的"新中国""新秩序"的丑恶嘴脸,丝毫不能掩盖作者丧失民族大义而出卖灵魂鼓吹"和平建国"的汉奸本质,将其钉在历史的耻辱柱上毫不过分。

其他像如水的《海滨的忧郁》,美化日本侵略者丑恶行径的意图也相当明显。

第二,以相对遮掩或较为隐蔽的写作姿态传递出亲日或反英美的旨向。

与前一类作品明目张胆地为日伪统治者歌功颂德不同,这类作品虽写得较为隐蔽,但其亲日反美的立场与主旨依然凸显其中。《生之回归线》写主人公朱永强不甘现状、怀揣憧憬来到城市,但由于先天不足,虽勉力劳作、苦力挣扎,仍不能从根本上改变自己身处底层的痛苦与现状、被侮辱与被损害的现实,更不能改变社会的黑暗与不平,虽然心怀一颗不平与奋斗的心,虽然终于遇到了领路人,重新找回了自己,但现实的污浊与人世的炎凉、时代的颓废与社会的黑暗,还是彻底击碎了他的城市黄金梦,他不得不做出了暂时离开城市而重返家园的选择。

那么,朱永强为什么回乡呢?我们看小说第七章朱永强父亲来时与他的一段对话:

永强关心自己的家乡,问父亲:
"家里可平静?"
"太平静了,现在咱家可比以前胜强了百倍,那真可说是太平岁月,收成好,粮米又卖的上价。"
"土匪呢?"
"土匪?连个影子也没有啊!自从××队管辖了地面,土匪谁还敢来?"
"只要日子安宁就……"
"太安宁了。"老人脸上浮满了欣喜:"现在,咱那村子,要是跑了一匹小驴,都没有人敢领。"

"没想到这年头竟这么太平。"

这算什么呢？将日伪统治下的家乡的光景称为"太平岁月",而且是前所未有的"匪患"全无的太平岁月,这不也是替所谓的"大东亚共荣圈"涂脂抹粉吗？这不也是汉奸逻辑和奴化思想吗？正是这一错误的指导思想,使作者将一部展示农村有为青年不甘贫穷、几经风雨、几经奋斗,最终初步实现人生理想的励志小说,写成了一部虽局部有着一定的生活气息但却有违生活哲学且支点严重迷乱的"危险品"。作者将从起点到起点的这一重返乡村的人生之路喻之为"生之回归线",并对此表示由衷的赞美,遵奉并呼应了汉奸文学理论的创作方针与创作要求,暴露出日伪统治下奴性思想对作者的侵蚀与浸淫,暴露出作者思想的贫乏与反动、荒谬与悲哀。

袁犀的《贝壳》也是如此。表面看来,这是一部以大学生恋爱与婚姻为题材讨论什么是爱情以及女人的位置是什么的长篇小说,也是作者表达爱情观、婚姻观的一部感伤小说。实际上,作者借思考什么是爱情这一人生命题,"暗示了自由主义的欧美思想之毒害,对于个人主义的恋爱观,作了最严的批判"①,而它所透露的反英美的倾向,正暗合了"大东亚文学奖"的宗旨。你看,女主人公李玫受所谓的欧美思想的毒害,信奉个人主义的恋爱观,其结果是道德沦丧,婚前婚后均与他人发生不正当关系,欲做贤妻良母而不得;李玫的妹妹李瑛之所以没有上当受骗,就在于看穿了白澍裹在诗人外衣下的奸诈行径;而白澍、吕桐的所谓个人主义恋爱观,其实就是游戏人生、张扬欲望的市侩哲学,其结局不是被人识破就是被捕入狱。由此证明,西方个人主义思潮影响下的道德观与价值观是一个混乱而错位的观念体系,是造成青年男女特别是青年大学生人生不幸、精神痛苦的主要原因。小说中有这样一个

---

① 《贝壳》的广告,见 1944 年 1 月《文学集刊》第 2 辑。

典型情节——当李玫的丈夫赵学文将印有吕桐被捕的报纸递给李玫看时,说:"教育收到了相反的效果,知识补助了犯罪,一个大学毕业生是制毒机关的首领,从他的住所,说是还搜出了原文的杜威博士的论文集呢……"而报上刊载的吕桐被捕的标题竟然是:"大学教育的成果　麻醉药之密输犯　制毒机关之首领——吕桐"。这就令人匪夷所思了。且不说将犯罪的原因归结为"大学教育的成果"是如何不值一驳,仅说从吕桐住所搜出"原文的杜威博士的论文集"就何等不伦不类! 实在难以想象,作为哲学家、教育学家与心理学家杜威的原版博士论文集与需要用化学原理制毒品的吕桐有着怎样的必然关联! 唯一或可解释的便是欧美思想的侵蚀使一个有为的受过高等教育的青年走上了犯罪的道路,杜威就是他们的"罪魁祸首",而这本原版的论文集则是其走上犯罪道路的"铁证"。这是何等荒谬绝伦的逻辑啊! 但这不正迎合了日本军国主义反英美思想以构建"大东亚共荣圈"的文化闹剧吗?! 特别是1943年8月,当袁犀以华北作家协会满日文学视察团成员的身份赴日本参加第二次大东亚文学者大会,以郝庆松的身份撰写《到日本去》的感言并欣然领取"大东亚文学奖"时,谁又能说,此时的郝庆松不是以踌躇满志、意气风发的"好轻松"的心情登上领奖台的呢?!

第三,反映了一定的现实生活,表现了底层社会人们的不幸遭遇。

为装点门面,《国民杂志》在进行长篇小说大征文时,将"描写中国民众的真实生活"作为征文的重要元素,这自然使得一些"新进"作家纷纷投其所好,张金寿的《路》就因之获奖。小说写许怀民由于家境贫穷,小学毕业后只得放弃继续上学的念头转而到工厂去当学徒。三年后他虽然学满出师,但却一直无法认同底层(师兄弟们)本真却粗俗不堪的生活方式和行为准则,因而也无法真正融入他们的生活圈。几年来,许怀民虽然默默地承受生活的重压,但内心的倔强以及通过读书改变命运的念头却从来没有停止过,他要好的朋友也劝他努力改变自身命运,但怀民念及年迈的父母以及自己身为长子的重任,不得不在枯燥与烦闷中煎熬挣扎。卢沟桥事变后,许怀民失业在家,这使他有时间认真思考自己的命运与未来的选择。迫于生计,他写信向他最要好的朋友义群借钱,却遭到了拒绝。他的那些师兄弟们也一个累得吐血而死,另一个已开始吐血。看到这种惨状,怀民彻底地清醒了过来。虽然他的师傅为他在铁路上重新找了一份工作,但他毅然决定辞掉这份工作外出学习。他知道这几年来他就是耽误在延宕之下,由延宕而产生依赖心理,由依赖而陷入困境。现在他终于明白:路只有靠自己去走,虽然这条路能不能奔向光明尚不得而知,但至少这条路是自己选择的道路,命运掌握在自己手中。小说通过对许怀民由屈从命运到为命运抗争的心路历程的描写,再次印证了一个平凡、朴素却耐人寻味的道理:靠天,靠人,不如靠自己! 小说的基调有些沉重,但这沉重却正是契合于那个悲惨岁月的时代氛围。《生之回归线》也是如此,虽然主旨媚骨,但作者对吃人社会淋漓尽致的揭示与对人性丑恶的鞭挞,以及对生活中不乏美好人情的讴歌,都使这部作品成为反映一个特定时代的具有局部真实性的一份现实记录而令人回想,特别是曾有着同样经历的底层工友们,当他们读到作者以慈善会杂役、饭馆小工、图书馆杂务、旅馆仆役的身份遭受屈辱时,不禁感触于心,共鸣于怀——张金寿就因有着一段相似的经历而深深爱好着,并投出了自己赞成的一票。①

如果说《生之回归线》与《路》反映了底层小工的不幸生活,那么,《蓉蓉》与《影》就反映了底层妇女的不堪遭际。爱好虚荣的山村少女蓉蓉一心向往城市生活,但命运不济,与村里教师吴柏生约会时失身,不久吴柏生因战乱学校停办而离开,蓉蓉的母亲也因生产得产褥病而死去,父亲又被占领寺庙的兵开枪打死。无奈之下,蓉蓉抱着"自己的梦自己做"的想法坐恶绅赵连芳的车去城里找吴柏生,不料却被赵卖到二百里外的一个妓馆,虽被大房产主黄魁赎出做妾,但又不满于年过半百的黄魁不能给她带来生理上的满足,又与绸店年轻的伙计小王私通,但王伙计很快因携款潜逃而被捕,她也因之受牵连入狱。出狱后蓉蓉

---

① 张金寿:《选后》,载《国民杂志》1943 年第 1 期。

重入妓院,更名凤仙。一天,因长期吸毒而身体衰败不堪的蓉蓉与吴柏生在妓院重逢,道来原委后,蓉蓉拒绝了柏生赎身重归旧好的想法,在遭受一位嫖客的粗暴蹂躏后死去。这是一个纯真但又爱慕虚荣的农村少女不甘心生活的平庸,向自己命运挑战、抗争却最终毁灭的悲剧故事,是千千万万个底层妇女不幸遭遇的一个代表。作者以同情的笔调书写了身处偏僻山村、时逢兵荒马乱的一个无助女子的富贵梦的破灭之路,将"一个历史的必然要求和这个要求实际上不可能实现之间的悲剧性冲突"揭示得生动而清晰。从蓉蓉自求、自沉、自毁、自灭的短暂人生中,我们看到了提高妇女自身素质的迫切愿望,看到了时代的动荡给山村妇女带来的冲击与影响,看到了中国广大妇女特别是农村妇女解放道路的漫长与艰辛。

与《蓉蓉》异曲同工的是赵荫棠的《影》。小说写北京的大学教授费村因和妻子不和,遂去妓院散心。其间,他认识了少妇李依兰,觉得她像萧太后,便动了真情,虽然汪太太告诫他依兰有吸食海洛因的嗜好,但费村仍抱着同情与能改造好依兰的愿望与她同居。六年间,费村想方设法都无法戒掉依兰吸食毒品的恶习,依兰也在抽—戒—抽的反复中让费村彻底失望。最后,费村在赔了一笔钱并立下出棺费的字据后,与依兰一刀两断。依兰重操旧业。四年后,依兰在风雪中倒下。表面看来,这是一部表现大学教师狎妓吸毒的作品,实际上是一部揭示底层女子不幸命运的悲曲。小说借依兰不幸的一生表现了底层妇女失去依靠后悲酸痛苦的命运。这些身处底层的女人们都有着不幸的遭遇,却有着一样的归宿,令人心寒,令人悲愤。

反映现实生活与不幸人们的不幸遭遇的还有关永吉的《牛》。只可惜这部以牛象征不屈不挠、辛勤劳作、默默奉献的农人,象征眷恋土地、热爱家乡、回馈自然的大地之子,象征与牛有着同样遭际的以高五爷为代表的田主们的坎坷命运的长篇小说,由于对造成田五爷一家悲苦命运的"狼"——乡村恶霸的揭示并不清晰,对其他人物的性格塑造也缺乏给力的刻画,对矛盾的产生与冲突的结果表现得过于简单而仓促,命运转变也过于随意,虽然其中蕴含着苦涩与疲惫,蕴含着辛酸与悲哀,但总体表现并不到位,使得故事的情节失去了应有的张力。有学者因关永吉曾大力提倡"乡土文学"以及小说的题材特点而视《牛》为华北沦陷区乡土小说的优秀之作①,实在是矮子里面挑将军,由之也可见华北沦陷区长篇小说创作的贫乏与荒芜、平庸与苍白。

第四,反映传统与现代的矛盾与冲突。

这是华北沦陷区长篇小说创作的一个特例。沙里的《土》是这一冲突的典型作品。冯镇因铁路修通后成为卖买粮食的中转站,刘永福看到商机遂与范村长、杨老二合股开了"同合兴"车店。第一年,车店生意很兴隆,于是,刘永福想扩大车店,不料,铁路前移,六十里外的冯东站成为新的转运中心,冯镇的兴旺昙花一现,刘永福的车店被迫倒闭。刘永福不甘心家业败落,也不听从他人的建议去冯东创业,决心就在冯镇种地,依靠土地重置家业。不巧的是,一场大冰雹与随后的连绵阴雨及暴发的洪水使一年的辛苦化为泡影。开春,刘永福再做一搏,不惜典当青苗,但终因劳力短缺,工钱大涨,高利贷盘剥,他被迫再次卖掉自己的土地(包括坟地),还贷作罢。看着滚滚东流的西拉木伦河,他充满困惑,这难道就是靠上地吃饭的人们的命运吗?

这是一部表现现代文明与传统观念之间的矛盾与冲突的小说。现代文明的到来不可遏止地冲击着旧有的思想观念,使那些长期恪守旧传统的老一辈农民尤其感到世事艰辛。土地所给予的一切让他们热恋旧土并遵循老辈们遗留下来的生活方式维持生存,对于工业文明所带来的新事物往往排拒有余而接纳不足,这使他们渐渐被现代文明所遗弃,成为传统观念的悲者。刘永福们的悲剧即是如此。诚然,造成这一悲剧的原因并非单一的观念滞后,天灾同样是夺人精神的致命因素,特别是扼人咽喉的高利贷更是扑杀农人最后希望的致命绞索。

此外,还有表现爱情的小说,如袁犀的《面纱》、沙里的《尘》等,前

---

① 张泉:《抗战时期的华北文学》,贵州教育出版社 2005 年版,第 106 页。

者续写李瑛、金采、徐仪三位女性不同的爱情与生活道路,后者写张若苍、孙骥、李异三位男性不同的生活与爱情结局,虽各具哲理,但逃避现实的写作姿态与淡化时代的殖民意味却殊途同归。

小　　结

由上可知,因征文而起的华北沦陷区的长篇小说创作,自开始就不可避免地打上了殖民主义文化的烙印。从获奖与出版的作品看,日伪统治者借"振兴"之名推行殖民文化的目的昭然若揭,"新进"作家的长篇创作也因此具有了程度不一的殖民文化的意味。即便是那些反映传统与现代的矛盾与冲突的书写,以及反映底层人们不幸生活遭遇的小说,虽然在局部上有一定的真实性,而那些反映底层妇女不堪遭际的小说,作者也试图淡化殖民的因子,但作者的身份及投机性与时代的言说环境使他们采取的与现实或疏离或贴近的写作姿态都无法摆脱殖民文化的浸淫。也正因此,那些所谓的"新进"作家和他们的作品,在之后的历史岁月中大多沉入历史的深处。这是华北沦陷区长篇小说创作的真实写照,也是中国现代文学在 20 世纪 30—40 年代特殊的一页。

四川抗战小说的历史意义与现实启示

艰苦卓绝的抗日战争终于以中国人民的胜利而结束了,其历史意义正如《全国人大常委会关于确定中国人民抗日战争胜利纪念日的决定》所指出的那样:"中国人民抗日战争,是中国人民抵抗日本帝国主义侵略的正义战争,是世界反法西斯战争的重要组成部分,是近代以来中国反抗外敌入侵第一次取得完全胜利的民族解放战争。中国人民抗日战争的胜利,成为中华民族走向振兴的重大转折点,为实现民族独立和人民解放奠定了重要基础,中国人民为世界各国人民夺取反法西斯战争的胜利、争取世界和平的伟大事业作出了巨大贡献和民族牺牲。"[①]在这场伟大的民族解放战争中,四川小说家与全国其他作家一起自觉地担当起为民族求解放、为国家赢尊严、为人民争自由的重任,特别是国民政府迁都重庆后,大量作家汇聚四川,将这种民族凝聚力与爱国主义精神发扬到极致,一大批星光灿烂的作家与名载史册的作品铸成抗战历史图景中一道壮丽斑斓的风景线,如新文学史上一座伟大的丰碑永远矗立,也如中国文学史上耀眼夺目的瑰宝恒久流传。

伟大的抗日战争激发了中国人民强烈的民族自强感,激活了一切有良知的中国作家投笔从戎、抗敌御侮的爱国热情。巴金、老舍、沙汀、艾芜、张恨水、姚雪垠、陈铨、陈瘦竹、吴组缃、严文井、田涛、李辉英、刘盛亚、仇章、徐訏、路翎等等,一大批才华横溢的作家自觉地聚集在抗日

---

① 《全国人大常委会关于确定中国人民抗日战争胜利纪念日的决定》,载《人民日报》2014年2月28日。

的大旗下,从四面八方向四川这一抗战中心地聚集,为中华民族的独立与尊严奉献着他们的热血与才华。无论南下还是西迁,他们都与民族的命运相联结,与国家的前途相维系,无论在哪里,响彻于他们耳边的都是"牺牲已到最后关头!""地无分南北,年无分老幼,皆有守土抗战之责"的时代呼唤;是"假如我们不去打仗,敌人用刺刀,杀死了我们,还要用手指着我们骨头说:'看,这是奴隶!'"等振聋发聩的卫国强音。因此,抗战的鼓点自敲开就没有停止,抗敌的呐喊自张开就直穿云海,他们无需做特别的操练,只需将喉咙轻轻张开就是一首首嘹亮雄壮的抗敌战歌、一支支刺向敌人心脏的钢刀利箭。《火》《寒夜》《火葬》《四世同堂》《在其香居茶馆里》《淘金记》《困兽记》《还乡记》《山野》《故乡》《热血之花》《八十一梦》《巷战之夜》《太平花》《潜山血》《前线的安徽,安徽的前线》《大江东去》《虎贲万岁》《敌国的狂兵》《春暖花开的时候》《狂飙》《春雷》《鸭嘴涝》《一个人的烦恼》《地层》《潮》《松花江上》《复恋的花果》《雾都》《夜雾》《香港间谍战》《风萧萧》《财主底儿女们》等等,就是他们抗战小说的艺术结晶。这其中,巴金的《寒夜》、沙汀的《在其香居茶馆里》《淘金记》、艾芜的《山野》、张恨水的《八十一梦》、老舍的《四世同堂》等,不仅是抗战小说中堪称经典的佳作,也是作家一生创作中精心锻造的精品。无论在中国新文学史,还是四川抗战小说史,甚至中国抗战小说史中,都是一颗颗璀璨的明珠。这些作品或书写前方将士可歌可泣的英雄事迹,或表现中国民众的觉醒与反抗,或揭露日寇屠杀中国人民的血腥暴行,或嗟叹大后方偏僻小镇乡绅梦想发国难财相互欺诈的黑暗现实,或反映逃兵、军属生活的现实困境,或揭示大后方抗战的积弊与腐败奢靡的"另类"生活,或探寻流亡青年苦闷彷徨的心路历程,或写小人物在战争环境下精神上的悲剧性,或刻画盆地困兽的灵魂挣扎,将四川抗战时期的社会现实,真实、形象、客观、生动地展现在读者面前,如同一幅阅尽中国抗战历史而又独具四川抗战特色的文学全景图,镶嵌在中国抗战文学的历史版图中。也就是在四川,在抗战大后方,他们的小说创作走向成熟,走向巅峰,他们的名字也因之永远镌刻在四川抗战小

《寒夜》初版封面

说史中——镌刻在不断走向未来的中国文学史中。

伟大的抗日战争弘扬了中国作家的现实主义精神,高扬了中国作家崇高的使命与责任感。聚焦抗战、聚焦民族、聚焦国运、聚焦人生是时代的主潮,也是抗战作家感时愤世、忧国忧民传统的继承与发扬。国难当头,大敌当前,救亡图存,唯有努力反映现实,写出抗战环境下真实的生活、真实的人生、真实的故事、真实的理想才是时代的需要,才是作家以笔作刀枪的神圣的义务与职责。虽然这种现实主义带有强烈的功利性,但抗战文学就应该"尽量鼓起民众抗战情绪,唤起民族意识,鼓吹民族气节,描叙抗战实况,博得国际同情""鼓励士气民气,坚强抗战精神""文艺工作者不但当描写现实,说明现实,必须要推动现实。所以在抗战中必须描写抗战,说明抗战,更必须在争取抗战的胜利的基础上,以最锋利的笔唤醒,鼓励,训练全国人民向敌人作坚强的反攻"。[①] 因

---

① 郭沫若、老舍等:《抗战以来文艺的展望》,载《自由中国》1938 年 5 月 10 日第 1 卷第 2 期。

此,"差不多论""抗战无关论"等遭到鄙视与批判就不足为奇了。文学的功利性得以强化,文学的服务性得以提升,文学的时代性得以增强,文学的民族性得以光大。这也是由战时文化特性所决定的。随着抗战的持久,人们逐渐冷静下来,从最初的注重文学的宣传功能,到逐渐重视文学的服务功能与审美功能,再至强调文学的审美功能,现实主义在渐变中走向深化。对此,胡风曾这样表述道:"当战争转入了艰苦的阶段的时候,当各种社会层尖锐地经验着民族力量底组成正在急激变动的时候,当战争底要求强力地把内部的改造课题提到了迫切的工作日程上面的时候,在文艺创作上,也就现出了向前进展的迹象。到了这时候,作家底战斗意志已经从跳跃的兴奋的状态转变为深入到生活现实里面的、肉搏的执着的状态,被战争所掀起或揭露的生活形象,已经由引起作家感到惊异的性质转变为要求作家通过强的思想力去深刻分析的性质,而政治课题(当然是战争底发展的内容所要求的正确的政治课题),对于作家已经由兴奋地接受的抽象的观念转变为深入并认识现实生活性格的引导了。作家的精神状态的发展也就适应了战争内容的更进一步的要求。从这里产生了在这两年左右的期间里面的创作上的向前进展的趋势:一方面,作为演绎政治概念的大众化作品底代替,更多地看到了通过大众的新鲜的感觉或真实的情绪去反映生活现实的、短小活泼的文艺形式,另一方面,更多地出现了像长篇小说,含有历史意义的大事件的长篇报告,多幕剧,大的抒情诗和叙事诗等构成性的创作努力。"①的确,这一点对于四川抗战小说创作特别是长篇小说创作而言,表现得尤为明显。抗战初期,由于体裁的因素,长篇小说显然慢半拍起动,与轰轰烈烈的诗歌、戏剧及报告文学相比,沉寂而孤单,以至于有人认为,"在中国这急转直下的伟大时代,我们看不到鸿篇巨著是不足怪的"②。进入抗战中后期,长篇小说有了长足的进步,《春雷》《狂

---

① 胡风:《民族战争与新文艺传统》,见《胡风全集》第二卷,湖北人民出版社1999年版,第648页。
② 北鸥的发言见《抗战以来文艺的展望》,载《自由中国》1938年第1卷第2期。

飙》《鸭嘴涝》《八十一梦》等作品开始显出长篇创作的成色,小说的主题虽然直指抗战,但艺术的驾驭力显然提升了许多。抗战后期特别是抗战胜利后,历史的积淀为长篇小说的繁荣创造了条件,以抗战为表现内容的长篇小说大量涌现,长篇小说的审美性得以全面提升,《淘金记》《寒夜》《山野》《四世同堂》等一批作品,不仅成为抗战小说的代表之作,也成为 20 世纪 40 年代中国小说创作的扛鼎之作。它们不仅是新文学长篇小说艺术成熟的重要标志,也是新文学现实主义成熟的重要标志。

伟大的抗日战争激发了作家们新的创作热情,架设了他们成功通向彼岸的新桥梁。抗战爆发前,老舍、巴金、张恨水、沙汀、艾芜、陈铨、吴组缃、姚雪垠、严文井等,可谓是知名作家,多年的创作实践使他们形成了自己独特的创作风格,《骆驼祥子》《月牙儿》《灭亡》《家》《啼笑因缘》《南行记》《天问》《一千八百担》《南南和胡子伯伯》等就是他们的创作名片。来到四川后,他们在时代的感召下,毫不犹豫地舍弃了多年形成的创作个性,毅然转向抗战题材的小说创作。沙汀就说:"抗战引起我一种冒险的打算,我以为我应该暂时放下我的专业,不再斤斤计较一定的文学形式,而及时来反映种种震撼人心的战争。我认为这是一个文艺工作者的责任,而是情绪方面更是一桩不能自已的事。"①于是,老舍写下了宣传爱国热情的《蜕》和告诫人们若在战争中敷衍与怯懦就是自取灭亡的《火葬》;巴金奉献了鼓舞年轻人勇气、坚定其信仰的"抗战三部曲"《火》;张恨水新作《八十一梦》《魍魉魑魅》《虎贲万岁》等,既揭露了国统区黑暗、腐败的现实,也歌颂了前方将士英勇杀敌的事迹,使他成为"鸳鸯蝴蝶派"中最具现代品格的小说家;艾芜将他的视野转向活跃在敌后游击战的"山野";陈铨将他的哲学思想上从叔本华转向尼采,《狂飙》遂成为"战国策派"理论的形象图解;吴组缃不再描写皖南农村宗法社会的崩溃图景与人性的复杂性,而是以唤醒家乡人民觉醒

---

① 沙汀:《这三年来我的创作活动》,载《抗战文艺》1941 年第 1 期。

抗战为己任,长篇小说《鸭嘴涝》应运而生;还有姚雪垠,他响应"大众化"的文艺方针,以新的叙述方式写出了召唤青年们更勇敢地投身民族革命的洪流的《春暖花开的时候》;转向更大的是严文井,他一改童话小说家的面孔,以长篇小说的样式发掘了战时青年人苦闷的心灵;如此等等。这些作品虽然难免有转型初期的些许遗憾,却显示了这一历史阶段抗战文学的创作实绩,也为他们的新拓积累了经验。也正是从这里,他们找到了转型的新基点,踏上了不断高攀的新阶梯,成为成功到达彼岸的抗战小说家。尤其是老舍的转型与成功,更具有划时代的伟大意义。

  伟大的抗日战争使作家塑造了一批栩栩如生同时又富有时代感与抗战色彩的典型形象,特别是由于四川地处内陆盆地的地缘文化与大后方文化特性,作家所刻画的觉醒者、钻营者、折翼者的形象,不仅丰富了抗战人物的艺术画廊,也成为四川抗战小说人物群像中的标志性形象。长达十四年的抗日战争,涌现了无数可歌可泣的英雄人物,作家也塑造了如八百勇士(《八百勇士》)、余程万(《虎贲将军》)、柳剑鸣(《第二年代》)等众多脍炙人口的英雄形象。不过,就形象的典型性而言,觉醒者、钻营者、折翼者无疑是四川抗战小说中塑造得最为成功的艺术形象。觉醒者如章三官(《鸭嘴涝》)、牛德全(《牛德全与红萝卜》、魏福清(《苹果山》)、祁瑞宣(《四世同堂》)等;钻营者如邢么吵吵(《在其香居茶馆里》)、白酱丹、彭胖(《淘金记》)、黎将军、罗子亮(《雾都》),徐松一(《故乡》)等;折翼者如田畴、吴楣(《困兽记》),刘明(《一个人的烦恼》),汪文宣、曾树生(《寒夜》),胡珈航、山鹰(《潮》)、余峻廷(《故乡》)等。这三大独具特色的人物群像使四川抗战小说因之与沦陷区抗战文学、孤岛抗战文学及解放区抗战文学卓然有别。

  伟大的抗日战争使四川抗战小说呈现出崇高与悲壮相交、冷峻与凝重相织的时代风格。由于中日两国军力相差悬殊,加之日军装备齐整,训练有素,战斗力远在中国之上,所以中国军队与日本军队的战斗一直打得十分惨烈,伤亡人数也居高不下,虽然在太平洋战争爆发后,中国得到了美英等国的军事援助,装备有所改善,但伤亡比例仍然高于日本,真可谓"一寸山河一寸血"。巴金的《火》援引《大美晚报》一个外国教士的前线见闻,将中国军人以血肉之躯阻挡敌人进攻的惨烈场景如实地再现了出来。阿垅的《南京》、张恨水的《虎贲万岁》、田涛的《子午线》等也都客观再现了战斗的惨烈场面。因此,以现实主义精神再现中国军人壮怀激烈、浴血奋战的抗战小说,自然就呈现出崇高与悲壮的文学风格。又由于中国长期处于封建落后的经济体制下,国民素质低下,国民政府虽然统一了全国,但时间毕竟短暂,加之军阀混战,旧有的积习与弊端没有得到根本的改变,一些有违于抗战建国的恶习也借机滋长起来,一些地方政府与基层官僚甚至大发国难财。这一切都使得四川这一相对安稳但却积弊丛生的大后方与前方将士前仆后继、生命相守的战区形成鲜明对比,也让怀揣抗战救国、复兴中华美梦但又愤世嫉俗的青年知识分子失望不已、痛恨不已。于是,揭露国统区大后方以假抗战之名行一己之利的腐败行为,就成为抗战小说的重要一翼。《在其香居茶馆里》《防空——在"堪察加"的一角》《淘金记》《雾都》等,就是这类讽刺小说的代表。作家们敏锐的艺术穿透力,使小说的讽刺艺术少了几分热情,多了几分冷峻。同时,一些流亡知识青年离开家园,奔赴前线,就是为了抗敌卫国,但复杂的现实环境让人生阅历尚浅的年轻人时时碰壁,难以遂愿,这也令他们焦灼不已、纠结不已;另一些滞居后方的留守青年,不甘心青春虚度,意欲冲破死水般的泥潭,却因各种因素无力迈开坚实的步伐而败下阵来。凡此种种,表达青年男女壮志难酬的复杂心绪,也成为大后方抗战小说另一重要的一翼。《潮》《一个人的烦恼》《寒夜》《困兽记》等,就是这类心迹小说的代表。锐利的观察与冷静的思考,使作品的意蕴显得冷峻、显得凝重。这也是四川抗战小说颇有亮色的一抹。

总之,抗战催生与滋育了四川抗战小说史上最光辉、最灿烂、最生机勃勃、最活力四射的小说家创作群,巴金、老舍、沙汀、艾芜、张恨水、姚雪垠、陈铨、吴组缃、严文井等等一大批星光闪耀的巨星,以他们与时代同呼吸、与祖国同命运、与民族同脉搏的崇高情怀,为四川抗战文学创造了属于他们一生也属于中国抗战文学未来的辉煌。现实主义精神的高扬,使他们摒弃了空幻的、脱离四川抗战实际的创作取向,将服务于抗战、服务于人民、服务于民族的战斗的文学理想铭怀于心,自觉地转向并践行抗战文学的时代诉求,以中国作风与中国气派的创作风貌,创作出既属于四川抗战小说也属于中国抗战小说的时代精品,塑造了一批栩栩如生同时又富有时代感与四川抗战色彩的典型形象,特别是大后方觉醒者、钻营者、折翼者的形象,是四川抗战小说的独特贡献,它不仅预示了中国的未来,也预示出现代中国迈向民族觉醒与解放的道路征程漫漫,任重而道远。四川抗战文学所树立的时代性、功利性、人民性、民族性的文学风尚,所形成的崇高与悲壮相交、冷峻与凝重相织的时代风格,也将作为抗战文学的风骨与中国作家天然承传的文学品格生生不息,代代相传。虽然与世界战争小说相比,四川抗战小说的主题还显得较为功利,对战争的反思与人性深度的刻画还不那么透彻,风格也较为单纯,要与世界战争小说比肩并立还有很长的一段路要走,但就特定的历史阶段而言,四川抗战小说为时代,为历史交出了一份厚重的答卷,是我们怀念不已、享受不尽的宝贵遗产,其光辉的艺术成就同时也昭示世人:文学永远是时代的晴雨表,与时代同脉,与祖国共呼吸,与民族同命运,植根于生活,表达民族的心声、人民的意志、人性的质点是文学永远的诉求,也是文学具有永恒生命力的动力源泉。

这就是四川抗战小说的历史意义与现实启示。

文学阐释的疆域与文本接受的向度
——由《强制阐释论》引发的关于现代长篇小说接受研究的几点思考

文学阐释是否应恪守文学的疆域,遵循文学本体的法则,许久以来似乎是一个无须辩驳的问题。但随着 20 世纪西方现代文论的强势涌入,特别是近几十年来经学院派的传承与实践,运用精神分析理论、符号学、现象学、知识考古学、接受理论、结构主义、俄国形式主义、存在主义、女权主义、后现代主义等西方文史哲学观念阐释文学,已成为许多学人刷新存在感的自觉追求。不仅如此,自然科学中的一些范畴如控制论、概率论、统计学等也被嫁接过来,生成文学研究的新范式,文学阐释也由之前单一的批评样式扩展为多样的、跨专业的、融交叉学科为一体的多元共生的批评格局。这无疑极大地拓展了文学研究的新疆域,丰富了人们的认知结构,当然,也带来了另一个令人焦虑的问题,即文学本体研究的弱化与文学阐释的无边化,特别是当一些学人越来越热衷于简单地"拿来"西方现代文论并生吞活剥、生搬硬套时,这种因过度阐释而偏离文学本体甚至跨越文本所应有的接受向度以致以讹传讹、恶性循环的现象更令人忧虑。有学者将之总结为"强制阐释论",并将这一特点概括为场外征用、主观预设、非逻辑证明和混乱的认识路径四种模式。[①] 应该说,这一批评确实抓住了当今文学阐释的一些乱象,一针见血地指出了一些批评者脱离文本实际所滋患的教条化、僵化的症

---

① 张江:《强制阐释论》,载《文学评论》2014 年第 6 期。

候,对我们构建契合文学实践的新理论体系以回归文学本体批评,防止错位阐释、过度阐释有十分重要的警醒作用。但是,这也由之引发了人们的另一番思索:文学阐释是否具有恒定的疆域?文学接受是否存在既定的向度?世上是否存在一把包开万种的阐释文学的万能钥匙?答案显然是不言而喻的。

因为人的创造力决定着文学疆域的不断拓展,决定着接受视阈的不断拓新,这是人类文学创造力的自然体现,也是文学接受不断发展的历史必然。阐释者就如同一个科学的探路人,对于一切新生事物或未知的事物都充满着好奇。当一种新的方法有可能打通文学的疆域进而衍生新的阐释向度时,他会毫不迟疑地闯入新的领地,用自己的智慧开启文学阐释的另一扇门。虽然这种急切地闯入或许会因鲁莽而显得缺乏周密性,甚至有可能破坏原有的结构,但它毕竟打开了文学世界的另一扇门,激活了文学应有的、开放的、自在的、但又锐新的序列,为文学的血液注入了新的活力。"闯不闯"是一回事,"对不对"是另一回事,只有永葆锐意进取的心态,才能不断地打开文学阐释的新疆域、拓新文学接受的新向度,文学的生命才能活力四射,历久弥新,文学的研究也才能推陈出新,生机盎然。也正因此,笔者认为,《强制阐释论》一文虽指出了问题的实质,但过于强调"强制阐释"的偏离性而轻视"强制阐释"的拓新性(虽然文中作者对此也有矛盾),忽视文学疆域的打开与接受向度的新拓所带来的积极意义,是值得商榷的。因笔者主要从事中国现代长篇小说的研究工作,故想从现代长篇小说阐释疆域的打开与接受向度的新拓对现代长篇小说传播接受的意义与影响的角度就教于张江教授,又因限于篇幅,仅讨论"场外征用"与现代长篇小说接受的新向度问题。不当之处,敬请张江教授批评指正。

一

"场外征用"依张江教授的理解是指"广泛征用文学领域之外的其

他学科理论,将之强制移植文论场内,抹煞文学理论及批评的本体特征,导引文论偏离文学。"①乍一看,这一界定很有道理,但琢磨后就会发现,"场外征用""抹煞文学理论及批评的本体特征,导引文论偏离文学"只是一种可能性,另外的可能性或许是给文学阐释带来新的路径,带来新的启迪,甚至在一些具体问题上刷新我们的认知。因此,笔者认为,"场外征用"不宜简单地判定为一种走向,就其效果而言,其利大于弊,其得大于失,值得我们认真研讨。

我们的讨论不妨先从柳青的《种谷记》和欧阳山的《高乾大》的阐释与接受说起。

《种谷记》和《高乾大》是延安文艺座谈会召开后解放区长篇小说创作的首批成果,于1947年出版后受到了解放区文艺界的普遍欢迎。如雪苇就认为,《种谷记》"以体验的深刻与技巧的优越突破了从文学来表现革命的农民及其生活和斗争的作品的一般水平,给《在延安文艺座谈会上的讲话》立下了一座实践的丰碑"②。赵树理也认为,《高乾大》"是一本反主观主义和官僚主义的小说"③。按理说,这样一部实践《讲话》的开创性作品应该在之后的文学史中被迅速纳入文学的"方向"中并予以肯定或被"经典化"。1949年5月出版的"中国人民文艺丛书"已将这两部作品收录其中,可见已初步迈入了"经典化"的门槛。然而,令人意外的是,之后小说不仅没有"经典化",反而在当时的文学语境中被迅速边缘化,即便是在20世纪50年代初期革命文学经典化进程中的文学接受和文学史叙述里,这部从未因政治倾向问题受到批判的作品也未引起真正的重视。诚然,小说在艺术上略有瑕疵,如《种谷记》读来有些拖沓,结构也有些松散,主题给人以含混之感;《高乾大》中段情节急转,主次情节稍显混乱,影响了小说的整体性。但为什么会出现这样

---

① 张江:《强制阐释论》,载《文学评论》2014年第6期。
② 雪苇:《读〈种谷记〉》,见雪苇著《论文学的工农兵方向》,光华书店1948年版,第158页。
③ 赵树理:《介绍一本好小说——〈高乾大〉》,载《人民日报》1948年10月7日。

的瑕疵？它们被迅速边缘化是否与之有关呢？对于这个问题，学术界至今未能给出令人满意的回答。笔者由之想到，既然《种谷记》和《高乾大》都是以陕甘宁边区经济建设为题材的长篇小说，那么，我们"征用"经济学的理论去审视这两部作品，也即是当我们以边区经济建设中的"经济逻辑"探寻文本时，会不会有新的发现呢？

我们知道，现代经济学的构建以私有产权、市场和资源稀缺性为前提，在经济主体做出决策上有四条原理：权衡取舍的必然存在、成本意识、边际变量的考虑和对激励的反应。① 基于以上四条原理，我们将参与经济的主体依据经济学基本原理进行决策追求预期效用最大化的思维方式称为"经济逻辑"。

《种谷记》和《高乾大》所表现的正是边区经济建设中如何利用经济原理实现利益最大化的故事。《种谷记》写王家沟农会主任王加扶欲响应上级的号召动员全村农民以变工队的形式集体种谷，村主任王克俭却并不积极，富家王国雄也从中挑拨，变工互助工作无法进行（王克俭还同其他八户人家自己种了谷）。看到集体种谷的计划无法实现，王加扶将这一情况通报给上级并在区长的支持下撤换了王克俭的职务，与其他积极分子一起实现了集体种谷的愿望。《高乾大》写任家沟合作社主任任常有不为民办事，群众意见很大。副主任高生亮有感于村里没有医生造成孩子夭折，主张成立医疗合作社，受到群众欢迎。由于高生亮为民着想，办实事，合作社办得十分兴旺，并利用积累的资金办起了纺织厂、信用社、运输队。而郝四儿为乡长弟媳"赶鬼"时治死人命，嫁祸于合作社被高生亮训斥，便对高生亮怀恨在心，不断地制造事端，挑拨是非，装神弄鬼，直到装鬼的郝四儿摔死，闹鬼的事才真相大白。之后，合作社分了红，区领导也肯定了高生亮正确的方向，高生亮被选为总社主任，成为陕甘宁边区的劳动英雄。表面看来，两部小说都在写边区经济建设中如何组织好农民建好合作社的问题，但实际上所表现

---

① N. 曼昆：《经济学原理·微观经济学分册》，北京大学出版社2009年版，第3页。

的"方向"却大不相同:《种谷记》认可的是源于上级行政手段的"集体种谷",故以对上级行政命令的执行与否作为人物命运与故事结局的最终结果;《高乾大》肯定的是源于农民实际利益最大化的"经济逻辑",故以农民现实利益的受益度作为衡量的标准并予以认同。这其中虽有政治的取向,但显然是两个不同的"方向"。

同样的"命题"创作,为什么会有不同的"方向"呢?原来,《高乾大》写作的时期恰是边区政府放弃包办代替,允许民办公助并将经营权放回民间、尊重市场规律的时期,而《种谷记》则是政府包办,以"突击运动"的方式组织农民进行生产经营的时期。指导方针不同,创作的旨向自然不同。但"经济逻辑"终究是关于"主体"进行决策的逻辑,追求的是经济主体自身利益,当自身利益与整体利益发生矛盾时,如何取舍自然摆在了每个利益者面前。为解决边区政府的经济困难,也为了谋求利益的最大化,边区政府自然鼓励农民发家致富与边区政府扩大税源的利益相一致的个人诉求,相应的政策也会得到积极的贯彻落实。但如果农民发家致富的愿望与边区政府的举措并不一致,农民不能从中得到实惠反而需负重时,农民就会采取不同的方式予以抵触,甚至消极对抗。

在《种谷记》与《高乾大》中,我们也正好看到了这样的情形:农会主任王加扶行动积极,村主任王克俭却消极抵触。对此,小说还特意写到了王克俭的顾虑:"狗为了一块骨头互相咬得皮破血流,满嘴是毛;两个牲口拴在一个槽上,互相踢得神嚎鬼哭;鸡啄到一条毛毛虫,连忙夹在嘴里跑开鸡群独吞了;人比它们更会耍心眼。他认为工作人员之所以不顾一切地发展变工,那是为了朝他们的上级显功……减租算账说是为了日子过不了,扑在前边还有理由,这变工又是为了什么呢?"王克俭没有从中看到自己应得的实际利益。高生亮也在反驳任常有时说:"我的好神神!咱们凭良心说,合作社办了五年,给过全体人民什么利益?人家正是问咱们要利益嘛!——咱们光会口说,实地上什么利益也没给别人拿出来!"只有让老百姓得到实际的利益,合作社才能办下去,也才能办好。所以,当区里强行征收股金时,他底气充足地说:"政府有困难,老百姓又有意见,这件事叫我合作社给咱办!这样的事也办不了,合作社还有个球用!只要政府里能够答应迟半年用钱,我合作社把公债都包了。不要政府费事,又不要老百姓出一个钱,将来还能够给老百姓分红利!"农民看重的是实际的利益。

但艺术的呈现也恰恰在这里出现了问题:作为信服《讲话》精神的柳青和欧阳山,既要表现农民响应党的号召组织起来进行生产的必要性,又要以现实主义的眼光如实摹写这一产生方式对农民实际利益的影响与冲击;既要表现党的政策给农村合作社带来的新变,又要真实地反映自主性的经营模式给农民带来的实惠和积极性。于是,文学的政治功利原则与现实主义的精神间就产生了无法顾全的矛盾。也由此,我们看到了这样的现象:一方面,柳青理性地刻画出"引路人"王加扶的带头作用,另一方面又客观地描写出"蜕化者"王克俭的退坡思绪;一方面极力支持,大力倡导党的引路意义,另一方面又十分理解、暗自同情自耕农的自主行为。写"引"源自党的方针政策,源自作家的党员身份;写"蜕"源自经济逻辑,源自作家的农民出身。党员作家的身份使他撤换王克俭的职务将王加扶推向前台,将现实的可能性转化为历史的必要性;底层农民的身份又使他理解王克俭的现实选择,将历史的必要性转化为现实的复杂性。两种矛盾相互纠结,小说就不是路线斗争的线性展示,而是鲜活的陕北生活气息与日常生活化的诗意书写,虽然王加扶最后取得了胜利,但舒缓而略显拖沓的情节与松散的结构无形中削弱了"引路人"的意义,也使主题变得含混起来。欧阳山亦同样如此。一方面他塑造了支持任常有的区长程浩明,另一方面又着力刻画了赞成高生亮的区委书记赵士杰。一方面他写到了错误的方针政策使任常有的合作社走向了死胡同,本人也酗酒死去;另一方面也写到了新的经济政策使高生亮的合作社兴旺发达,生机勃勃,本人还被树为当地的劳模。所不同的是,欧阳山所表现的是整风运动前农村的经济建设行为,当时延安建设厅提出的是"克服包办代替,实行民办公助",因此他对高干大的刻画就显得较为直截,只需表现出高生亮如何与边区政策相一致,以"经济逻辑"为杠杆走群众路线并且卓有成效就行。但因反巫神是当时一项重要的政治运动又不能不表现,作家就把它与故事的情节串联起来了。又由于败了合作社家底的任常有突然死亡,反巫神运动又不能不交代,于是小说就出现了中段情节急转,主次情节稍显混乱的艺术瑕疵。当文学进入政治一元化时代后,因柳青在表现中国农村现实的可能性转化为历史的必要性时孕生了"不必要"的纠结情绪,而欧阳山所表现的"民办公助"也事过境迁,《种谷记》与《高乾大》的"不合时宜"也就愈发凸显,被边缘化也就在所难免了。这就是《种谷记》和《高乾大》之所以出现艺术瑕疵以及因而被边缘化的缘由。

二

如果说"征用"经济学理论可以释解《种谷记》和《高乾大》之所以出现艺术瑕疵以及因何边缘化的问题,那么,"征用"存在主义理论会有怎样的发现呢?下面,我们再以《围城》为例谈谈存在主义哲学理论对《围城》文学史意义的确立及其意义。

钱锺书的长篇小说《围城》出版于1947年5月,小说一经出版即引起轰动。但由于不久社会形势发生了根本性的转变,钱锺书与他的《围城》也随之噤声,直到1979年夏志清在其《中国现代小说史》中专章称赞钱锺书其人其文并高调断言"《围城》是中国近代文学中最有趣和最用心经营的小说,可能亦是最伟大的一部"[1]后,钱锺书与他的《围城》研究才重新被激活并促成了内地的反冲力,《围城》的接受也从此步入正常。

据笔者探析,自1979年至今,《围城》主要在现实主义视阈、新批评

---

[1] 夏志清:《中国现代小说史》,刘绍铭等译,香港友联出版有限公司1979年版,第380页。

视阈、存在主义视阈、比较文学视阈等四个视阈中显示出接受的学术进展。其中,现实主义视阈虽最先沿用却因接受者先验地以现实主义框架去套验现代主义的文本,从而使接受视阈与文本旨向发生了错位,落入了尴尬的境地;新批评视阈一度因文本中心主义等形式主义方法,契合了转型时代的接受诉求,加之夏志清的冲击效应,彰显出蓬勃的生机;比较文学视阈是探析《围城》世界性因素的重要视阈,接受者以平行研究为重点,将重心放在展示钱锺书与《围城》同世界文学大师及其代表作的精神联结上,意味着两种世界同样的伟大;而存在主义视阈因《围城》的存在主义质素为接受者寻求中国现代文学与世界同步、与时代同脉的文本提供了理想的标本,实现了《围城》接受的历史性跨越。①为什么在四种主要的接受视阈中,只有存在主义视阈实现了《围城》接受的历史性跨越呢?

1947年7月,竞文书局出版《英文新字辞典》,收录 Existentialism 一词,将之解释为:"现代法国文学里的一种哲学。"戴镏龄先生看后觉得不妥,便在《观察》第3卷第4期发表《评英文新字辞典》一文,对该词条的释义进行了匡正。钱锺书看后说:"这不大确切,只能说一派现代哲学,战前在德国流行,战后在法国成风气。我有 Karl Jaspers: Existenzphilosophie(卡尔·雅斯贝尔斯:存在主义哲学)就是1938年印行的,比法国 Sartre. L'Etre et le Nnant.(萨特:生命与虚无)、Camus. Le Mythe de Sisyphe(加缪:西西弗斯神话)要早四五年。近来 Kierkgaard(克尔凯郭尔)、Heidegger(海德格尔)的著作有了英译文,这派哲学在英美似乎也开始流行。本辞典为'存在主义'下的定义也不甚了了。"②这是钱锺书为辞典所写的一个补评,并非是针对戴文提出意见,但这却表明,钱锺书对存在主义哲学的来龙去脉知根知底,也从另一方面证明钱锺书以存在主义思想烛照中国社会的现实状况与人的生存状态,自有其潜在

---

① 陈思广:《〈围城〉接受的四个视阈——1979—2011年的〈围城〉接受研究》,载《新疆大学学报》2013年第6期。
② 钱锺书:《补评英文新字辞典》,载《观察》1947年第3卷第5期。

的哲学基础与思想根基。因此,从存在主义哲学的视阈揭示《围城》的意蕴绝非无根之木、无源之水,而是更接近钱锺书本意的一种"场外征用",一种对《围城》的价值与文学史意义更为切合的有效路径。

的确,表面看来,《围城》通过"对抗战时期古老中国城乡世态世相的描写,包括对内地农村原始、落后、闭塞状况的揭示,对教育界、知识界腐败现象的讽刺"①,同时借留学生方鸿渐的遭遇,从新式知识分子的角度对中国传统文化进行了深刻的反省与批判,为民族的精神危机样态把脉,对人的现代意义进行哲理的思考。实际上,《围城》是以存在主义思想书写人的存在主义主题,即人生处处是困境,永远无法摆脱,生活如此,精神亦如此,无法安妥的存在便是人的存在。这也是《围城》的深层主题。

众所周知,钱锺书在《围城》中关于"围城"的旨意出现在小说中段慎明与苏小姐的一段对话里:"慎明道:'关于 Bertie 结婚离婚的事,我也和他谈过。他引一句英国古话,说结婚仿佛金漆的鸟笼,笼子外面的鸟想住进去,笼内的鸟想飞出来;所以结而离,离而结,没有了局。'苏小姐道:'法国也有这么一句话。不过,不说是鸟笼,说是被围困的城堡 fortresse assiégée,城外的人想冲进去,城里的人想逃出来。'"这是对《围城》主题的形象描述。其实,钱锺书曾借方鸿渐之口点明,城里的人想出来,城外的人想进去这一"围城"现象,不仅指爱情,也指人生。也就是说,人生也罢,婚姻也罢,莫不如是。若我们将这一哲理引申的话,我们就会发现,钱锺书先生其实是在探索人的存在哲学的问题,即人是一个不断探索"我将何为,我将何去,我将何在"的存在物,人生也就是不断探索这一目的的循环往复的过程。再联系其他人物如赵辛楣、孙柔嘉、苏文纨、唐小芙、褚慎明、曹元朗等人的命运,又何尝不是如此呢?因此,《围城》表达的正是"人生充满不确定性,生活充满无目的性,婚姻也与盲目与偶然相关联。因此,生存的危机也随之而来,焦虑与不安、

---

① 温儒敏:《〈围城〉的三层意蕴》,载《中国现代文学研究丛刊》1989 年第 1 期。

悲观与失望、孤独与寂寞、空虚与惆怅等思绪就上升为主导情绪,并迫使人们不得不思考存在的价值与意义。由于人本身的意义与命运的必然性被无意义与偶然性所替代,对过程、结果、手段、目的的探寻就失去了对意义本身的探寻,人生不是一个有希望的联结点,而是一个无意义的虚妄的再生点。这就是《围城》对人的非理性的深入思考,也是对人生处境的荒诞性的哲学思考,即对存在主义哲学的形象诠释与准确表达。"①从这个意义上说,夏志清先生认为:"《围城》是一部探讨人的孤立和彼此无法勾通的小说"②,是很有见地的。也正是作家以存在主义观念审视人生,才能在主体取向上以一种彻底的虚无主义的态度洞察人生,剥夺人们对意义本源的探寻,撕破人们对终极意义的关怀,将尘世间的荒凉、虚无与荒诞直面地坦示于人间,才能以反讽与悖论的写作姿态为人们奉献出一部思考人的存在处境及其荒诞性的经典之作。

由此,当解志熙从存在主义视阈给《围城》重新定位时,人们认为他打开了《围城》接受的新疆域,实现了《围城》接受的历史性跨越。因为"通过对方鸿渐那种消极逃避,怯懦认命的人生态度的严厉的批判,钱锺书在召唤一种不畏虚无的威胁而挺身反抗这虚无以肯定自我存在的勇气,在张扬一种勇敢地承担根本虚无的压力并且明知无胜利希望而仍然自决自为的人生态度。这样钱锺书就由对虚无和荒诞的揭示走向了对虚无和荒诞的反抗。这既是《围城》这部现代经典的主旨之一,也是钱锺书与西方存在主义者在思想上的契合之处"。而且,"无须比较我们也可以看出,钱钟书的《围城》和萨特的《理性的时代》是殊途同归,而与加缪的《局外人》则如出一辙。如果说萨特的《理性的时代》是直接从正面来肯定个人的自由和自为的勇气,并把这种自由和勇气推到极端的话,那么钱钟书的《围城》和加缪的《局外人》则是从反面来启

---

① 陈思广:《中国现代经典长篇小说的审美构成与艺术贡献》,载《河南科技大学学报》(社会科学版)2012 年第 2 期。
② 夏志清:《中国现代小说史》,刘绍铭等译,香港友联出版有限公司 1979 年版,第 385 页。

示人们,当孤独的个人面对虚无的人生和荒诞的存在处境时,有没有一种个体主体性,有没有一种敢于独立自为的勇气,一种不畏虚无而绝望地反抗的勇气,就是生死攸关的事了。而不论是从正面揭示也好,还是从反面暗示也罢,钱钟书、萨特和加缪的出发点与思路在根本上是相通的,而且他们都以独特的创作表现了无畏的勇气,确定了他们各自存在的独特价值"。从这个意义上说,"钱钟书敢于通过《围城》的创作来表达他对人生之虚无与存在之荒诞的认识,这本身就意味着对这虚无和荒诞的蔑视与反抗;而他也由此为20世纪世界文学贡献了一部经典之作,确立了自己的不朽地位"①。我们也据此说,《围城》是中国现代文学史上第一部以现代主义思想出色地传递现代人观念的优秀长篇小说,是中国现代长篇小说与世界意识同步构建的重要标志。而这一观点我也曾多次在教学中谈及。至此,《围城》的主题意义与文学史意义在存在主义哲学的"征用"下得到新的阐发。

当然,我们还可以"征用"叙事学理论、符号学理论等其他理论对现代长篇小说做进一步的探讨,限于篇幅,这里就不再具体展开了。

文学的疆域看似有边似无边,文学的探索看似有度似无度,以探求之心打开未知的视阈,以创造之意开启文学这扇神秘莫测的门,是文学不断焕发生命力的根本动力。在探索的道路上,要鼓励探索,允许先破再立、不破不立。"场外征用"亦是如此。"偏离"是一种可能,但"刷新"同样是另一种可能。或者我们换一个角度思考:"偏离"是否意味着"刷新"呢?只要我们以开放的胸怀面向文学,我们的世界将无比宽广。

---

① 解志熙:《生的执著——存在主义与中国现代文学》,人民文学出版社1999年版,第217—234页。

下编

论《白鹿原》的立意之本与思想内涵

《白鹿原》封面

在将来的文学史上,一定会记住1993年。这一年,《当代》杂志社和人民文学出版社刊载并出版了陕西作家陈忠实的长篇小说《白鹿原》。霎时间,"《白鹿原》热"席卷全国,一度断言文学"失却了轰动效应"的评论家们,也不得不在一年间印行几十万册(盗版则无以计数)的印数面前,重新思索这一久违的现象。有人把它归结为陕西文学界炒作的结果,这一说法既不符合实际,也是"红眼病"的症候(倒是后来"陕军东征"的几部作品有明显的炒作行为和"搭车"嫌疑),更多的人则在思索《白鹿原》这部厚重的作品给人们提供了怎样的美学命题。

一、《白鹿原》的创作动机——从《蓝袍先生》说起

1985年秋,陈忠实创作了中篇小说《蓝袍先生》。按照常例,一部作品一旦完成,关于这部作品的创作情结也随之结束,但是《蓝袍先生》完结后,作家的心绪却久久不能平静,一股按捺不住的关于我们这个民族命运的创作冲动涌上心来,它触发并点燃了作家某些从未触动过的生活库存,使作家进入一种极度亢奋的状态之中。为什么陈忠实竟有这样强烈的创作冲动呢?这要从作品的主人公许慎行说起。

"蓝袍先生"许慎行出身于"耕读世家",为恪守爷爷许敬儒"读耕传家"的家训,遵从父亲"为人师表"的训导,他压抑天性,淡绝欲念,与丑妻相伴,从事神圣而庄重的私塾教育。中华人民共和国成立后,许慎行被送往速成师范学习。在新生活的洪流中,他的迂腐与畸形的行为模式受到了强有力的冲击,他脱下了象征封建堡垒的蓝袍,穿上了象征新时代气息的列宁装,并与敢于反抗封建婚姻制度的田芳在学习与生活中,建立了爱情关系,精神为之大变。在他们抗婚的道路上,田芳不畏家庭的阻挠,彻底挣脱了封建婚姻的束缚,走上了自由道路,而许慎行却在父亲的威逼下败下阵来。打成右派后,许慎行更是灰心丧气,彻底服了命。几十年后,丑妻死去,许慎行一度想再娶,最后却又自断残念。

许慎行是一个横跨两个时代的乡村先生。旧时代他在封建牢笼中生存,新时代他依然为封建观念所摧残。脱去他外在的"蓝袍"容易,脱去他内心的"蓝袍"难上加难。吃人的礼教将许慎行视为无意志的、易扭曲的工具,一个可由他人随意主宰的对象,几十年的"革命"也并未"革"掉真正应该革掉的"命",反而使他变得更加软弱无力,加之"左"的思潮又与封建思想相混杂,于是一个被封建毒汁浸透而全然不察的麻木者,一个一生扮演着悲剧角色的封建礼教的牺牲品的形象,就活脱脱地呈现在人们

面前。

　　令人悲哀的还有田芳的父亲。这位出身贫穷的农民,中华人民共和国成立前因为穷而给女儿订婚,中华人民共和国成立后他还要信守"人而无信,不知其可"的规条,坚决履行婚约。他没有受过什么教育,却死抱着封建的教义不放,将封建杀人的精神屠刀牢牢地握在手中,执迷不悟地"捍卫"着封建奴隶的"尊严"。一幕多么令人可怕的悲剧!陈忠实在这个压抑得几乎令人窒息的悲剧故事中,入木三分地揭示了传统文化负面意识对人性的无情摧残,也使我们更清楚地看到人们挣脱封建思想的束缚获得人的解放还有漫长的道路。

　　实际上,陈忠实的思辨早在《尤代表轶事》中就有所表现。"四清"时,工作组长老安不明底细地依靠东沟"猿人"尤喜明在尤家村开展工作,使尤喜明在"天不灭尤"的狂喊声中,为非作歹。真正的劳动者成为漏划的地主分子,不劳动者成为农村"两极分化"的典型。他分得了补划地主分子尤志茂的两间厦房,他住的窑洞变成了阶级教育展览馆,每天接待前来接受教育的人员。他现身说法,成为专职讲解员,不劳动反而挣满分,他的境遇也得到许多"阶级兄弟"的同情,得到许多捐物,这使他十分自得。他也有苦闷——借机捞个一官半职的愿望还没有实现。几次"立功"的行动并未博得仅为了完成"四清"任务的老安的赏识,他心里很不是滋味。一天,他突然听到"文革"开始了,"心猛烈一跳,不由地把胳膊抡起来,走路也有劲了"。他暂时还弄不清这场运动弄啥呢,但他想最好农村也搞,有运动才热闹!

　　尤喜明这个利欲熏心的无耻之徒,自卖壮丁五六次的油子,混入工人队伍中又因贪污案被解职的渣滓,心安理得地每年领救济的不劳而获的痞子,一心想借"运动"发横财的"疯子",如王秋赦一般,竟常常成为我们所倚重的对象,成为无所不在的"人物","左"的思潮与行为固然推波助澜,但这"左"的根源何尝不是封建的东西作鬼作祟。

　　我想起了陈忠实的另一个中篇小说《梆子老太》,这是《尤代表轶事》的延伸与扩展。"梆子老太"是一个农村妇女,因脸像梆子而得名。

由于家里没有男孩,她从小受到田间劳动的训练,与男人一样承担繁重的体力劳动,因此反倒不会女红。这并无大碍,但成亲后不能生育的缺陷令她在梆子井村抬不起头来。中华人民共和国成立后,她因出色的劳动能力被选为"劳动模范",还被乡长树为男女平等的先进典型,并号召人们向她学习,临行时又将照顾村里烈军属与孤寡老人的任务交给了她。谁知一群年轻姑娘媳妇不愿与她干,原因是人们担心那些姑娘和她在一起也会传染上不生育的病症。这一可怕的传言几乎摧垮了梆子老太的生活勇气。此后,她开始注意某家媳妇是否会针线,某家媳妇是否开怀,希望能找到一个与她一样的女人,以证明她并非是孤立的存在。她因之与众人发生了误会,因之被人称为"盼人穷"。"左"的运动来临时,她成为阶级性、斗争性最强的人,成为"左"的人见人厌的可恶的老太太。妇女不会生育,这在传统观念很重的中国农村是一个巨大的不幸,这使梆子老太产生了畸形的心理,问题还在于这种畸形的心理又正好与不正常的政治环境相遇,使其成为一种完全变态的心理顽症,进而以恶的方式影响社会与他人的生活。这就不独是个人的悲哀,也是时代的、社会的、历史的悲哀。

1990年,《灞桥区民间文学集成》编撰完毕,面对书稿,陈忠实想到了生活在这块特殊方位上的乡民们的文化心理。他说:"在缓慢的历史演进中,封建思想、封建文化、封建道德衍化成为乡约族规、家法民俗,渗透到每一个乡村每一个村庄每一个家族,渗透进一代又一代平民的血液,形成这一方地域上的人的特有文化心理结构。"[1]这些特有的文化心理结构使得"所有悲剧的发生都不是偶然的,都是这个民族从衰败走向复兴复壮过程中的必然"[2]。这样,妇女、社会、时代、文化、心理、悲剧等因素被陈忠实痛切地扭结在一起,成为他在历史的痼疾与现实的谬

---

[1] 陈忠实:《我说关中人》,见陈忠实编著《陈忠实文集》(第五卷),太白文艺出版社1996年版,第392—393页。

[2] 陈忠实:《关于〈白鹿原〉与李星的对话》,见陈忠实编著《陈忠实文集》(第五卷),太白文艺出版社1996年版,第431页。

误中,反思中华文化、解剖中国历史与社会及其民族命运的支撑点。

二、人物谱系及其意蕴

没有一位作家不在他的人物中表达作品的意蕴的,陈忠实也不例外。在《白鹿原》中,陈忠实主要写了这几类人物:

封建礼教的维护者:白嘉轩、朱先生、冷先生;封建礼教的牺牲品:做稳了的奴隶鹿三,被侮辱与被损害者田小娥、兆鹏媳妇、白孝文媳妇;封建势力与政治势力的结合者:田福贤;封建势力与政治恶势力的依附者:鹿子霖;封建礼教的污浊物:白孝文;推翻封建恶势力的先觉者:鹿兆鹏、白灵;推翻封建恶势力的目标不明者:黑娃、鹿兆海。他们构成了《白鹿原》的人物谱,也蕴含了《白鹿原》的思想内涵。

先说封建礼教的维护者白嘉轩、朱先生、冷先生。

白嘉轩是封建的家长,他先后七次破财娶妻都只是为了完成传宗接代的任务。他办学堂,送子女上学,亲耕垄亩,身体力行,恪守封建的伦理道德和人生信条,是为了捍卫一个家长的权威与地位。他还是一个族长,顽固地推行着以血缘关系为纽带的宗法家族制,残酷地绞杀着一切不符合封建族规的言行。孝文辱没族规,他严厉整饬;田小娥情欲难度,他残绝地惩处;直至田小娥死后建塔以镇"妖",足见封建的文化幽灵是怎样阴魂不散。白嘉轩偶尔也反封建,"谁再敢缠灵灵的脚,我就把谁的手砍掉",惊天动地。白嘉轩性格的最光辉点是"交农事件"后,他称赞鹿三说:"你是人。"这也是他民本思想的集中体现。可惜的是,这只是他的一闪。

冷先生面对自己女儿无爱的婚姻冷面无情,宁可死去也要恪守从一而终的古训,维护封建礼教的"尊严",同田芳的父亲一样触目惊心。

说朱先生是封建礼教的维护者,一定会有不同意见。但是,我们不能忘了"把她(田小娥)的灰末装到瓷缸里封严封死,就埋在她的窑里,再给上面造一座塔。叫她永远不得出世"的恶语,就出自朱先生之口。

同样,他坚定地维护小农经济的生产模式,主张"房要小,地要少,养个黄牛慢慢搞",是典型的以"义礼"压制和限制人欲的"中庸之道"。不错,朱先生禁烟、退兵、修县志、立乡约、赈灾济民,在国难当头之际,高呼民族兴亡、匹夫有责,意欲投笔从戎,甚至死后带有谶言性质的墓砖上都刻着:"天作孽,犹可违;人作孽,不可活。""折腾到何日为止……"这是根深蒂固的儒家民本思想所致。他不求官宦,不闻世风,淡泊明志,则是道家出世理想的必然显现。作为一个关中大儒,中国传统的儒道思想浸透在他的骨髓中。在这二者中,儒家思想占据上风,儒家思想"中庸之道"又具核心。这一点,我们再从人们争论最多的焦点问题"国共之争无是非"中得以解答。

兆鹏做出一副轻松玩笑的样子问:"先生,请你算一卦,预卜一下国共两党将来的结局如何?"朱先生莞尔一笑:"卖荞面的和卖饸饹的谁能赢了谁呢?二者源出一物喀!"兆鹏想申述一下,朱先生却竟自说下去:"我观'三民主义'和'共产主义'大同小异,一家主张'天下为公',一家昌扬'天下为共',既然两家都以救国扶民为宗旨,合起来不就是'天下为公共'吗?为啥合不到一块反倒弄得自相残杀?公字和共字之争不过是想独立字典,卖荞面和卖饸饹的争斗也无非是为了独占集市!"

国共之争,是非鲜明,朱先生岂能不知!但儒家的中庸哲学使他"内圣外王",这与他不介入政治纷争的思想一脉相承。因此,朱先生不是在历史的潮流中感应时代的洪流,而是信守儒学、维护旧义,使他既成为儒家文化的最后一位守望者、独行人,也成为儒家礼教的终结者。

封建礼教的牺牲品,如鲁迅笔下的祥林嫂、巴金笔下的觉新等,是文学史上屡见不鲜的人物。但那多是"欲做奴隶而不可得"者,鹿三则是"做稳了的奴隶"。鹿三是有尊严且自信的劳动者,也是凭自己的诚实和出类拔萃的农技赢得东家充分信赖的长工。他和东家不是会说话的牲口、低三下四的关系,而是相互信任、充分理解、各尽职责的主仆关系。鹿三将主子白嘉轩视为"仁义之人",白嘉轩也将鹿三视为同宗兄弟,一个"非正式的,但却不可或缺的"成员,而不是奴仆或奴才。他很真诚地称他为三哥,让孩子称鹿三为三叔,鹿三对白嘉轩也不称主家,也不称掌柜,而是直呼其名,自然是官名白嘉轩。有事商议时,白嘉轩还将鹿三请到尊贵的座位上共商共讨。小说中白嘉轩被土匪打断的腰养好后,重新回到地里和鹿三一起耕地的情景,堪称描写主仆之间温情脉脉的绝妙之笔。

当鹿三再犁过一遭在地头回犁调犍牛的时候,白嘉轩扔了拐杖,一把抓住犁把儿一手夺过鞭子,说:"三哥,你抽烟去!"鹿三嘴里大声憨气地嘀嗒着。"天短球得转不了几个来回就黑咧!"最后还是无奈放下了鞭子和犁杖,很不情愿地蹲下来摸烟包。他照着白嘉轩把犁尖插进垄沟的一声吆喝,连忙奔上前去抓住犁杖:"嘉轩,你不敢犁地,你的腰……"白嘉轩拨开他的手,又一声吆喝:"得儿起!"犍牛拖着犁铧朝前走了。白嘉轩转过脸对鹿三大声说:"我想试一下!"鹿三手里攥着尚未装进烟末的烟袋跟着嘉轩并排儿走着,担心万一有个闪失。白嘉轩很不喜悦地说:"你跟在我旁边我不舒服。你走开你去抽你的烟!"鹿三无奈停住脚步,眼睛紧紧瞅着渐渐融进霞光里的白嘉轩,还攥着空烟袋记不起来装烟。(着重号为引者所加)

这种如似亲人间的温情,这种如似田园诗般的主仆关系,确乎不同寻常。问题也恰恰就在这里。中国的阶级关系往往被含情脉脉的以血缘为纽带的宗法关系所掩盖,统治阶级的思想不仅侵蚀着每一个统治者,而且也侵蚀着每一个被统治者,特别是没有文化的小农生产者,他们的麻痹和沉湎更令人痛心疾首。普通的劳动者鹿三心安理得地接受封建文化的奴役,死心塌地地维护封建的教义,不惜杀死儿媳以正伦理,封建礼教吃人的面目何等隐蔽,何等狰狞!

　　田小娥是一个普通的女子,出身于读书人家,模样也姣好,命运不济令她嫁给七十岁的郭举人做妾,过着非人的生活。她与黑娃自然萌生了爱情,尽管这种爱情源于性爱,却是对"存天理,灭人欲"的封建义理最有力的反抗。她被逐出门外,与黑娃回到原上,远离众人,低微地过着虽贫贱却自由的生活。然而,就是这样一个摆脱被奴役被欺凌地位的基本的生活状况都被完全打碎。她先是不准入祠,后又意外卷进了一场"风搅雪"的运动,失却了丈夫黑娃的保护,重新沦为孤立无援、生计无门的女子。鹿子霖乘人之危加重了她苦难的生涯,白孝文情欲相悦将她跌入了封建宗法社会的深渊。她为众人所不齿,为众人所憎恶,为众人所不容。问题不在于她这个被侮辱与被损害者的妇女破灭了自身的理想,而在于制造这一悲剧的是她的亲人——她的公公鹿三。她临死前那声惊恐、悲凄、绝望的呼喊"阿……大呀……",不仅是田小娥个人凄婉的哀声,也是中国无数被礼教所吞噬的妇女的哀声。鹿三去杀田小娥并非受他人的指使,有学识又懂礼仪而且仪表堂堂的族长的继承者白孝文因田小娥而沦落到土壕里坐待野狗分尸,自己的儿子黑娃也因田小娥深陷其中不听劝谕而落草为匪,其中的痛苦令鹿三不堪回首,仇恨灭杀之心自然滋生。田小娥做梦也没有想到自己心爱的黑娃的父亲会举刀杀她,她临终前的绝叫令人战栗,也使鹿三脑海中泡深浸透的封建观念开始坍塌,并最终崩溃。听听田小娥借鹿三之口诉说的冤屈吧,这同样是一部血泪的控诉书!

　　我到白鹿村惹了谁了?我没偷掏旁人一朵棉花,没偷扯旁人一把麦秸柴禾,我没骂过一个长辈人,也没揉戳过一个娃娃,白鹿村为啥容不得人住下?我不好,我不干净,说到底我是个婊子。可黑娃不嫌弃我,我跟黑娃过日月。村子里住不成,我跟黑娃搬到村外烂窑里住。族长不准俺进祠堂,俺也就不敢去了,咋么着还不容让俺呢?大呀,俺进你屋你不认,俺出你屋没拿一把米也没分一根

>蒿子棒棒儿,你咋么着还要拿梭镖刀子捅俺一刀?大呀,你好狠心……

至于兆鹏媳妇、白孝文媳妇至死没有赢得做人的权力,即便是仙草又真正拥有多少做人的权力呢?"礼教吃人!"

区分部书记和总乡约田福贤,不同于完全依附政治势力的职业党棍岳维山,他的身份和地位决定了他必然与封建势力及政治势力相结合。他心狠手辣,血腥镇压农协与农民运动,残暴地反攻倒算,以釜底抽薪、外松内紧以及感化的方式消解了村里的紧张氛围。他是统治阶级的帮凶,鱼肉人民、横征暴敛、巧取豪夺、贪赃枉法是其本性。他最终难逃人民的惩处是历史的必然。而钻营权势的鹿子霖千方百计地依附于封建势力与政治恶势力,自觉地充当国民党统治在白鹿原上的忠实走狗,以卑劣的行径与白家相争斗,德行的龌龊使他的结局罪有应得。

说白孝文是封建礼教的污浊物,是因为他的堕落是封建文化的糟粕对人本性的锈蚀而导致的美质的泯灭与恶质的浮泛。他曾是白氏家族寄予厚望的继承人,知书达礼,非礼勿亲,俨然一副新任族长的派头。但在田小娥的诱骗下,他置糟糠之妻于不顾,嗜毒偷欢,败落家业,沦为乞丐。他与田小娥事发前和事发后的"不行"与"行",深刻地喻示着封建礼教对人性的压抑和灵魂的桎梏。他后来的命运也是不测的历史留给人们的深思。

最后的两组对立人物是推翻封建恶势力的先觉者鹿兆鹏、白灵和推翻封建恶势力的目标不明者黑娃、鹿兆海。鹿兆鹏建立了白鹿原上第一个党支部,并始终在原上为推翻封建恶势力而坚忍斗争,几经挫折才获成功,说明封建恶势力的强大与顽固。与鹿兆海掷币决定入"共"的白灵,未曾料到自己会惨死在自己人的手里,而入"国"的鹿兆海同样也没想到报国的鸿志也是以悲剧告终。这种无奈与尴尬是历史真实的自然显现,也是作家反讽历史的艺术写照。

综上所述,从文化的角度,通过家族史的变迁,在历史的痼疾与现实的谬误中,反思百年历史,反思中华文化,思考民族命运,即再启蒙,是《白鹿原》立意之所在。而写出一个民族文化环境中的人的生活、人的历史,写出了礼教吃人、政体腐败、民众不民的悲剧境遇,再举反封建的大旗,进而透示出中华民族迈向现代化征程漫漫,是《白鹿原》的核心思想。

谁是《白鹿原》中的关捩
——黑娃形象的叙述学分析

谁是《白鹿原》中的关捩？这似乎是一个毋庸置疑的问题,其实不然。粗读文本,白嘉轩、鹿子霖是白鹿两家同族同源却上演了一幕幕绞人心裂、发人深思的悲剧的代表人物,是作家倾全心刻画的主人公。若细读文本,从叙述学的角度予以辨识,我则以为:白嘉轩、鹿子霖、朱先生,或岳维山、田福贤、鹿兆鹏等均是作家理念的行动元,他们的身份、地位无论怎样变幻,其作为行动元的职能却始终如一(后述),而黑娃的叙述单位则支撑着整个故事的发展变化,是整部《白鹿原》中的关捩。

所谓行动元是指人物行动的终极性质。就白嘉轩来说,他为白鹿村的族长,是宗法体制下的代表意象。他以仁义为准则,为人格之圭臬,并希冀推及后人。他兴学堂,立乡约,惩赌徒,鞭小娥(孝文),敬鹿三,都是在他笃信的"仁义"的理式中自然表露的德行。他不计恩怨,不虑前仇。黑娃悔过,拜朱先生为师,潜心晨读,言谈举止中显出一种儒雅风度,他便认为黑娃已皈依正途。在黑娃祭祖回村之际,白嘉轩破例亲自到门口迎接;孝文踢家卖地,吸毒偷欢,辱没家风,白嘉轩虽为生父却视而不见,而当孝文侥幸苟活并擢升为保安团营长后,他又默许这个"不孝之子"回原认门,因为这一切在白嘉轩看来,都符合孝道,是积德之善举。白嘉轩的处世哲学与衡人尺度是以"仁义礼智信"为准星的,合则戮,背则斥。孝武处处遵从父旨,定为后继;白灵抗婚从戎,痛然绝情。因此,白嘉轩在文本中只是维护封建仁义道德的行动者,无法改变其他人物的命运,立德并在此基础上立人是白嘉轩所有行动的目的、方式及其意义,也构成白嘉轩这一人物的行动元。

再说鹿子霖。鹿子霖是与白嘉轩相对立的人物。他不讲仁义,唯利是图,道貌岸然,喜争权夺利,好与白家试高低。略顺时,一副小人得志之势;背运时,仍不断谋差之念。霸占小娥是他兽性的本来面目,唆使小娥报复孝文也是他阴鸷的具体表现。当然,作家绝没有简单地将这一形象模式化、普泛化——恶则皆恶。酒后的失德使鹿子霖醒后能迅速冷静下来,以虽歹毒却尚存人性的方式制止了儿媳失检的举止。尽管如此,鹿子霖作为整个文本不齿者的行动元依然昭然若揭。

至于朱先生虽大贤大德但仍可用封建教义的维护者来概括,岳维山、田福贤作为统治阶级的帮凶的行动元也可蔽之,鹿兆鹏作为推翻封建恶势力的先觉者自不等说。他们或由其精神、道德涵养所限,或由阶级地位所制约,其行动元所呈现的特征是为行动而行动,这使得他们的形象在一个叙述单位中只起到丰富和显现意义的作用,并不能推动整个故事的发展(如田福贤镇压农运领导人,充分暴露了统治阶级的残酷凶狠;抓壮丁所采取的株连政策,更揭示了国民党统治腐败没落的历史因缘),而打开整个故事进展关捩的是黑娃,突出体现他作为行动元作用的关锁是黑娃与田小娥的爱情事件。

我们知道,黑娃与田小娥的爱情,作家在第九章中做了详尽的叙述。要辨别黑娃的关捩作用,我们有必要就《白鹿原》前八章的故事梗概做一介绍。为简便起见,我采用古典章回小说目录方式略述情节。第一章:白嘉轩命克六妇,冷郎中劝卜阴阳;第二章:遇精灵不知何物,问大贤茅塞顿开;第三章:谋宝地先退后进,娶仙草开门见山;第四章:种罂粟白家重旺,置家业两户交锋;第五章:办学堂村贤下拜,食冰糖童子情深;第六章:退万敌先生赴城,立乡约民风纯正;第七章:交农两家再争手,游行和尚挽狂澜;第八章:许二女暂缓矛盾,引一妇是非不绝。由此可以看出,文本至第四章叙述单位的推动作用(即"功能")就已完成,即白嘉轩作为"仁义"的行动元的条件已经具备:在经济上、物质上树立了族长的威德,而后四章只是显示具体人物、环境等各方面情势与特点的作用(即"迹象"),它不推动故事的发展,在叙述序列上不构成因果链的位置。也就是说,不是因为办学堂才有朱先生孤身退敌,立乡约白鹿村才交农具,而是人物的性格使故事的意义明显和丰富化。毫无疑问,在故事中,"故事"和"迹象"是相辅相成的:缺少了"功能"单位,故事的连续性就会受到破坏;缺少了"迹象"层,故事的意义和生动性就会损失,而就长篇小说的故事要素看,"功能"是更基本的单位。具体到《白鹿原》文本的功能单位和迹象层,我以为它们在前八章就已自成格局,形成一个方阵,如何打破这个方阵,使故事获得更大的张力,情节得以改变或延展,是《白鹿原》迫切需要解决的艺术症结。黑娃形象的准确"变异",确切地说黑娃与小娥爱情这一叙述单位的切入,使整个文本的功能得以发动、拓展。质言之,有了黑娃、小娥,才有鹿子霖乘人之危,同时又报复白嘉轩的卑鄙之举,才有白孝文倾家荡产,沦为乞儿,后为鹿子霖"相救",又成"龙种"的慨叹结局,而黑娃自己从此便风风雨雨、坎坷一生……

  以上我们从功能的层面阐释了打开《白鹿原》情节关锁的叙述单位以及执行这一单位的关揳人物,但这只是问题解决的第一步,接下来的问题是:既然这一叙述单位组成整个文本的核心,而执行这一单位的关揳人物是黑娃,那么作家塑造这一人物的终极意义又是什么呢?要探视这个问题,我们还是从黑娃的叙述流程来入手。

  黑娃是长工鹿三的长子,他从小机敏极富个性却不擅读书,出身的低微与他潜意识中的自卑与失落,强烈地刺激着他不屈的个性。挣脱这种"原罪感",获得平等的地位和财富,是他早期追求的人生目标。他借口白嘉轩腰杆太直而外出扛活,完全是他自卑心理的驱使,也是他平衡心理的激活。在郭举人家里与田小娥不渝的爱情,是他人性短暂的也是灿烂的华章。封建的、戕害人的伦理道德没有使他低下头来,"寒窑虽破能避风雨,夫妻恩爱苦也甜"。生活的艰辛压不弯黑娃的腰,只要个性得到舒展,日子能过得安稳一些,他就无以他求。然而时代的风潮很快席卷而来,受兆鹏的劝释,经"农讲所"的培训,黑娃本性中被压抑的能量找到了宣泄的关口,他在白鹿原掀起了一场"风搅雪"的运动,并成为农运的带头人——农协主任。但是这场运动很快以失败而告终,他不得不离家出走,靠兆鹏的介绍在习旅安下了身,又凭他的机智做了习旅长的贴身警卫,谁知好景不长,习旅兵败,黑娃投靠土匪,因与土匪头子大拇指同病相怜,二人结为莫逆。后因大拇指被害事件,他经过一番钩心而又疲惫的苦斗,决定受降招安,成为县新编保安团三营营长。在革命即将胜利的大趋势面前,他宣布起义。新政府成立后,他被任命为副县长,岂料仅过半年就遭暗算,提前走完了他多舛的一生。

  如果我们将上述黑娃的叙述流程所承担的角色依次排出的话,是长工、家长、农协主任、警卫、土匪、营长、副县长。前两个角色的行动元可用稳定来概括,即黑娃当长工、娶小娥为妻是为了求得生存权益、过安稳生活的必要活动。第三个角色虽然也是求生存的必要组成,但其中含有外力的介入。尽管如此,前三个角色的承受情态依然可用自愿来组句。黑娃此时的人生道路的轨迹是上升的,所体现的创价是辉煌的。而后三个角色的行动元是逃避,其目的虽然也是为了求得人生价值的更好实现,继续过安稳日子,但现实不允许他以正常的方式实施计划,只能以曲线的方式获得满足。这时他的情态是被迫,人生的轨迹是飘忽的,表面看来他倚势仗权,但处境危机四伏,因而这时黑娃所体现的创价是模拟辉煌。最后一个角色是黑娃厌倦了戴假面具的乏味生活和动荡不安的困窘,而力图重新寻求平稳、寻求新的价值实现所做出的抉择,其中虽有不得已的因素,但主观的能动选择还是占主导地位,故这时的行动元为发展,情态是自愿加被迫,其创价是亚辉煌。之所以说它是"亚辉煌",是由文本所输出的总结果的叙述信息——黑娃被杀所决定的。如果我们连接三个行动元"稳定—逃避—发展"并呼应以总结局时,我们不能不掩卷长思:是什么呈现给黑娃人生道路的终极点竟是令人悲叹的结束?为什么黑娃寻求稳定的行动元为逃避的行动元所替代?自愿的情态为被迫的情态所转换?而发展的行动元却不能摆脱非正常死亡的悲剧结局?人生断裂带的构成要素到底是性格的、文化的,还是经济的、政治的或秘不可宣的……我以为,这就是作家塑造黑娃形象的终极意义。如果这个推论合理的话,同样,解析黑娃人生断裂素的构成因子,是我们所要解决的问题的第三步。诚然,造成黑娃悲剧产生的原因是多元的,但我觉得在这诸多因素中,性格是主要因素,也就是说,黑娃的悲剧是性格悲剧。

　　黑娃从小好动,不安分,在私塾念书时耐不住寂寞,将自己的方凳挪到鹿家的方桌下。贫穷的家境使他头一次尝到冰糖和水晶饼时竟产生美好而又痛苦的悲哀。他潜意识中的平等乃至超越的需要强烈地刺痛了他的内心,并在他脑海中留下了难以磨灭的印刻。当他后来真的能拥有一桶冰糖时,唤起他记忆的不是占有的幸福,而是贫乏的悲哀。他自卑但又有极强的自尊心,憎恨一切使他不公的人。他惧怕白嘉轩那张神像似的脸,但又不得不慑于族长的威严而继续去读书,其实在他软弱屈从的表象下已埋就了一个不屈的灵魂。他倔强而有心计,伺机报复就是他超越意识的曲折反映。可以说,刚烈的性格在他的童年就已初露端倪。他同时又勤劳、能吃苦,在郭举人家里很受赏识。他与田小娥发生的爱情,虽然一开始就具有向封建传统道德挑战的性质,而且他们反抗的不仅是压制爱情自由的宗法家长制,更是整个粗暴践踏人和爱情权利和妇女做人权利和愚昧落后的封建伦理道德。但这对黑娃来说是完全没有意识到的,他只是一种本能的觉醒。因而在小娥已清醒意识到自己的悲剧命运并提出私奔的倡议时,他压根儿都没有考虑过这事,他甚至内疚在郭举人家与小娥所做的一切,这种不安直到事败被逐后郭举人的两个侄子来揍他却没捞着什么便宜时才消除。他回白鹿村是他无目的漂流失败后无可奈何的选择,也是中国人传统心理的重现。这都表明,黑娃早期的追求是盲目的,这种无目的性心理使他在遭受挫折后容易向命运屈服,不再寻求波折的生命旅途。积淀在中国传统观念中的循规蹈矩以求安稳的"集体无意识",成为黑娃这一时期的"个人有意识"。在兆鹏劝他入"农讲所"时他说:"噢呀,我这回可不想跟你跑了。乌鸦兵跑了,进不进祠堂和事也过去了,我想蒙着头闷住声下几年苦,买二亩地再盖两间厦房,保不准过两年添个娃娃负担更重了。我已经弄下这号不要脸的事,就这么没脸没皮活着算球了。我将来把娃送到你门下好好念书,能成个人就算争了气了。"其实,黑娃的无目的性心理并不只是他人生道路上的一段心态,而是贯穿于他整个人生的,这使得他在人生重大转折关头时,缺乏一种一致的主导的同时又较为稳定的心绪,而为外界并不十分迫使的压力所左右。卷入农运、加入习旅、落草为匪、受降招安、起义反正,都是他模糊的人生观所致。这种模糊的人生观使他的性格随着他人生行程中的每一个步点而表现各异。农运时,他勇敢、坚定、义无反顾,有革命的果敢性而无革命的目的性。他简单地将革命理解为铡人,而没有也不可能从根本上思索造成这一切不平的历史渊源。这种缺乏理智,只做因果判断而不做多维思考的直线性模式,在占山为王的过程中得到扩展。追查大拇指被害事件就使他刚愎凶暴同时又讲义气、鲁莽的土匪习气暴露无遗。值得注意的是,黑娃的内心中还有一种"对立意识",而这种"对立意识"一旦懈怠,他竟觉得无所适从。在黑娃受降后,作家在第三十一章里有这样一段话:

  黑娃说:"你猜我这阵儿心里盘思啥哩?"玉凤瞅着黑娃熠熠闪光的眼睛,恬静地摇摇头。黑娃谦谦地笑笑说:"我想当个先生,我想到那个僻远点的村子去,当个私塾学堂的先生,给那些鼻嘴娃们启蒙,'人之初性本善'……我不想和大人们在一个窝里搅咧!"高玉凤稍感意外,说:"朱先生把你的气性也改换咧。"黑娃摇摇头说:"不是朱先生。我自下山到现在,总是提不起精神。"高玉凤瞅了瞅丈夫没有说话。黑娃喝下一盏酒说:"我老早闹农协跟人家作对,搞暴动跟人家作对,后来当土匪还是跟人家作对,而今跟人家顺溜了不作对了,心里没劲儿咧提不起精神咧……所以说想当个私塾先生。"高玉凤点点头说:"先走一步再看吧!要是时势不好,我看退下来当先生倒安宁。"黑娃慨叹着:"我乏了也烦了。"

他没有去做先生,也不可能在此时抓住时机引退执教,这只是他厌烦人与人之间钩心斗角的残酷现实后产生的失落与孤独感。他努力改变自身性格中的恶习,仿佛是脱胎换骨似的向善的方面发展。戒烟、读书、祭祖,以图从善的本性上补偿失意的心理。长期的"逃避"和"逃避"中的"稳定",在增加了他的彷徨与苦闷后,也消磨了他的人生意志。他似乎热衷于什么,又不热衷于什么。除叛徒、放游击队过界,他视为理所应当;西安解放后兆鹏劝他举事,他平静地说"起义"。无目的的本质带给他实际上的涣散是他后期的典型心理,也使他性格中的戒备分子始终处于半松弛和全松弛状态(与张团长滴血誓盟后全松弛下来)。他单纯地认为他本性中的烈、暴因子已为善基因所代换就能扫除他在新的历史时期"发展"的障碍,因而没有从焦营长发出的黄色信号中意识到自身的危机。殊不知,他的忽略正给他带来一场灭顶之灾。他忘记了一条法则:真正的对手不在对方而在己方,不在明处而在暗处。这便是他的悲剧。

理解路遥
——重读《路遥文集》

《人生》封面

一

五十岁,是人生的盛年,但路遥的坟茔却已是七载枯荣了。

路遥,原名王卫国,1949年12月3日生于陕北清涧县一个极为普通而贫困的农民家里。贫困使年幼的路遥自尊心格外敏感,也格外坚强。七岁时,父母将"多余的"他过继给延川的伯父。在伯父家他勉强上完了村里的小学。在这五年期间,路遥的父母极少来看他,他与家乡也一别就是五年。父母与他关系平淡,他与父母冷漠无语。五年不算漫长,却是路遥忍饥挨饿的五年,是路遥内心孤独、压抑的五年,他形成了内向忧郁的性格,形成了倔强刚毅的气质,形成了吃苦耐劳、自强不息的品格。三年初中是路遥一生中最难挨最困苦的三年,饥饿常常伴随着他,使他饿得饥肠辘辘、头晕目眩、心火缭乱。他没有生活保障,连最低的生活费都交不起,有时甚至连五分钱的清水煮萝卜菜都吃不起。学校的饭菜分甲、乙、丙三类,路遥从来就是丙类:黑窝头、稀粥、野酸菜。就这,还是班里要好的同学凑的。这段铭心刻骨的饥饿史,被他几度写入《在困难的日子里》和《平凡的世界》。他也曾羡慕过富家子弟,但涌起更多的并不是悲天悯人,而是奋发拼搏、超越自卑、战胜自我的激情。他广泛涉猎《钢铁是怎样炼成的》《青年近卫军》《毁灭》《铁流》等书籍,就是为了砥砺自己坚强的意志。中学毕业后,路遥返乡劳动,当过生产队长,做过农村小学教师,在县城做过各式各样的临时工作。

  1973年,他开始创作,并在当年的《陕西文艺》创刊号上发表了第一篇短篇小说《优胜红旗》。同年,他被推选入延安大学中文系。在延安大学,他系统地阅读了中外文学名著,尤其是馆藏的1949年以来的主要文学杂志,为他以后的创作打下了坚实的基础。1980年,路遥发表中篇小说《惊心动魄的一幕》,以县委书记马延雄在两派群众无畏的相互武斗中倍受煎熬,但仍以群众的疾苦与生命为根本,直至为平息武斗保护群众的生命安全挺身而出,将自己献上祭坛的悲壮行为,揭示了"文革"以"革命的名义"祸国殃民的实质,荣获第一届全国优秀中篇小说奖。这是路遥的成名作。1982年,他又出版三年反复、三易其稿的中篇小说《人生》,通过农村有为青年高加林的人生之路,多角度、多层次地展示了农村新一代知识青年坎坷不平的奋斗历程,深刻地揭示了时代、环境、个性使高加林从起点到起点的悲剧内涵,轰动文坛,并荣获第二届全国优秀中篇小说奖。改编成电影后更是家喻户晓。

路遥是一个永不满足的作家,面对鲜花和掌声,他说:"作家的劳动绝不仅是为了取悦于当代。而更重要的是给历史一个深厚的交待。如果为了微小的收获而沾沾自喜,本身就是一种无价值的表现。最渺小的作家常关注着成绩和荣耀,最伟大的作家常沉浸于创造和劳动。劳动本身就是人生的目标。"①"我深切地感到,尽管创作的过程无比艰辛而成功的结果无比荣耀;尽管一切艰辛都是为了成功;但是,人生最大的幸福也许在于创造的过程,而不在于那个结果。""我渴望重新投入一种沉重。只有在无比沉重的劳动中,人才会生活得更为充实。"②倏忽间,他想起了自己十几年前立下的一个宏伟夙愿:在四十岁以前完成一部规模宏大的书。这个愿望看似偶然,实际上是路遥所心仪的两位陕西作家杜鹏程、柳青成功经验的心理折射。1954 年,三十三岁的杜鹏程出版了标志着中华人民共和国初期长篇小说创作水准的《保卫延安》;1959 年,四十三岁的柳青创作了代表十七年文学高度的长篇小说《创业史》。二人出成果的平均成果年龄三十八岁。因此,路遥也希望自己能在四十岁以前实现达到或超越前辈的梦想。路遥有个习惯:每当面临命运的重大抉择,尤其是面临生活和精神的严重危机时,他都会不由自主地走向毛乌素沙漠。置身于静寂寥廓的沙漠里,他心静如水,浑然忘却了所有的杂念,城市间一切的嘈杂和烦恼也都不复存在,个人的渺小与世界的浩大荡涤了烦躁的心灵。一种庄严的使命感、一种用青春和生命浇铸未来的虔诚的宗教般的意志力,从心中油然升起。他决定按照三部、六卷、一百万字的规模,全景地反映出 1975 年年初到 1985 年年初中国近十年间城乡社会生活的巨大历史性变迁的设计,投入到沉重的劳动之中。为此,他重新阅读了中外近百部长篇经典,其中三读《红楼梦》,七读《创业史》。一些专门书籍如哲学、经济、历史、宗教等,杂书如农业、工商、财务、气象等也广泛涉猎。为弄清这十年间的大小历史

---

① 路遥:《早晨从中午开始》,西北大学出版社 1992 年版,第 33 页。
② 路遥:《早晨从中午开始》,西北大学出版社 1992 年版,第 31—32 页。

事件,他找来了这十年间的《人民日报》《光明日报》《陕西日报》《延安日报》和《参考消息》的全部合订本,逐一翻拣,摘抄记录。手指磨得露出了毛细血管,就用手掌继续翻。为了获得全景的生活感受,他不辞辛苦地奔波于西安、延安、榆林、铜川等地的乡村城镇、工矿企业、学校机关、集贸市场之间,为生活的重新到位做不懈的努力。1985年秋他开始动笔,历经磨难,终于在1988年5月25日,三部、六卷、一百万字的《平凡的世界》"杀青"。1991年3月,《平凡的世界》获第三届"茅盾文学奖"。

二

  正是这种起始于环境和个体内部的现实冲突,使路遥的创作心理自觉或不自觉地以一种固有的模式表现出来,即城乡的差距与现实的冲突,这也成为路遥创作的典型情结。路遥是从恶劣的自然环境和贫困的山村走来的,家境的贫寒在乡村不足为奇,但在城里却是一桩难以掩饰的存在。不过这对路遥来说倒不算得什么,令人难以忍受的是城里人特别是略有权势的人,自恃所谓的出生优势——生于城里,长于干部家,不学无术,外强中干,仅凭寒碜的服饰就从骨子里蔑视乡下人,就从内心天然滋生出城里人的优越感。这种丑陋的心理,使路遥一方面对城市人特别是略有权势的富家子弟的鄙视反鄙视,另一方面也对乡间那种"比爱情还要美好的"精神和情操铭怀于心,更使他对城乡之间的差距有着切肤的感受。

  《在困难的日子里》主人公"我"在最困难的时期以优异的成绩考上高中:"全村的人尽管都饿得浮肿了,但仍然把自己那点救命的粮食分出一升半碗来,纷纷端到我家里。那几个白胡子爷爷竟然把儿孙们孝敬他们的几个玉米面馍馍,也颤巍巍地塞到我的衣袋里,叫我在路上饿了吃。""我猛然间深切地懂得了:正是靠着这种伟大的友爱,生活在如此贫瘠土地上的人们,才一代一代延绵到了现在……"与此形成鲜明对比的是:"一个对人毫无怜悯心的"同桌周文明,"每当下午自习时,我就饿得头晕目眩,忍不住咽着口水。而我的同桌偏偏就在这时,拿出混合面做的烤馍片或者菜包子之类的吃食(他父亲是县国营食堂主任),在我旁边大嚼大咽起来,还故意吧唧着嘴,不时用眼睛的余光扫视一下我的喉骨眼,并且老是在吃完后设法打着响亮的饱嗝,对我说:'马建强,你个子这么高,一定要参加咱班上的篮球队!'"甚至有一天当着众多女生的面,"把他啃了一口的一个混合面馒头硬往我手里塞,那神情就像一个阔佬耍弄一个叫花子"。"我"猛烈地反击了这一侮辱性行为——将它远远地甩在了一个臭水坑里。"我"知道,唯有通过内在的实有的精神的富有才能战胜外在的表象的物质的拥有。果然,"我"以全班平均第一的成绩与周文明全班倒数第一的名次形成强烈反差("我"成绩最差时仍在周文明之前),表述了精神的富有才是真正的富有的哲理内涵。而吴亚玲等人的友情与关怀,更化作爱的清泉滴入每个读者的心扉。

实际上,这一"情结",早在短篇小说《姐姐》中就有所表现。二十七岁的姐姐"文革"时与"特务儿子"高立民相爱,成为他非常时期的生活支柱。"文革"后,高立民考上大学,而姐姐再一次差几分与大学无缘,命运由此发生了重大转折。原本说元旦前要来看姐姐的高立民寄来了一封绝交信,信中除了说父母反对外,还特意这样写道:"从长远看,咱们若要结合,不光相隔两地,就是工作和职业、商品粮和农村粮之间的现实差别,也会给我们之间的生活带来巨大的困难。"

《人生》中高加林与刘巧珍、黄亚萍的爱情前提就是首先抹平了城乡之间的沟痕——尽管这是暂时的。高加林抛弃刘巧珍及与黄亚萍由热到冷的转变,除了他们思想的差异外,城乡的差距是至关重要的一环。孙少安虽然与田润叶青梅竹马,但真接到田润叶的求爱信号时,第一个想法就是:这是不可能的!"是的,不可能。一个满身汗臭的泥腿把子,怎么可能和一个公家的女教师一块生活呢?"生活的反差使他"不能答应和这个爱他的也是他爱的人一块生活!"他理智而又现实地斩断了这段一度令他痛苦万分的爱情。孙少平与田晓霞的爱情结局让许多少男少女疑惑不解,究其实,仍然是城乡的差距与现实的冲突。当省报记者田晓霞来到大牙湾看望普通矿工孙少平时,虽然孙少平内心依然汹涌着澎湃的热浪,但冰凉的潜流也不时从心中淌淌而过。"井下生活的严酷性更使他感到他和她相距有多么遥远。他爱他,但他和她将不可能在一块生活——这就是问题的全部结症!"田晓霞走后,矿工孙少平认为:"他的社会地位和生活道路决定了他对这件事的悲观论断。他永远是这样的人:既不懈地追求生活,又不敢奢望生活过多的酬报和宠爱,理智而清醒地面对现实。这也许是所有从农村走出来的知识阶层所共有的一种心态。"为了遵循现实制约原理,路遥不惜违背艺术规律将田晓霞的生命终结于一场偶然的水灾之中。问题的实质不在于这一"情结"是作家生活经历的心理折射,而在于这复杂的情绪潜流中,涌动着深沉的历史内涵:正是历史的逆转,拉大了现实的距离,拉大了城乡间干部与农民生活的距离,吞噬了农民向往幸福的生活理想,才迫使他们不得不挣扎在贫困与屈辱之间,不得不屈服于命运的安排。

也正是上述独特的生活道路和心理意念及其所透示的历史内涵,使路遥的艺术关切点不在于表现心灵的选择和灵魂的搏战上,而在于揭示外在环境的压迫对个体生存和发展的制约,物质条件的匮乏对人格精神追求和发展的限制。高加林志向非凡,"联和国都想去",但起始却因家境的贫寒连民办教师的位置都无法自保,愤恨而又无奈的父亲得知儿子被挤掉后,思前谋后的决断竟然是:见了高明楼还要主动讨好可又不能让人看出他们是专意巴结。在回村的一段时间里,高加林辗转反侧,痛苦万状,无精打采,以死命的劳作排遣心中的郁闷。他一直没有放弃进城施展才干的企图,一旦有了进城的机遇他立刻抓住并在新的环境中显出精明能干的本色来。马建强完全有能力在尖子班里拔得头筹,但物质的严重匮乏使生存都受到了严重威胁,何谈精神的充实与提高!而一旦吴亚玲充满友爱的关怀解决了生存所必需的物质基础,马建强立刻成为班里无可争议的"状元"。然而,马建强面临的绝不只是饥饿与寒冷,而是施舍与怜悯降临时,屈辱与鄙视降临时,宽爱与友情降临时,自奉与他救降临时,物质与精神、卑微与崇高、心灵与肉体的搏战,是尊严与德行的捍卫,是人格与正气的发展。孙少安虽有自己的一番人生理想,但在家庭的重负下,在传统的伦理道义中,他辍学回家,毅然和父亲一起支撑起整个家业。面对田润叶的爱情,他不敢接受也不能接受,甚至想独自找个没人的地方,抱头大哭一场。他转而去山西看不要彩礼的农家女子贺秀莲并与她迅速成婚,何尝不是物质的匮乏导致的精神屈服呢?可贵的是,路遥在历史的环链中,在环境的压迫与人格的挑战中,始终注入一种美的崇高的品格,使他的作品获得了永久的生命力。

三

作为一个农民的儿子,路遥对农村的状况和农民的命运充满了焦灼的关切之情。他们的生存困境,他们的喜怒哀乐,他们的来路与去路,路遥萦绕于怀,牵挂一生。每当他面对这土地,这人民,他的眼里常常噙满了泪水。这里,干部群众无别,男女老幼无别,贫富贵贱无别,贤明愚鲁无别,俊丽丑陋无别,只要是黄土地上的人民,他都以敬重理解的情怀流溢笔端。与鲁迅揭示国民劣根性的一面相比,路遥正好展示的是国民美德的一面,不是说路遥不知农民的劣根性,而是他不愿写,不愿从心里击碎这美的群像,这或许妨碍了他向国民性深处的挺进,但这就是路遥!

《平凡的世界》一开始通过孙少平、孙少安一家因困顿的生活备受煎熬的描写,再次摹写了农村的贫穷本相和农民的命运。贫穷使少安被迫中断学业,承担家业,而少平又无法安心学习,常常蒙受屈辱。不争气的姐夫王满银贩老鼠药被"劳教"却又要亲人孙玉厚"陪教",从肉体到精神再受折磨,人的尊严丧失殆尽。而田福堂、孙玉亭等"革命"政治家们,醉心于各式各样的批斗、各式各样的运动、什么移山造平原等,而对孙少安的农业"合同"惊奇恐惧,予以封杀。"左"与"谬"的联姻,势必抖落出"穷"与"衰"的家底,势必使生活在最底层的广大农民更加凄惨惶然。《平凡的世界》特意选取了1975—1985这十年间中国社会由政治禁锢到思想解放、由阶级斗争到经济改革这一历史的转型期为背景,将农村的裂变伸展至城乡的巨变——全国的巨变,凸显出路遥对中国农村和中国社会现状的历史、现在、未来的焦灼的关切之情。实际上,这种关切在《人生》中高加林和刘巧珍的"卫生革命"中就有所体现。愚昧几乎打败科学,更令人看到农村物质文明与精神文明的巨大反差。更令人悲哀的是,刘巧珍具有进步意义的爱情追求最后竟屈从于命运的安排,与同样大字不识的马栓结合,聪明美貌仅成为形式与外壳,又何尝不是封建积习的男尊女卑、女子无才便是德的牺牲品! 应该特别指出的是,路遥关注农民的命运,"更多地关注他们在新生活过程中的艰辛与痛苦,而不仅仅是到达彼岸后的大欢乐"①。他看重的不是结局,而是搏击的过程和这一过程中的艰辛与痛苦。孙少平由一个普通的农村知识青年成为一个出色的产业工人,历经磨难。在黄原打工,他不惜气力,整个脊背磨烂了仍咬牙坚持。刚进煤矿,他担心体检不过关被退回,忐忑不安地找大夫讲情,一旦成为正式矿工,孙少平勤学苦做,月月满勤。在王师傅不幸遇难后,他成为独当一面的班长。孙少安种地、拉砖、拾菜、贷款、烧砖、办厂、闭窑、还债、东山再起——由一个普通的农民成为一个农民企业家,同样几经坎坷。但是,只要"改革"与"开放"联姻,"福"与"兴"的家业就从劳动者那里越垫越盈实。路遥不是单独地写农村的状况、农民的命运,而是与历史相联系,与时代相互通,"历史在这里就不是空泛的事件和静止的背景,而是人们实践活动和内心活动的潜在动力;普通人的生活在这里就不是日常琐碎的生活场景的素描,而是时代历史进程的活生生的内容。这才是文学家笔下的历史,真正意义上的历史文学"②。

---

① 路遥:《早晨从中午开始》,西北大学出版社1992年版,第112页。
② 王愚:《不平静的潜流——读长篇小说〈平凡的世界〉》,载《人民日报》1989年1月3日。

四

在路遥的作品中,最为成功的人物形象是有一定知识的农村青年,特别是城乡交叉地带的农村青年。他关注他们对生活和幸福的追求,对人格解放的探寻,对文明的接受和向往,在他们身上倾注了深挚的爱情。风雪黄昏,父亲来到被弃的姐姐身边,给她围上围巾,用粗大的手轻轻地、慈爱地抚摸着姐姐,给她以父爱,给她以希望,更将生命的哲学传达给自己的儿女:不要灰心,土地是我们永远的理想(《姐姐》)。兰兰嫁进城里,憨厚的大牛砸车发泄固然有歇斯底里的因素,但人格的亟待提高,何尝不是兰兰、大牛的当务之急(《月夜静悄悄》)。与兰兰相反,冯玉琴本可以嫁给城里干部的儿子,成为城里人,但她却为了维护人格的尊严,从城市返回了农村(《风雪蜡梅》)。刘丽英在婚姻上左右摇摆,一波三折,在利欲与良心之间反复考辨,就在于人格的羸弱,而路遥对刘丽英的鞭挞也反衬了作者的理想主义精神(《黄叶在秋风中飘落》)。然而,社会是个复杂的多面体,错综复杂的社会矛盾随着时代与社会的发展,越来越显现出纷繁多样的特性,越来越深刻地影响着农村特别是城乡交叉地带的农村青年。路遥意识到了这一问题,并迅速在这充满矛盾、五光十色的"立体交叉桥"上传递了深邃而丰富的时代内容。《人生》就是这一思考的集中体现。

农村青年高加林不愿再循父辈的道路,也不愿为传统的文化观所束缚,一心想在广阔的天地中一展才华,在爱情的抉择中也以志同道合为最终的目标。刘巧珍集中国传统美德于一身,只可惜目不识丁,但胸中一颗向往知识向往文明的心却跳动不已。黄亚萍以心相犀情相通为爱情准则,德才兼备为呼应,展示现代女青年爱的风尚。他们从各自的人生理想出发,向难以捉摸的现实,发出了有力的挑战。不幸的是,由于种种或然与必然的因素,他们对生活和幸福的追求,对人格解放的探寻,对文明的接受和向往以悲剧告终。从高加林回村、进城又回村的圆形轨迹中,从刘巧珍、黄亚萍爱情得而复失的结局中,人们看到了社会的、历史的、文化的、时代的以及个人的种种纠葛给农村青年带来的新问题,看到了城乡交叉地带的农村有为青年在迈向人格解放的征程上亟待修正的人生课题,看到了作者对势在必行的改革的深沉呼唤。

貌美纯洁的刘巧珍一心酷爱才貌双全的高加林,毫无疑问,她的这种追求具有时代的进步意义。遗憾的是,追求者本身又有其先天不足。自身没有文化而形成的差距,使她高傲而又自卑,在传统与现代之间更多地表现出传统的观念。例如她对高加林外出工作的态度,既希望高加林出门工作为她添彩,希望他闯出一片天下,又焦虑自己贫瘠的知识难以拴住高加林不羁的心。更为重要的是,对于爱情,刘巧珍不是争取,而是去乞求,因而当现实的生活给她补上残酷的一课时,她痛苦而又无奈地接受了生活对她的宣判。

与刘巧珍的传统观念不同,高加林在传统与现实之间,具有强烈的反传统性,不循老辈的活路,而希望有自己的活法。在理想与现实之间,他有远大的志向,不愿受缚于现实。在爱情的抉择上,他最终转向有知识、有现代眼光的黄亚萍,而抛弃集中国传统美德于一身的刘巧珍,并伴有一种如释重负之感。他追求的是精神上的共鸣与愉悦,追求的是内外相一的和谐之美。在事业的道路上,他较少审度现实与他的距离,而是集中精力思索自己的理想与自身价值的对应。他不计手段而求目的,有实现个人价值的机遇决不放过,不考虑这一结局的前因后果、来龙去脉。因此,不虑传统与现实之间的巨大惰力,不顾理想与现实的巨大反差,酿成了他从起点到起点的悲剧结局。在高加林的身上,我们既看到了新时代农村有为青年不满现状向现实挑战的急切心理,也看到了个人主义以及鄙视土地与劳动的直接后果;既看到了农村青年坚强的一面,也看到了他们脆弱的一面。更从他们的身上得到了生活的启示:作为一个农民的儿子,他可以反抗因循守旧的生活模式,却不能蔑视养育生命的土地;他可以追求他的理想,却不能一味地要求只满足个人的欲望;也不能说在城里人面前自卑,在乡下人面前自傲是可悲的情感,但要抹平这一不应有的心理,完善其性格,却不能不慎思社会与人的复杂纠葛。作为一个有抱负的青年,他可以因自己的实绩而自信、自强,却不能因欲望暂时战胜了障碍而沾沾自喜;他应该在他人生的道路上踩出坚定的脚印,却不该没有一个健全的核心的理想贯穿始终,并使之成为有序。

高加林的形象曾引起人们对他回归土地问题的争论,路遥对此特意予以辩解。不过,路遥虽然在口头上予以否认,但在后来的创作中修正了这一问题,《平凡的世界》中孙少安、孙少平的形象就准确地体现了路遥对农民未来的关爱与思考。在孙少安、孙少平身上,少了高加林的个人主义色彩,多了脚踏实地的现实主义精神。孙少安几经曲折,终于成为优秀的农民企业家;孙少平历经坎坷,终于完成了普通农民向优秀产业工人转变所必须经历的从身心到精神的苦难磨炼。这一过程既回答了他矢志不渝回煤矿以及与田晓霞最终未成眷属的因由,更体现了路遥对历史哲学的准确把握。

写到这里,我自然而然地想到了柳青的《创业史》。柳青当初在构思这部反映农业合作化的史诗时,为了充分地体现生活的广度,特意写到了改霞进工厂的情节,意欲将工业战线与农业战线连成一体,形成更为广阔的史诗规模。但是,由于历史的遗憾,柳青的宏愿未能实现。三十年后,路遥以孙少平、孙少安为中心,以一个完整的艺术长度了却了全景式展望中国城乡社会生活的夙愿,虽然史诗性逊色于前辈,但史诗的品格是可以与前贤比肩的,这对于先哲与来者恐怕都是深感慰藉的。

五

1992年春,路遥在西北大学做报告时,我曾问他:"您最爱什么?最恨什么?"他说:"我最爱劳动者,最恨不劳而获的人。"他的话使我想起了陈学昭那部激荡一个时代的长篇小说《工作着是美丽的》,也悟出了路遥审美理想的核心:劳动者是美丽的。你看,《平凡的世界》里出场了数百位人物形象,除了金富之外,没有一个通常意义上的坏人,而金富的被捕正是因为他偷盗——不劳而获。纨绔子弟蔑视劳动,孙少平给他们上了生平极为重要的一课——如何对待劳动。他用自己的劳动所得买回工友的物品,使他们视己为本舍的"权威"。路遥说:"只有劳动才能使人在生活中强大。不论什么人,最终还是要崇尚那些能用双手创造生活的劳动者。""如何对待劳动,这是人生最基本的课题。"李向前双腿虽然残疾,却不接受田润叶居高临下的爱,而要钉鞋——通过自己的劳动赢得生活的权力。田润叶理解李向前钉鞋的缘由:"他是个男人,不劳动而靠老婆养活,便失去了活人的尊严。是的,尊严。只有劳动才能使人尊严地活着啊!"田五这样一个只会出死力且能吃的低能者,只是会劳动,作者也给他安排了在孙少安的砖厂凭气力谋生的结局。至于田福堂、孙玉亭这样的农民政治家,作家也没有让他们凄惨地离世,而让他们最后都走上了劳动的道路,虽然他们的出山显得凄凉,但他们毕竟迈出了自食其力的第一步。满年闲逛的"二流子"王满银,只有春节这有限的几天才想起家的存在,作者对他的厌恶溢于笔端。但是,路遥并没有让他像金富那样被捕(虽然王满银搞过投机倒把、坑蒙拐骗的活动,在男女之间有过不检点的行为),而是让他在旅馆的镜子面前照出苍老的面容,照出前半生荒唐而愚蠢的生活,照出内心的忏悔和"觉醒",在未到年关之际破例回村,收心务农,在土地上改邪归正,在孙少安砖厂的劳动中重建家庭的温馨。这是养育自己的土地,这是哺育自己的人民,这是将劳动视为第一需要的给社会创造财富的父老乡亲,这是美的生活的创造者。怎么能忍心让他们没有一个应有的、良好的生活支点呢?是的,劳动者是美丽的!

路遥是一位将激情倾注于普通劳动者与奋进者的歌手,他毕生都在为他们忠实地歌唱。他说:"我们承认伟人在历史进程中的贡献。可人类生活的大厦从本质上说,是由无数普通人的血汗乃至生命所建造的。伟人们常常企图用纪念碑来使自己永世流芳。真正万古长青的却是普通人的无名纪念碑——生生不息的人类生活自身。"为此,他将这部百万字作品最初起名为《普通人的道路》①,最终定名为《平凡的世界》。在这部交响乐中,奋斗与拼搏是崇高乐章的主旋律。孙少安即使现实一度梦断了自己的理想,但他并不失望,而是立足农村,为家乡父老生活环境的改善、生活水平的提高,不遗余力地奋斗着。当少安的砖厂运转后,他们拼命地忙着,虽然很累但仍然充满激情。"什么是人生?人生就是永不休止的奋斗!只有选定了目标并在奋斗中感到自己的努力没有虚掷,这样的生活才是充实的,精神也会永远年轻!"孙少平,虽然家乡可以给他提供施展才能的一切条件,但外面的世界更加诱人,勇闯天下的胆识使他自强自立,不畏荆棘,勇敢地面对不熟悉的世界,在苦难的门槛前坚忍地奋进,在充满泥泞的坦途上坚毅地跋涉。对此,路遥曾借田晓霞之口做了一段理性的说明:"是的,他在我们的时代属于这样的青年:有文化,但没有幸运地进入大学或参加工作,因此似乎没有充分的条件直接参与到目前社会发展的主潮之中。而另一方面,他们又不甘心把自己局限在狭小的社会天地里。因此,他们往往带着一种悲壮的激情,在一条最为艰难的道路上进行人生的搏斗。他们顾不得高谈阔论或愤世嫉俗地忧患人类的命运。他们首先得改变自己的生存条件,同时也不放弃最主要的精神追求;他们既不鄙视普通人的世俗生活,但又竭力使自己对生活的认识达到更深的层次。"正是在充分理解的基础上,路遥鼓励青年不怕困难,不怕挫折,生活本身就是这样,只要你不屈不挠,你就能迈向既定的目标。孙少安砖厂因"二把刀"师傅倒闭了,他一度心灰意灭,但他终于重新站了起来。李向前失去双腿后,痛苦而又镇定。作者说:"你的两条腿是失去了,但愿你能在精神上站起来!"是的,倒下的是躯体,不灭的是精神!当武惠良因家庭破裂要离开团地委时,路遥告诫说:"青年,青年!无论怎样的挫折和打击,都要咬着牙关挺住,因为你们完全有机会重建生活;只要不灰心丧气,每一次挫折就只不过是通往新境界的一块普通的绊脚石,而绝不会致人

---

① 见《延河》1986 年 4 期。

于死命。"要忍耐,要韧性,要仁爱。金波经历了一场情感悲剧后,理解了生活的意义。"生活不能等待别人来安排,要自己去争取和奋斗;而不论其结果是喜是悲,但可以慰藉的是,你总不枉在这世界上活了一场。有了这样的认识,你就会珍重生活,而不会玩世不恭;同时也会给人自身注入一种强大的内在力量。"正是路遥为普通劳动者倾注了真挚的感情,在作品中贯穿着一股强大的积极的向上的力量,激发了无数读者的强烈共鸣,他为他们所了解和爱好,并真正走进了广大读者的心中。

路遥走了,年仅四十二岁的路遥永远地中止了他对"人生"深沉而睿智的回想,中止了他对"平凡的世界"炽烈而深挚的激情。他的过早离去,使我们不忍心指责他的不足。我们知道,他走的是躯体,永存的是精神。他真正走进了广大读者的心中,他值得我们敬仰,也值得我们深深理解他。我愿以此文纪念他,愿他在地下安息。

师法·凸现·超越
——铁凝创作的影响透视

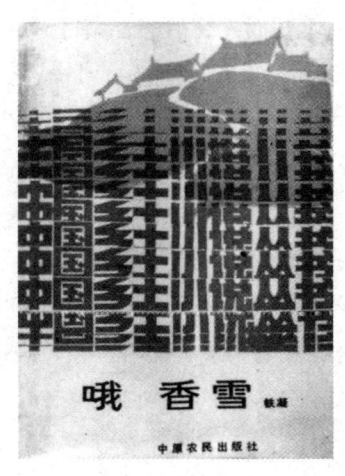

《哦,香雪》封面

每一时代有成就的作家都是在师法前辈丰富的营养的基础上成长起来的,铁凝也不例外。歌德说:"各门艺术都有一种源流关系。每逢看到一位大师,你总可以看出他吸取了前人的精华,就是这种精华培育出他的伟大。"①铁凝的成就固然不能称之为伟大,但她在师法前人的精华,特别是孙犁大师的精髓——孙犁的现实主义精神的同时,努力凸现自己的艺术个性,从而使其创作从稚嫩走向成熟,从单纯走向深广,走向超越。

---

① 爱克曼辑录:《歌德谈话录》,朱光潜译,人民文学出版社1978年版,第105页。

一

　　铁凝的创作是从 1975 年开始的。所幸的是,当年少的铁凝在文学的殿堂外迷惘的时候,一本《村歌》照亮了她前行的路程;而当她拿起笔在"夜路"上摸索的时候,又受到孙犁大师的真诚厚爱。这不能不使初涉文学的铁凝感激万分,也不能不使她早期的创作流露出很强的师法痕迹。

　　在铁凝的初期创作里(1975—1981),她很注重从日常生活里捕捉细小的浪花,以善良的目光注视着农村那些普通而又平凡的农民,尤其是那些青年女性质朴、美好而又纯洁的心灵世界,构筑自己真善美的理想。如泼辣、善良、正直的荣巧(《夜路》),爽快、纯真、朴实的胜儿(《收获》)等,但这易使我们想起孙犁在《山地回忆》《吴召儿》中所讴歌的那些可敬可爱的女孩子。在风格上,铁凝同样朴素、简洁,飘散着冀中平原泥土的气息,这也易使我们浮现《白洋淀纪事》中营建的艺术氛围。的确,铁凝的这些纯朴的抒情诗,师法的痕迹太浓了。她虽然大胆地借鉴了孙犁在叙事描写中的白描手法,效法孙犁那样融情入景,如孙犁在《碑》中这样表达他对英烈们的崇敬之情:"他轻轻地撒着网。他不是打鱼,他是打捞一种力量,打捞那些英雄们的灵魂。"铁凝在《收获》里,抒发劳动的喜悦这样表述:"而此刻收获在她怀里的,仿佛不是一束束沉甸甸的麦子,而是一束束金色的阳光。"但实质上,孙犁的现实主义精神以及由此建构的审美理想、创作原则等,她还没有真正领会。

　　孙犁看到了铁凝作品中肤浅的一面,便透彻地指出:"创作的命脉,在于真实。这指的是生活的真实,和作者思想意态的真实。这是现实主义的起码之点……有些评论家……以为这种作品,反映了当前时代之急务,以功利主义代替现实主义。这就是我所说的假现实主义。这种作品所反映的现实情况,是经不起推敲的,作者的思想意态,是虚伪的。"①这谆谆教诲使铁凝意识到自身的差距,意识到要凸现自己的艺术个性就必须根植于生活,从生活中冶炼属于自己的矿石。

1982年,铁凝终于冶炼出属于自己的矿产品,这就是:一个有着诗一般的名字、诗一般的语言、诗一般的情感的《哦,香雪》。有人说,铁凝成熟了。也有人说,铁凝像孙犁了,不是面像,而是神像。她把香雪善良、纯真但又渴望文明的情感,似淡实浓地充溢在诗情画意的氛围里,她用一分钟的短暂停留里所闪烁的"鲜亮的一环",穿起了一个完整的艺术世界。作品没有重大的事件、复杂的矛盾,也没有烦冗的情节、伟岸的英雄,只有台儿沟十几户乡亲,"一心一意掩在大山深处的皱褶里,从春到夏、从秋到冬地接受大山给予的温暖"。那一次次绿色长龙仅有一分钟的出现,使香雪善良的眼睛里不再是大山,而是自动铅笔盒,是希望,是满足,是喜悦,是向往,是追求。铁凝通过香雪的眼睛,准确地展露了农家少女美好的心灵世界,也展现了时代的车轮给山乡带来的新震颤。这篇小说"从头到尾都是诗,它是一泻千里的,始终一致的。这是一首纯净的诗,即是清泉。它所经过的地方,也都是纯净的境界"②。而且"文章是一个小故事,它叙述了人生的一个小节,作者把这小节写活了,写得那样鲜亮,使读者深深地感动,投入到故事里,感受到一种大的生活的刺激。读者用心灵抚摸这一鲜明夺目的小环,也就捉住了那上面的环节和下面的环节,捉住了这整个鲜明的环链了。就是:读者因为你这一段生活的记载,看到了全面的生活,受到全面生活的感动"③。诚然,换铅笔盒在香雪的一生中并不重要,但在作者看来是创作香雪形象的重要一环。铁凝抓住了这一环,从而便把握了"整个鲜明的环练",创造出香雪这个单纯而又丰富的艺术形象。这里,不仅有铁凝的师法,更有铁凝的创造,不仅凝聚着孙犁老师的一片冰心,更蕴涵着铁凝自身的艺术追求。它使我们欣慰地看到,铁凝已由皮

---

① 孙犁:《给铁凝的两封信》,见铁凝著《夜路》(代序),百花文艺出版社1980年版,第1页。
② 孙犁:《谈铁凝的〈哦,香雪〉》,载《小说选刊》1983年第2期。
③ 孙犁:《孙犁文集》(四),百花文艺出版社1982年版,第83页。

相的师法而走向凸现,指向超越,换句话说即是:铁凝出师了。

二

建构自我是困难的,消失自我同样可悲。一个作家如果仅仅满足于浅表的借鉴,那他的作品在诞生的同时就已宣告了死亡。只有不断地师法前人的精华,并在此基础上保持并拓展自身独特的艺术个性,才能在艺术世界里坚实地前行并拥有读者的心灵。

《哦,香雪》的成功,不仅表现了铁凝非凡的"顿悟"能力,更重要的是也体现出"顿悟"中作家强烈的主体意识——凸现独具的艺术个性。其实,这种凸现在《哦,香雪》之前《灶火的故事》里就已显出端倪。《灶火的故事》是一个令人悲哀的故事。灶火的悲剧就在于他在那个愚昧社会所制造出的种种规范与原则下虔诚地生活,但又丝毫没有意识到自己正走向生活的深渊,因而与现实格格不入终遭社会的遗弃。灶火的形象唤起人们对那些在战争中有着美好岁月,而今却落伍于时代的父辈们的同情与沉思。这是铁凝对人生的理解与把握,也是她对社会的深沉思考。随后铁凝虽在《哦,香雪》中唱出一首清新的颂歌,但这颂歌中仍沁出灶火般的压抑和悲哀。香雪是美的,但这种美必将以痛苦的裂变作为代价。也许是作者不忍心让这十七岁的少女承受这沉重的精神负荷,便把这淡淡的悲哀留给了读者。当我们感受到这一意图时,铁凝的艺术个性也就展露在读者面前:她不愿展示现实的丑恶,也不愿违背生活的真实,她要以自己的真诚浇铸纷繁的生活。她说:"在悠长而严肃的人生岁月中,我应该珍惜生活给予我的一切馈赠,欢乐的、忧伤的、美好的、痛苦的——生活很美,也很苦,一个在生活中不感到累的人,也不可能深刻地认识到生活中的美。"她知道:"真诚、善良、虚伪、丑恶都深深埋藏在生活之中,寻找、发现、开掘这也是我们的使命。"[①]安然的形象就体现了铁凝这个现实主义作家的使命感。

[①] 铁凝:《生活的馈赠》,载《萌芽》1984 年第 1 期。

安然,这个尚未涉世的女中学生,用自信而充满个性的眼光看整个世界,用自己的真诚率直对待一切人,却被祝文娟的世故、父亲的苦闷、妈妈的世俗、姐姐的烦恼、班主任的冷漠碰得茫然失措。她不懂,自己试图用真诚的心与现实建立一种和谐关系,竟四处碰壁。这的确是一种莫大的悲哀与无奈。这种情绪弥漫于安然的心灵,也渗进读者的心扉。这是铁凝呼唤真诚的深沉恋歌。在特定的年代里,孙犁通过他笔下的年轻女性,传达了他真挚的情感和革命必胜的信心。而今天,铁凝又和她的香雪、安然,在平凡的生活中一起思索现代文明社会中人的价值,一起完成对真善美理想的追求。"殊途同归",不仅使我们看到孙犁的现实主义创作原则已得到铁凝的深刻"认同",也使我们看到铁凝审美空间的拓展——对城市生活的开拓,审美视角的拓宽——对再没有完美和谐的生活境界却有着不可抗拒的现代意识的人的思考和审美主体意识的强化。换言之,铁凝完成了自我凸现的主体转换。

三

铁凝的凸现是艰辛的,也是曲折的。当安然带着香雪的单纯与完美,又背负着自身的矛盾与沉重走向新的人生之路时,就已意味着铁凝已不满足于纯情的牧歌式的浅唱,而开始多层次、多方面、多色彩地涂抹现实的人生了。但是,私淑孙犁所形成的创作定式,尤其是香雪的成功,使她在写什么和怎样写上思虑重重,自觉与不自觉地徘徊"轻车熟路"之间。这从她1983—1985年发表的《远城并不陌生》《村路带我回家》《六月的话题》等作品中可明显地看出。从总的情绪把握上,上述作品有两种倾向十分鲜明:一是热切地眷恋那纯情明净的田园抒情曲,如《村路带我回家》中乔叶叶曾反复于城乡间的选择,但最终还是以崭新的精神回返农村;二是对社会变革引起城市生活方式的现代化及人的精神变异的无可奈何。《远城并不陌生》里生活在城市中的苏怀胄感情上的犹豫,从农村到城市的杨秋伏思想意识的落后,城市女青年郁南妮的现代意识和他们之间的对比,以及象征着农村宁静与纯洁的老支书、九月等人物群体的比较,都透露出作者对旧的伦理道德和现代意识影响下人的精神变异的双重评判,也流露出作者的讽刺与揶揄。这种情绪又在《六月的话题》中得到延伸。毋庸置疑,这两种倾向反映出铁凝在凸现自我过程中的矛盾与困惑。究其实,一方面是现代社会生活的冲击与作家迎接挑战的反映,另一方面与孙犁的潜在影响亦相关联。在铁凝的《哦,香雪》刊行后,孙犁曾对铁凝说:"我也算读过你的一些作品了。我总感觉,你写农村最合适,一写到农村,你的才力便得到充分的发挥,一写到那些女孩子们,你的高尚的纯洁的想象,便如同加上翅膀一样,能往更高处、更远处飞翔。""在农村,是文学,是作家的想象力,最能够自由驰骋的地方。我始终这样相信:在接近自然的地方,在空气清新的地方,人的想象才能发生,才能纯净。大城市,因为人口太密,互相碰撞,这种想象难产生,即使偶然产生,也容易夭折。"进而他建议道:"你如果居住在中小城市,每年有几次机会,到偏远的农村去跑跑,对你的创作,将是很有力的。"①前辈的中肯之辞对铁凝的创作无疑是很好的指向,但城市文明的撞击又不能使敏感而又具有灵气的铁凝无动于衷。渴望真诚、渴望容纳使她不能拒绝生活的馈赠。她在探索,也在彷徨。这就是在《远城并不陌生》和《村路带我回家》中所构组的然而并不很明显的象征意义。可以说,对于蕴含着现代意识的"远城"的"不陌生"感,给铁凝带来探索一种新的艺术境界的信心与勇气,而象征着纯真、真诚的"村路"以及"我"所回的"家",正是作家寻觅的艺术境界。

尽管社会的变革和时代意识的冲击使铁凝心理结构中的各种因素此消彼长,此长彼消,有时发生"变异",在作品里呈现出不同的审美特征,但她始终扎根于自己所选择的生活,从不改变现实主义的主旋律。因此,无论是在《没有纽扣的红衬衫》中对安然白桦树下的思考和白洋淀中的游玩的描写,还是在《村路带我回家》中对乔叶叶与盼雨、宋侃、金召感情纠葛的刻画,或在《银庙》里关于猫患对罗大妈的态度的表现,在《近的太阳》

---

① 孙犁:《谈铁凝的〈哦,香雪〉》,载《小说选刊》1983年第2期。

里关于人与自然哲理性的抒情,孙犁的现实主义精神始终感召着她。但是铁凝最终在精神实质上领悟了大师的精髓,又在自己多年的艺术实践的磨砺中逐步凸现了艺术个性,走向超越。

四

1986年,铁凝凸现艺术个性同时又有所超越的作品《麦秸垛》问世了。所谓凸现艺术个性是铁凝仍以她经常注目的农村平凡生活、平凡女性为表现内容,以现实主义精神探寻普通民众的悲欢离合;所谓有所超越是指作品更有力、更深刻地揭示出中国传统文化的恒定性,基调深沉,主题多义,体现了作家用真诚炼冶出的凝重意绪。作品以"十年动乱"时期的端村为背景,描写了北方平易市几个知青接受"再教育"的一段经历,展示了几位普通女性坎坷而又令人心酸的心灵历程。那年复一年干了又湿、湿了又干的麦秸垛不住地诉说着一个古老而又悲怆的爱情故事。一辈子生活在麦秸垛旁边的大芝娘是普通的农村妇女,她具有普通中国妇女所具有的品德,但在爱情上却品尝了悲苦的果实。她爱她的丈夫,而她的丈夫在外提干后却抛弃了她。她豁达地让他离开,但又不甘心就此了结,她要完成做女人、做妻子的"义务和责任"。她连夜追到城里,找到已经离婚的"丈夫",第二天一早就离开了他。她生下了大芝。她没有被爱的权利,却又上演着爱的悲剧。她企图用一夜的性爱抹平她一生的酸楚,用被子里一个又大又长的枕头填补她心灵与肉体的寂寞。大芝娘的悲剧是令人悲哀的,她饱受人性摧残竟安之若素。在对大芝娘冷静的刻画里,我们感到一种震撼心灵的力度。不幸的是,大芝娘的悲剧在20世纪70年代的知青沈小凤身上又重演了。沈小凤深爱知青陆野明,陆野明却偏偏钟情于知青杨青。沈小凤不愿面对这个现实,企望以委身的方式换取陆野明的爱。于是,在麦秸垛旁,她大胆并主动地与陆野明有了一次性爱的体验。但这并不能获得陆野明的爱。沈小凤不甘轻易地退出,再一次来到麦秸垛旁,乞求陆野明让她生个孩子。这里,麦秸垛已失去了本身的含义,成为一种历史的符号和文化的象征。杨青则不同,她对自己所爱的人若即若离,但又压抑时时欲起的似火的真情;对欲夺其爱的沈小凤似恨非恨,但又夹杂着怜悯与同情;对大芝娘似亲非亲,但对其美德又加以首肯。这一切都深刻地表明了杨青感情与理智的矛盾,传统道德与现代意识的冲突。对三位女性的描写,反映出作者对人生、对历史的强烈的忧患意识和对文学的历史使命的真诚、热切的思考。"世界并不由我自己来负责,但我有一种'忧患意识',有一种责任感。我的作品表现得不多,但我心中却很踏实,因为我的责任感沉淀在我的血液里。我的创作不适合很表面地去体现这种责任。关键在于这一切的一切,对于你的血液与灵魂的渗透。"①可以说,《麦秸垛》就是铁凝的真诚与热情在她血液和灵魂里的渗透,是孙犁在普普通通的生活中建构一个真善美的世界、在平凡柔弱的女性身上表现一种沉睡而又渐起的民族意识的现实主义精神的艺术折射,也是她始终追随时代,对新的精神世界的追求与呼唤,是铁凝对孙犁大师创作神韵深切感知后,对生活所表现出的高度的责任感和使命感,以及由此而迈向超越的具体实现。

总之,铁凝受孙犁的影响很深,这种影响不是局部的、某个方面的,而是整体的、贯穿她前期创作的整个历程。从最初单纯的表现手法的借鉴,到之后现实主义精神的汲取,铁凝完成了艺术个性从模糊到明晰的审美建构,完成了从师法到凸现,再到超越的三级跳。虽然其间有过短暂的徘徊,但片刻的摇曳后,铁凝迅速走上开拓、深化的道路,并使其创作跃上了一个新高度。托尔斯泰说,"正确的道路是这样:吸取你的前辈所做的一切,然后再往前走。"②铁凝的创作就给了我们同样的启示。

---

① 周申明:《有所超越,不失本色——从铁凝的〈麦秸垛〉说开去》,载《长城》1988年第3期。
② 布罗茨基:《俄国文学史》(下卷),蒋路,刘辽逸译,作家出版社1962年版,第1046页。

军旅巾帼三原色
——论项小米、马晓丽和裘山山的长篇小说

《英雄无语》封面

在世纪之交的军旅长篇小说创作中,以项小米、马晓丽、裘山山等为代表的女作家的崛起,无疑是最令人注目的亮点。这倒不仅仅是因为多年以来军旅长篇小说创作鲜有女作家问世,她们的涌现为军旅文学营建了别样的景致(虽然这也可以成为欣喜的理由),而是因为当她们刚刚迈向长篇小说领域的时候,就不动声色地展现出敏锐的思想和出色的艺术驾驭力,为军旅长篇小说创作乃至当代长篇小说创作提供

了新的质点。军旅长篇小说因之而霍然亮丽,她们亦因之而卓然有别。

限于篇幅,本文仅以项小米的《英雄无语》、马晓丽的《楚河汉界》和裘山山的《我在天堂等你》为例,对其创作中所呈现的艺术新质做粗浅的勾勒,以期对当代军旅长篇小说创作有新的认识。

一、项小米:革命历史与人性的拷问者

项小米从事小说创作始于 1985 年,但真正给文坛带来冲击力的还是 1999 年创作并出版的长篇小说《英雄无语》。小说以"我"对从事特工的爷爷一生历史的追问,重新评价与审视那些被历史湮没的特殊英雄,抨击当今市侩的功利主义哲学为表层,通过"我"爷爷与"我"的三个奶奶半个世纪的个人恩怨以及名字叫每的女儿的悲剧命运的反思,重新拷问革命文化中那些非人性的内容,以人性撬动历史,撞击灵魂。这里,革命历史的行程与事件已不是小说被动依赖的客体,而是她反思历史、张扬人性的载体,这使得《英雄无语》摆脱了历史本身而获得文学的灵动与飞扬。

项小米的爷爷是世纪之初就投身革命从事地下工作的老特工,他传奇而神勇的一生却一直是一个无法知晓的历史之谜,成为多年来萦绕在项小米心中难以释怀的症结。她迫切地希望能探究并破解这一历史的谜团,特别是当她知道故乡连城(闽西)与瑞金仅二百里之隔但同样也为革命付出了巨大牺牲时,一种强大的震撼力冲击起她对历史言说的愿望。她四下龙岩体验这块圣土上的神圣与悲壮,感悟大山的伟力给予"爷爷"的抱负与活力(包括制约力),体察客家文化的底蕴给予"奶奶"的魂灵与依托。在一切烂熟于心之后,她冷峻而睿智地以人性为支点开启了尘封于历史深处的爷爷、奶奶和每的历史。

"爷爷"是一名资深的共产党员,一位曾在"特科"工作的出色的地下工作者。工作的环境与性质使他必须恪守组织严密的纪律和神圣的誓言,必须默默地独自承担随时可能降临的危难甚至牺牲。这种面对

组织,忠诚英勇,一诺千金,即便牺牲生命亦无怨无悔的近乎严酷的教义渗入到爷爷的血液中,使他无论在中华人民共和国成立前还是成立后都无言地承受来自各方面的冷遇与不平,直至生命的最后消亡。但是,这种政治的悲剧并不是爷爷悲剧生涯的全部,他更大的悲哀来自这信仰的背后人性的冷漠与无情。面对妻子,他简单粗暴,毫无信义,不讲道德心硬如铁,如同一个不折不扣的暴君。面对子女,年轻时,他冷淡无语,绝情绝义,任凭母亲心如刀绞亦无动于衷;年迈时,他渴望亲情,却又不通人情,难解人意,致使他的感情生活终生枯竭。更可悲的是,他对于这一点毫无意识。作为一个忠实的革命信徒,他收获了成功的果实,但作为一个丈夫、父亲、爷爷——一个应该有着丰富情感和责任感的男人来说,他品尝了失败的苦果。这位从闽西深山走来的农民,秉承了大山伟岸、坚强、粗犷的雄姿,也因袭了农民愚昧、粗暴和简单的因子。封建文化中重男轻女的思想,更膨胀了他恶劣的本性,催化了他畸形发育的精神世界。在爷爷的骨髓里,只有革命的需要而没有亲情的义务,晚年趋向众叛亲离的绝境也就在所难免。通过爷爷的形象我们看到:革命往往是伴随着某种缺憾出现在人们面前的,"爷爷"就是带着浓厚的封建社会的投影和农民性走进革命队伍的。一部革命史的种种不足,甚或失误,可以说是与无数组成这支队伍的人们身上的劣根性紧密相关的。"爷爷"对革命忠诚无畏甚至愚忠,对自己的亲人却无情无语,是那个时代相当一部分革命者身上无法摆脱的历史局限。但是,革命者也好,某种意识形态也好,归根结底都是建立在人的基础上的,一旦其脱离了人性的轨道,无论它曾经多么先进,都会走向其反面并为人们所抛弃。"爷爷"的形象就给了我们这样的启示。

同样令人震颤的还有奶奶。这位生下来三天就给爷爷做童养媳的农村妇女,深受客家文化的熏陶,一辈子含辛茹苦地操持生计,却遭受了难以抚平的创伤。她没有太大的理想,只想平平安安地生活下去,将自己的孩子拉扯成人。但就是这样一个基本的生存之路都几番走到了绝境。先是丈夫抛弃了她,唯一的儿子又被他派人领走而下落不明,之后又是唯一的女儿每也因丈夫的牵连在狱中染病,不久在饥寒交迫中死去。奶奶成了"孤人",这是对奶奶最为沉重的打击(她只靠人求生的本能才延续着自己的生命)。正是爷爷的冷酷破灭了奶奶生存的基本希望,奶奶失望—希望—无望—绝望的精神之旅就将"拒斥"两字深深地烙在了心上。尽管奶奶后来的生活发生了根本性的好转,但对于爷爷,奶奶所做的就是将拒斥两字再深深地烙进孙子辈的心上。这种以牙还牙、以血还血的复仇方式,不得不使爷爷终生郁悒独行在精神世界的赤贫国度里,至死方休。

奶奶之所以产生强烈的逆反心理抗拒爷爷的存在,完全是战争与历史的残酷性剥夺了奶奶长期的人性需要(包括肉体的需要与精神的需要)所造成的。奶奶十七岁圆房,十九岁生下第一胎后,爷爷不屑与奶奶同房,每的"播种"也是一次极为偶然的心血来潮,之后爷爷与奶奶再没有过任何身体的接触。这对于正处于情欲旺盛期的青年少妇来说,打击是极其残酷的。奶奶在上海那次对五岁的每一改往日的温存,刹那间变形为魔鬼一般的妇人,涌动起恐怖的报复与残忍之心,丧失理智疯狂地暴打无辜的女儿,没有丝毫的怜悯之情,就是奶奶处在"帮佣"的位置被爷爷与二奶的欢欲强烈地刺激后产生的反常宣泄。肉体的拒斥尚可以忍受,骨肉的剥离是对精神需要最无情的打击。制造这一切的"罪魁"就是爷爷。实际上,爷爷完全有能力扶助奶奶并给予她精神上的补慰,但他根本没有这个意识,也根本没有采取相应的措施,他以一个绝对的居高临下的君主霸气,颐指气使地对奶奶蛮横,从未有过丝毫的歉意,这就使奶奶的心凉到了极点,对爷爷复仇就成为奶奶心中根深蒂固的极致心理。

每的毁灭更让人心碎。她的弱小完全可以不计,她的生命也似乎可以不计。她没有任何可以抵挡的力量,如同一只任人宰割的羔羊,将自己送上中国革命的祭坛。她娇小而孱弱的生命不幸成了政治势力较量与搏杀的牺牲品,脆弱的断裂如同一片羽毛悄然地飘落无声无息。历史的残酷、人性的悲哀在这里血一般的凝结。它向人们昭示:革命不单是荣光与自由,革命也不单是幸福与欢乐,革命的残酷性对于普通的民众来说,包含着一种更无情的摧残、一种更无人道的打击、一种更难以愈合的创伤、一种永远弥漫在几代人心中莫名的情结。

马克思说:"现代历史著作方面的一切真正的进步,都是当历史学家从政治形式的外表深入到社会生活的深处才取得的。"①项小米在重新阅读与审视革命历史时,就包含着作者对历史、对战争的重新考辨,包含着作者对妇女命运的更深的理解,对婚姻价值观念的多重探索,以及对人性历史与文化意涵的深刻批判与理性反思。作者从人精神的、本质的需要意义上去把握母亲的精髓,在历史、文化、人性的隧道中,去叩询革命的目的,去反省生存的意义与人的价值,这样历史在这里就不是单纯的政治对抗和军事较量,而是包含着丰富生动的人性内容。作者以人性反思革命历史,不仅是创作视点和聚焦方式的转变,而是历史观念和创作思想的革新。

二、马晓丽:历史化的革命伦理与现实功利哲学的追询者

与项小米相近,马晓丽虽于1987年开始了她的小说创作,但引起人们广泛关注的也是她的长篇小说《楚河汉界》。也许是职业的敏感与时代的感悟,她们的长篇小说都不约而同地将艺术的向度指向革命历史,指向社会现实,指向复杂的人性与伦理道德。所不同的是,项小米质疑的是革命历史的人性逻辑,马晓丽追寻的是革命伦理的道德准则。或者说,更令马晓丽饶有兴味的是历史化的革命伦理与现实功利的双重博弈,是人格精神与现实情境的二难选择。边防二团两名战士在检修电话线路时,不慎意外坠崖,一死一伤的结局是按"事故"处理还是按

---

① 马克思:《马志尼和拿破仑》,见《马克思恩格斯全集》(第十二卷),人民出版社2006年版,第450页。

"事迹"上报,是托出实情还是造"势"出"机",不仅关系到二团团长周东进的去留与升迁,还关系到军区组织部长周南征、边防军区司令员魏明坤等其他相关利害人的走向与未来。小说以坠崖事件为中心,以周东进痛苦而又矛盾的心灵抉择为主线,以红军油娃子的悲剧命运为辅线,在历史与现实的双重喻示下,展开了手段与目的、过程与结果、局部与整体——理想构建与现实需要的较量与拼杀。

  一般来说,在美学的层面里,真善美与假恶丑是决然对立而不兼容的,而在现实的境遇里,三者之间的关系就显得尤为复杂。攻打395高地,孤高自傲的周东进没有料到自己的失误导致连队暴露主攻意图,瞬息万变的战情使自己作为主攻连非但没有首先占领阵地,反而遭受了重大的伤亡,这使他陷入深深的自责与愧疚中。更让他内心不安的是,部队对他的战斗作风表示满意,决定授予他军功章。一向以人格率真、坦荡而自律的周东进决意推功揽过,托出实情。岂料,他的这一举动非但没有得到同事与战友们的谅解,反而使他与战友产生了更大的隔膜,他也因之失去了升迁的机会。无奈,他自请调往边防部队而告别了野战军。理想的真情、善意与美德在现实面前黯然失色。现在,类似的情境再一次重现,荣辱相关的多米诺骨牌再一次叩击着周东进磊落的心灵:以"事故"报,全团再有两个月就唾手可得的"十年无安全事故典型"将化为乌有,全团官兵几茬人为改变多年受冷遇的努力将功亏一篑,曾经梦想过无数次的典型效应也荡然无存,自己当了七年的老牌团长的命运与十余年的军龄亦会就此而止,相应的军区组织部长周南征的军人政治生涯亦可能就此封顶;以"事迹"报,整合的材料与事实的真相又明显相左。诚然,如果只是一次偶然的违心之举,良心的自责或许可以释怀人们内心的郁闷,但问题是,当我们抛开历史的表相切入本质时,我们往往会发现,历史是那样惊人的相似。当"势"与"事"的博弈以"事"取"势"占得上风时,当信念的操守最终失贞于功利的现实时,历史的又一个轮回开始了。油娃子的戏言就是在这样的情境中一次次被应验。

油娃子本是团长的警卫员,在一次战斗中,团长被打废下身,悲观至极饮弹自杀。在革命的年代里,革命的伦理只能认可英雄的壮举而不能认同懦夫的行径——只能认可团长的英勇牺牲而不能认同团长的自杀身亡。为了遵循革命的伦理,随同的警卫员油娃子便被指认为杀害团长的凶手,而另一位与他同行的警卫员周汉则在上级的强压下,以唯一证人的身份做了伪证。于是,油娃子被活埋。作为这一事件亲历者的李冶夫、周汉、黄振中等,则在权衡"势"与"事"的利弊中开了窍,领悟了革命伦理与现实需要的辩证关系,并在日后的现实需要中驾轻就熟。他们的后继者周南征、魏明坤、王耀文等,虽身处和平年代但也很快在前辈的实践中秉承了这一要义,在将单一的事业追求变线为仕途、事业相辅的双线之旅时,自然而然地焊接了历史的法则。因此,周东进的人格力量在顺"势"则昌、逆"事"则亡的现实准则面前无奈而悲壮的衰落,既是历史规定性的注定结局,也是现实必然性的命定结果。马晓丽将革命历史行程中历史化的革命伦理与现实化的功利原则相联系,将人性的弱点与社会的势态相结合,在纷繁的现实矛盾与复杂的历史纠葛中,状写历史中的人与人的历史,在历史的追思与现实的呈现中拷问灵魂。这样,历史在这里就不是空泛的事件和单纯的背景,而是革命历史实践中人的心灵搏战与潜在动力,军人的行为也不是部队日常生活场景的机械再现,而是历史进程中无法屏蔽的鲜活的生活内容。这无疑强化了小说的历史感与现实性,也使作品具有了更为强烈的艺术震撼力。

小说中黄振中的形象同样令人慨叹。这位聪慧的"识时务"者,以其过人的心计与领悟力成为革命伦理的顺应者与受益人。他如同一条训练有素的鹰犬,以其超凡灵敏的嗅觉敏锐地捕捉着每一个可以利用的时机,适时而又适势地出现在对手面前并给对手以致命一击。他应运而生的历史与苦涩黯淡的结局,是个人的悲哀,也是时代的悲哀、历史的悲哀。作者深刻地揭示了黄振中的思想行为与革命伦理的内在联系,即"他们的动机不是从琐碎的个人欲望中,而正是从他们所处的历史潮流中得来的"①,这使得黄振中的形象具有更为深刻的警示意义。

三、裘山山:雪域高原圣情的守望者

　　裘山山的名字往往与长篇小说《我在天堂等你》联系在一起。这部以崇高的人生信仰维系人生、锻铸军魂的长篇力作,将第一代进藏官兵在极度恶劣的条件下,不畏艰难险阻,不怕流血牺牲,最终抵达雪域高原的可歌可泣的英雄事迹表现得激情澎湃、大气磅礴。在普遍回避信仰、躲避崇高的当下文坛,裘山山的守望显得尤为可贵。

　　裘山山的守望源自军人的责任,也源自内心的渴望。一次,她去采访一位首批进藏的老兵。已是花甲的老兵拿出了她当年与丈夫的合影,相片上的丈夫高大精神如首长,妻子瘦小稚气如通信员。强烈的对比使作者在一瞬间产生感伤的思绪,她知道这是组织的安排,一个那个时代虽不情愿却不得不如此的惯常组合。丈夫(老首长)也拿出了他珍藏多年的老伴的相片,情深意浓地回忆起往昔充满激情的岁月。那神情,使作者不由得重新细看那张对比鲜明的旧照时,竟涌起无限的温馨与感动。于是,她六进西藏所体悟的雪域圣情、所历练的道德精神,化作军人崇高的理想,化作青春无悔的选择,化作雪山不变的信念,化作高原神圣的责任,在心灵的天空自由地敞开。

　　人是要有崇高的精神的,人正是靠这种崇高的精神支撑起生命的质量的。这是回响在《我在天堂等你》的最强音,也是欧战军、王新田、苏玉英、白雪梅等第一代进藏官兵引以为傲的人生信念。这里没有你争我夺的利益冲突,却有战友间肝胆相照、生死相依的血肉之情;这里也没有舒适丰厚的物质基础,却有恶劣的生存环境下人间的温暖与至情。正是这种生死之谊与血浓于水的深情,使活着的人们责无旁贷地

---

① 恩格斯:《致斐·拉萨尔》(1958年5月18日),见《马克思恩格斯选集》(第四卷),人民出版社2006年版,第344页。

承担起牺牲的战友和同胞的重托,将他们未尽的使命担在自己的肩头。因为他们是幸运的,比起众多将忠骨埋在雪域高原的先烈来说,他们毕竟活了下来,他们可以在夕阳的映照下守望历史,守望那片神圣而震撼的天堂。如今,这种催人奋进的精神,这种勇担道义的责任,这种如山之挺拔、雪之晶莹的品格,这种在坚守执着中冶炼的崇高理想,已化作一代代军人的军魂血脉,在雪域高原上传承弘扬。

人还是现实中的人,军人也是现实中的一分子,军人的人性同样应折射出人性的普遍内涵。这是回响在《我在天堂等你》的又一旋律。戎马一生的欧战军,有着刚毅粗犷、吃苦耐劳、果敢坚定的军人作风,公而忘私、讲求奉献、甘为他人的高尚品质。这种在特定时代和特定环境下所形成的时代风尚,在当时的白雪梅看来,虽然少了许多生活的情趣、人性的关爱,却也增添了几分理想的光芒。他的一生只对白雪梅表达过一次爱的承诺,却令白雪梅感动不已、终生难忘。这不是说他不善于表达,而是长期的铁血生涯压缩了他内心的温情;也不是说他不懂得妻子的冷暖,白雪梅怀孕时的关爱和焦灼同样体现了丈夫的责任与应尽的义务,只是说他更习惯于以军人的上下级的工作方式处理夫妻之间的情感事务,这使得今天的孩子们看来,显得那么不合时宜、那么缺少人情。小儿子木鑫更是直截了当地认为他是一个自私的人!这一论断虽然过于绝对,但欧战军常常从自己固有的甚至是僵化的观念出发,以己度人、居高临下、绝少换位思考却是不争的事实。他以家长制的方式包办木槿的婚姻,并自以为是为女儿安排的绝佳婚配;他冷眼旁观无助的木棉,却将有限的钱物捐给家乡的政府或他人;他更反对木鑫经商的选择,这使他与子女们的沟痕越拉越大。因此,当他再次试图以家长会的方式解决积蓄的子女矛盾时,其实是点燃了两代人战争的导火索,他也因之走上了悲壮的终点。作者以崇敬与理解的心情,抒写了老一代军人崇高而又悲壮的一生。他的告别也从另一个侧面告诉人们:坚守固然重要,但在发展中坚守更为重要,因为行进在社会历史中的只有一个个具体的人!

总之,在世纪之交的军旅长篇小说创作中,以项小米、马晓丽、裘山山等为代表的女作家的崛起,是最令人注目的亮点。她们以崇高的信念为底色,或拷问革命与人性的历史脉象,或叩询历史化的革命伦理与现实的功利哲学,或追思雪域高原的神圣情怀,将军人与历史、与现实的思考,睿智、理性而又富于激情地镌刻在当代文学的殿堂中,大大深化了作品的审美意涵,为军旅长篇小说创作乃至当代长篇小说创作提供了新的质点。可以说,《英雄无语》《楚河汉界》《我在天堂等你》等小说的问世,是当代军旅小说转型与创新的新起点,也是世纪之交军旅文学的重要收获。

英雄草莽化的偏颇
——以《狼毒花》中的常发为例

在近年来的传奇式军人形象塑造中,《狼毒花》中的常发颇受争议(小说实际发表于1990年,只是近年改编成电视剧后重新引发轰动)。这位"匪气十足"的草莽式英雄,将其军人中"人性""野性"甚至"粗鄙"放大到极致,使得"还原"与"放大"军人元素中非理性与草莽性因素的书写范式成为新世纪传奇式军人形象塑造的普遍范式。如果说,理性、意志、果敢、胆识、智慧是20世纪50—60年代传奇式军人形象如杨子荣的"五项基本原则",那么,常发则是在保持着果敢、坚毅、智慧的前提下,又增添了神奇、鲁莽、非理性等新素质。诚然,这一范式较原有的塑造模式而言有所拓新,常发的形象也似乎更为广大读者所认可(较高的收视率或可说明这一点),但是,这一形象的塑造是否存在着偏颇?它将会引发我们怎样的思考?我以为,在这一创作潮流成为"时尚"并被普遍追捧的今天,值得探讨。

所谓传奇型军人,是指超常的个性使其在从军生涯中充满了惊险和奇特经历的军人。警卫员常发超常之术有三:枪法、马术、酒力,这三点可谓超群盖雄。他的枪法在出场中就可见一斑:一个酩酊大醉的大汉拿着枪在关押着三十七名犯人的院子里耍酒疯,军分区副政委和他的警卫员看他是个八路军,就走上前去处置他败坏军纪的行为。但这个醉汉根本没有把他俩放在眼里,反而更加性起,左右开弓,一排连发打得小树刀裁一般地折倒。其出枪之迅速,射击之精准,令副政委和他的警卫员看得目瞪口呆。这就是常发。他的马技更是了得,骑马如飞不算功夫,训得马面壁人立,飞檐走壁、翻墙跳院更是如同寻常。他的酒力似乎无量,常常是举瓶痛饮,举碗欢饮,举桶豪饮,举坛狂饮,犹如渗坑。

常发难改本性也有三:莽劲、酒鬼和女人。他一生都没有走出三者的樊笼。他鲁莽而讲江湖义气,为报首长的救命之恩而成为他的铁杆警卫。为酒他豪气冲天,赢得整个草原如雷的声名。经典的事例之一是:他曾被叛匪关在囚笼中整整七天,浑身血烂,伤口长蛆,刚被解救后闻见酒精味,立刻不顾臭烂之躯爬进酒缸,全身没入酒液之中,哈哈狂笑,大口狂灌,连同蛆虫一道吞入肚中,再次令所有在场的人员目瞪口呆。这以后他得了嗜酒后遗症:一顿不喝,四肢无力;一天不喝,全身颤抖;两天不喝,会像废人一样倒下,甚至晕厥过去……为女人他不顾一切,无贵贱国界之别,还有他自己的一番理论:"我想,女人都是头一天骂我,第三天就离不开我了……"

常发的"三术"与"三性"使其在军旅生涯中充满惊险。枪术使他在唐河阻击战中,亲手击毙十二名鬼子,战功卓著;马术使部队首脑机关攀上绝壁,逃离险境;酒力使他在赚苏联人的机枪、降蒙古人的武装等方面,出尽风头。他习性鲁莽、推崇本性的自然流露,毫不在意因之而带来的祸福。借酒劲敢扣压他后来的顶头上司和同事。他本为营长,战功足可升任副团长,可他不屑升职反而拍着桌子叫骂着要喝酒。有酒没肉,他又去割日本兵尸体上的肉煮来下酒,一副"壮志饥餐胡虏肉"的气概,被降为连长。副政委多次暗暗下决心一定要除掉这个土匪坯子。黄永胜认为他不是土匪,只是有武林气而已,而且主张乱世用人要乱着来,使他几番逃脱被枪毙的命运。又有人补充说,他是采花贼,几乎每到一处都要拈花惹草,没有人说得清他与多少女人有染。消灭伪军有功,已决定恢复他营长职务,被他逛窑子"逛"掉。后因恶习难改,竟将房东家的女儿强暴。正当常发被关在柴屋里等待军法处死时,却被日本人俘虏,同时关押的还有五百多军民。常发急中生智,利用鬼子送来的水,将墙浸湿后挖通房屋,率大伙逃出了虎口。功过相抵,加之受害人宽宥,常发再逃过此劫,降为排长。他最后的杰作就是夜闯民族资本家的闺房,抢走其女儿,引发商会和社会各阶层的混乱,造成事实婚姻,并最终在赤峰市扎下根来。

常发既然是一个有着超常的能耐和嗜好的个性化人物,作者也就围绕着常发在马、枪、酒、女人四方面的个性上做文章,几乎所有的情节都是为了加深读者的印象和扩写常发在上述四方面的能耐。小说中有一个细节颇有意味:黄永胜问他要酒还是要营长,他说要酒;要女人还是要营长,他说不要营长;要酒要女人还是要命,他说要命;以后再沾酒和女人要他的命,他回答:"我,我还没娶媳妇……"这里就需要的层次来说,有三个层次:物质的、精神的和社会的。常发的需要不是依照常规逐次递进,寻求人的高层次的满足,而是恰恰相反,寻求人的最基本的生理需要。不能说他的需要没有合理的成分,这与我们以往单纯地强调人的社会性、忽略人的自然属性是一个有力的反拨,人物单纯而可爱可怜的个性也因之而鲜明、独特。但是,这种个性的描写又走向了另一面。一是突出个性的历史地位。革命的功绩在很大的程度上归功于常发的个性。苏联人之所以给枪,蒙古人之所以归降,就在于酒力不胜常发,甚至苏联没有应国民党的要求撤兵也是常发与俄罗斯女秘书的私情所致,而不是革命的大势所趋与形势所迫。二是共性与个性的相互屈从。部队首长对常发的恶习常常是主观默许与客观软化。常发犯事时,首长若有预感则佯作未知,若无察觉则怒发训斥,正是黄永胜所说:"你叫他死,出去就别吱声。你叫他活,出去就吆喝一嗓子。"由于总是雷声大雨点小,也就没有实质性的结果。三是个性的纵向扩张与共性的无能为力。吆喝多了也就吆喝皮了,其结果是:常发自参加八路到内蒙古解放,本性没有丝毫收敛,而是越搞越大,越搞越威风。八路军的革命教育在常发身上没有看到星点影子,人物的性格也没有随着环境的改变而改变,没有随年龄的增长而变化。

可以看出,作者始终是以人物的个性作为人物性格的立足点的,而且始终是以欣赏的笔调去表现他笔下的主人公的。这就有必要使我们

思索如下两个问题:

1. 艺术个性与艺术真实

毫无疑问,常发的形象是文学长廊中的一个新形象,他独特的个性在我们以前的文学创作中还没有出现,他因"三术""三性"纠结一身而在乱世中傲然处世的绿林性格,也在读者心中留下了深刻的印象。但是,如若我们将常发的行为动机与常发所处的具体时代、环境、身份联系起来考察,我们还是对常发的形象有着更高的要求。常发的行为动机自始至终都来自"琐碎的个人欲望",而不是"历史潮流"。他自我表现的最终目的只是为了满足人的基本的生理需要,而不是人的发展要求(他一生都拒绝个人发展目的的合理实现)。这一低层次的个性心理,极大地影响了人物的思想深度。就其历史背景与时代环境来说,我们丝毫看不见历史洪流对人物的冲击、对心灵的震撼,也根本感受不到囿于人物的身份与行为所应得的有效的制约力,也没有看到人物在时代的风云中心灵的波澜,看到的却是人物对时代潮流的无动于衷,环境对人物的无奈与退让,人物几十年一贯制的停滞的个性。这种没有动态的个性就很难说是具有共性特征的个性,是寓个性与共性于一体的艺术真实。人的世界不是行动的世界,而是心灵的世界,只有写出心灵的辩证法才能走进"这一个"的行列。20 世纪 70 年代以前,我们只尊崇人的共性,只强调人的理性,反对或不承认人的非理性,对传统观念中"义"的成分也有所保留。作为反拨,作者突出人物的个性与非理性因素,人物的个性大于共性,是可以理解的。但是,作者突出表现个人的欲望与冲动,将人物个性的支点建立在非理性的基础上,建立在传统观念中"义"的理念上,而且津津乐道地予以夸饰,就值得认真思索了。

2. 艺术支点与主体思维

常发的"三术"为其中,用其良则利于人;常发的"三性"为其下,动其一则弊于人。作者虽对二者有基本的区分,但多借"三术"而扬其"三性",这不能不说作者的评价发生了偏差。作者也意识到这一问题,在小说中先是借叙述人之口提出自然美总是超过理念美的观点,劝读者不能用过去文学作品中所描写的改造旧军人、改造土匪的模子来要求生活中的常发去照着做,中途又宣称要野鸡不要凤凰,让故事随其自然,按照生活本来的样子继续发展下去。结尾还专门写道:"狼毒,植物名。……消积、杀虫,但有大毒,宜慎用……"问题不在于是否走艺术的老套,或者这是不是生活的本来样子,也不在于慎用与否,而在于作者的倾向,在于"扬"的本身包含着对人非理性因素的颂扬,对其恶习的同情与开脱,对其江湖习气的褒扬与美化,对历史哲学本身的曲解而不是升华。为了使这一支点更合理,作者以真人真事的纪实性框架强化艺术真实,增强人物的可信度,这确实是作者的高明之处,也取得了引人入胜的艺术效果,但这并不等于人物形象本身的问题不存在,作者思想认识中存在的偏差就能有所遮拦。看来,仅仅意识到个性的重要还远远不够,寓个性与共性的统一才是艺术典型的真谛。同样,将个性作为反拨共性的思维,将非理性作为艺术的支点,也绝非艺术的良方,弄不好就陷入恩格斯所批评的"糟糕的个性化"的泥潭。常发形象的得与失,再次证明这一简单而朴素的道理。

　　看来,如何塑造新世纪传奇式军人的形象的确是一个值得深思的问题。

艺术视角·文体选择·责任担当
——关于阿来非虚构作品《瞻对》的几点思考

《瞻对》封面

阿来的长篇非虚构作品《瞻对：一个两百年的康巴传奇》（以下简称《瞻对》）获2013年度茅台杯人民文学奖非虚构作品奖，无疑是2013年的文学大事件。《人民文学》以"阿来在《瞻对：一个两百年康巴传奇》这部厚重的作品里，带着对现实的沉思去打捞历史记忆，将近些年来兴起的非虚构写作由现实延伸到历史。他通过长期的社会调查和细致艰辛的案头工作，以一个土司部落两百年的地方史作为典型样本，再现了川属藏民的精神传奇和坎坷命运。作者站在人类文明的高度去反思和重审历史,并在叙述中融入了文学的意蕴和情怀"为授奖词,将这部作品的选材价值与创作意义做了凝练的阐释。2014年1月,小说由四川文艺出版社出版。《瞻对》的出版引发了新一轮"非虚构"作品的创作热潮。如何理解这部作家自称为不是小说的小说?它的出版引发我们怎样的思考?这就是本文所要回答的问题。

小引:非虚构小说及其在我国的兴起

1965年,美国作家杜鲁门·卡波特出版了一部以一桩谋杀案为内容的实事作品《冷血》,并宣称这本书是以他首创的"新的艺术形式"创作的"非虚构小说","非虚构小说"这一名词开始走入人们的视野。1979年,在美国著名作家诺曼·梅勒也将自己的力作《刽子手之歌》视为"非虚构小说"后,"非虚构小说"这一写作方式为世人所认可。

在我国,"非虚构小说"虽很晚流行,但非虚构文学早已存在,只不过人们通常把它归为"报告文学""纪实文学"类。但由于当代的报告文学特别是近年来的报告文学在意识形态与金钱的锈蚀下渐渐失去了文学的操守,发育为某种利益集团或成功者的赞美诗,失去了作为现实主义文学所应有的精神品格,遭到了读者的厌弃。然而,当今现实,放眼望去,探人心,人性冷漠、道德滑坡;观社会,乱象丛生,腐败成风。不仅社会矛盾凸显,民族矛盾也尖锐显在。当公平成为一种梦想,公正成为一种幻想,公开成为一种理想,尊严成为一种奢望——当突破道德底线、令人心寒肝碎的事件层出不穷,一次次击穿人们心底仅存的一丝温暖与期望时,人们不禁发问:中国怎么了?中国的问题出在哪里?中国应该怎样做?面对这些亟待解决的重大问题,许多有良知的知识分子没有回避,而是直面现实,对社会的种种乱象与污浊发出了有力的挑战,对严峻的现实问题给出了自己的回答。这是良心的呐喊!这是知识分子敢为天下先、誓为人类良知代言人的春潮涌动!然而,中国的言说环境与创作禁忌却使这些作家在思想的深敏与现实的挑战面前不得不保持特有的暧昧，不得不大胆进言又小心谨慎地触探边界，不得不在作家的道德良知与艺术的真实与虚构间寻找新的生长点与平衡点。

"非虚构文学"便应运而生。

2010年2月，《人民文学》编者在2010年第2期《留言》中写下了这样一段话：

> 这一期我们新开了一个栏目，叫《非虚构》。何为"非虚构"？一定要我们说，还真说不清楚。但是，我们认为，它肯定不等于一般所说的"报告文学"或"纪实文学"。去年我们发的《解放战争》，当时标为"叙事史"，其实就是"非虚构"；这一期，我们发了韩石山先生的回忆录，也是"非虚构"。韩石山先生是作家，我们也希望非作家、普通人，拿起笔来，写你自己的生活、自己的传记。还有诺曼·梅勒、杜鲁门·卡波特所写的那种非虚构小说，还有深入翔实、具有鲜明个人观点和情感的社会调查，大概都是"非虚构"。
>
> 由此可以看出，我们其实不能肯定地为"非虚构"划出界线，我们只是强烈地认为，今天的文学不能局限于那个传统的文类秩序，文学性正在向四面八方蔓延，而文学本身也应容纳多姿多彩的书写活动，这其中潜藏着巨大的、新的可能性。
>
> 所以，先把这个题目挂出来，至于"非虚构"是什么、应该怎么写，这有待于我们一起去思量、推敲、探索。

由此可见，这是倡导者一次敏捷、被动的呼吁，一次强烈、急促的变革。他们只是感觉到需有一种新的文体冲破日渐萧条的虚构创作，需要有一种新的文体蹚出一条艺术与生活的新路，至于"非虚构"本身是什么、应该怎么写并不清楚，更没有深思熟虑地勾勒出"非虚构"的可能与边界，只是希望敏锐者呼应倡导者的主张，即便边探索边前行也未尝不可。可以说，这是一次匆忙而急切的上路，是一次摸着石头过河的探索,但却正式拉开了"非虚构文学"的序幕。

随后,《人民文学》相继发表了董夏青青的《胆小人日记》(第4期)、刘亮程的《飞机配件门市部》(第9期)、萧相风的《词典:南方工业生活》(第10期)、李娟的《羊道·春牧场》(第11期)、王族的《长眉驼》(第11期)、乔叶的《拆楼记》(第11期)等非虚构作品,而慕容雪村的《中国,少了一味药》、梁鸿的《中国在梁庄》也分别在中国和平出版社和江苏人民出版社出版。至此,"非虚构文学"成为21世纪第二个十年的文学新亮点。

2013年8月,《人民文学》刊载了阿来的长篇非虚构作品《瞻对:一个两百年的康巴传奇》。与上述作品多将艺术视角转向现实的人生不同,《瞻对》将艺术的触角转向历史,转向生活在两百多年前康巴地区的土司与"夹坝"及清政府,创作视阈为之一变。在这部表现康巴地区历史上叫作"瞻对"而如今叫作"新龙"的地方,两百多年来不断地以"归零"的方式重蹈人生与历史的悲剧事件中,阿来以丰赡的史料组构全篇,以合理的剪裁与铺排勾出历史的惰力与人性的悲哀,勾出历史的合力与时代的必然,勾出沉重的叹息与凝重的思考,勾出一部以史明鉴、烛照现实、寄语未来的民族忧思录。毫无疑问,在这一转型中透视出作家的历史观与创作观,透视出作家意欲突破自我、挑战自我、为内容寻求最适当的表达形式的不懈追求,透视出作家意欲新拓长篇小说文体艺术的理解与表达。

一、艺术视角

就《瞻对》而言,作家所面临的是如下三个问题:本事,即瞻对历史上实际发生过的人与事以及他们的来龙去脉;叙事,即如何将上述本事有机地组织在一起,呈现出历史的悲哀与无奈等多重镜像;论事,即通过对历史事件与人物的议论,传递出作者对历史与现实的复杂思绪。为此,作家设定了三个视角:作为历史本事的叙事视角,即呈现视角;作为历史叙述人的视角,即镜像视角,在排列与组织中彰显意义;作为介入者的叙述者(常常表现为作者本人),即介入视角,在夹叙夹议中凸现作者的睿智与思考。

1. 本事与呈现视角

毫无疑问,小说是以清政府七次用兵瞻对及民国年间各方势力对瞻对的争夺作为本事线索的,在此框架内,作者以1745年清军第二次征讨班滚、1849年第四次攻剿贡布朗加(布鲁曼)、1896年鹿传霖第六次收复瞻对并首次尝试改土归流、1906—1911年赵尔丰收复瞻对及改土归流成功,终于融化了瞻对这块铁疙瘩等历史事件为全书的骨干,以1728年清军第一次用兵、1814年第三次征讨洛布七力、1890年第五次出兵镇压农奴起义、1930年大白之役和两百年来各土司间为争夺土地、人口而相互厮杀,以及川藏之间,西藏与清政府、国民政府及英国之间的纠葛为辅线,穿之以其他重要的历史人物与事件,如岳钟琪、作凤全、诺那活佛以及西拉姆会议等,将两百多年来瞻对历史上实际发生过的人与事及其来龙去脉如实而完整地呈现出来。

2. 叙事与镜像视角

表面看来,作家是按照历史的基本线索以编年的方式叙写两百年来瞻对历史上复杂的矛盾与冲突的,但实际上,作家是作为历史叙述人按照这些历史上实有其事的因果联系及其意义来叙写其事的。也正因此,全书所呈现的镜像视角在事件的排列与组织中彰显出意义,也凸显出作家对这段历史独特而深刻的理解。三十六名清兵被夹坝所抢是因,清兵进剿是果;班滚死而复生是因,庆复生而复死为果;贡布登被杀是因,洛布七力复仇及清军再次出兵是果;贡布朗加四面出击是因,十土司与琦善亲征是果;贡布朗加征服瞻对蔑视教徒意欲西向是因,藏军会攻瞻对贡布朗加失踪是果;藏军占据瞻对地面后民不聊生是因,撒拉雍珠愤而暴动是果;撒拉雍珠起义是因,清军第五次出兵镇压是果;藏军插手章谷土司冲突是因,鹿传霖收复瞻对是果;进退失据是因,西藏"国际化"是果;德格土司内讧是因,改土归流是果;军阀混战是因,"藏独"势力趁乱抬头是果；土司复辟是因，大白之战收复瞻对是果。这其中，夹坝抢掠清军只是一个形式，其中透出的对国家权威的挑战才是政府决不允许突破的底线。国力强盛时，政府可以不惜代价予以清剿，但在国力衰微时，就不得不演变为利诱、敷衍，甚至退让、妥协，这就给各怀心思的各方势力提供了相互争斗、残杀，乃至重新洗牌的机会。班滚、贡布朗加虽然显赫一时、威风八面，但其博弈的根本还是以结亲复仇、阴谋暗算这一陈年俗套的方式进行地盘扩张、人口掠夺，而不是行富民之道，施厚民之举，改愚民之策，积国民之财，这就使得一代枭雄只能以悲剧者的角色在历史的循环中自生自灭。一代英豪尚且如此，其他人也就可想而知。因此，作家在写到这一历史悲剧性时，自然就写下了这样的标题："金川战事套着瞻对旧事""又是重复的老故事""老故事再三重演""继续进行的老故事"，将他们思维模式及其人生轨迹的悲剧性沉痛而冷峻地呈现在读者面前。当然，作者不是简单地悲叹"历史归零"的瞻对历史，而是将历史的不幸如撒拉雍珠的悲剧结局、鹿传霖的革新流产、作风全的图变牺牲与幸运的历史如赵尔丰改土归流的成功等相对照，凸显出作家对他们体情恤民、变革图新、顺应历史潮流的肯定，对他们为民担当却横遭不幸的悲剧命运的深刻同情，以及对英国势力干预我国事务和"藏独"分裂势力的批判立场。

3. 论事与介入视角

与以往阿来多采取客观叙事的创作视角不同，《瞻对》全篇作者无处不在，议论贯彻始终。这一全新的"非虚构"文体实践，使《瞻对》成为作家目前为止介入视角最显、议事论人最鲜明、文体转型最显著的一部作品，也因之与其他创作迥然有别。作家之所以采取这一文体，是由作家的创作观与历史观所决定的。众所周知，瞻对两百年来战争不断，但战争双方的目的、手段、方式却是惊人的相似。翻开百年来记载这些战争历史的文献史料，充斥其中的只是争权夺利，掠寨侵地，血杀复仇，除此之外没有别的内容。历史悲剧的扮演者虽各领风骚数十年，但其手段谋略大同小异，以致不仅故事重复、过程重复、结局也以轮回的方式重复上演,重新清零,偶有的一点改革以悲剧告终。这不禁让作家感慨万千。如何反思两百年来这段令人悲叹的历史,如何将历史的凝重与人性的悲哀以及现实的思考铸化其中,不再重蹈历史的覆辙,论事与介入就成为作家运思的文体范式。当然,这里的论事与介入不单是作家文体意识的转换与彰显,而且是作家以科学的历史理性的精神对国家、对民族的现代性的烛照与思辨,是对中华民族走向现代、走向理想未来的期盼与呼唤。因此,作家对川藏高原"历史归零"法则的沉痛叹息,对"没有人心的改变只能是愚昧的再现与无意义的重复""如果革命是指种种新的变化,那我更期待人心内部的革命""所谓治藏安疆,都是笼络上层僧俗权贵,而于民意民情则无所体恤。这样的治藏政策,于今思之,仍不无教训的意义"等深刻教训的总结,就传递出作家对封闭的藏区千百年来陷入历史循环圈而无以破解以及由此形成的错综复杂的关系和历史背景与渊源的悲叹之心,令人痛思亦令人警醒!也流露出作家期盼川属藏区改变愚昧、落后的面貌走向新生的拳拳之心与焦灼之情。当然,作家不仅是书写历史的悲哀,也不仅是哀其不幸怒其不争,在寻因探果的同时,也常常借古喻今,常常以见证人的方式,增强历史真实的可信度,拉近叙述人与历史与现实的距离,从而使《瞻对》拥有了思想的深邃与活力,文体的丰赡与自由。

二、文体选择

何谓文体,长期以来学界一直莫衷一是。但大体而言,将文体视为作家在创作中所采取的一种表述策略,一种传达体式,一种通过文本所表现出来的组构方式,还是被人们普遍认可的。它虽然与作家掌握艺术的精神世界相关联,但究其根本,还是多指作家驾驭语言的方式以及由之而体现出的对应关系,也就是说,文体关涉的是作家"怎样写"而不是"写什么"。而文体的艺术就是作家在具体写作过程中所体现出的语言的艺术,就是契合于文本内容的传达体式。由于《瞻对》是历史题材,又是"非虚构作品",如何将"本事""叙事"及"论事"三事相糅,三角相织,就成为必须解决的艺术难题。阿来的写法是:"本事"以原始材料呈现,即以史料原有的文言文体客观呈现,"叙事"与"论事"以现代白话文体相交织;"本事"以事,映史于实;"叙事"以形,塑人以神;"论事"以理,议人以情。然而,由于作家所采用的正史、野史、方志、传说等史料深浅不一,难易不一,形理不一,于是,文白相掺,理趣相拌,形神间具,事理间情,就成为《瞻对》最鲜明的文体特征。其优点在于:文体丰富多样,形式显在自由;其实验性局限也在于:史大于文,体大于情。作家虽极力消抹相互间的文体差异,如在叙述中故事的衔接与人物的刻画之间尽量采用现代语式叙述,但由于各自的文体特性,如文言文与现代语的明显差别,对于阅读而言,还是产生了阅读阻断与间隔的现象,特别是叙述时动辄引征大段的原始史料,也在一定程度上影响了规定情景的生成与发酵。

其实,这一文体策略并非第一次出现。李劼人在创作《大波》时就采用历史文献原文全引实录的"文献体"写作模式还原辛亥革命的历史原貌,其结果是文本的审美性大为滑坡。诚然,李劼人是因为经济的窘迫采用"文献体"写作模式,阿来不存在经济的问题,但阅读阻断与间隔现象同样产生。因此,展读《瞻对》,我不禁再次思考这样一个问题:非虚构作品特别是面对历史应该有怎样的文体表达?因为"小说的审美化与形象性必然排斥文献的条理化与逻辑性,小说学的形象思维与历史学的理性思维各自不同的思维方式与传递手段,决定了二者间只可偶用,不可常用。偶尔为之,或可以起到意想不到的效果,但动辄长文大段地全录实引并以之为文体范式,必然打乱小说叙事的艺术节奏,阻断读者刚刚培养起来的阅读美感,可谓得不偿失"[①]。而且这些客观呈现的大量清代文言史料,不仅要求读者具有较高的知识水平,还要求读

[①] 陈思广:《文献体写作:优乎?劣乎?——谈李劼人的〈大波〉》,见陈思广著《中国现代长篇小说史话》,武汉出版社2014年版,第203页。

者具有充分的阅读定力。这对于以大众读者为中心的阅读世界而言，是否具有阅读的美感与广泛的接受度，不能不令人心有所忧。为了文学而历史，当使文学更彰显；为了历史而文学，当使史味更浓郁。但无论以文为史还是以史为文，在文体的实践上，还是希望文式统一，流畅自然，合乎音律，阅读爽快。但《瞻对》间或呈现给我们的却是杂驳与艰涩，因而在阅读上难免间断或释手。由此看来，"非虚构作品"如何反映历史，在文体上如何融杂体于一炉，如何映史、塑形、喻理、入情，如何使读者产生心的愉悦与美的享受，是一个亟待探索与探讨的艺术话题。

三、责任担当

毫无疑问，《瞻对》是阿来驾驭长篇小说艺术穿透历史与现实的迷雾并成功抵达彼岸的一次引以为豪的突破与表达。这其中最突出的特色就在于作家敢于直面现实、逼视问题、拷辨人心的勇气与良心，一种为民族的历史忧思、为民族的当下忧虑、为民族的未来忧患的责任与担当。翻开作品，这种忧患，这种责仼，这种担当，这种忧思，这种拷辨，俯拾皆是。例如：

> 在瞻对，正是贡布朗加势力如日中天的时候。那时，法国人知道了中国，而且打到了中国的门上。清朝人也渐渐知道了法国，但瞻对人不知道。不但瞻对人不知道，青藏高原上我们的前辈们都不知道。不要说我们这样普通平民的先辈们不知道，那些生而高贵的世俗贵族不知道，那些号称先知般的宗教领袖也不知道。外国人革过命了，反过来又来讨论怎么样的革命对人民与社会有更好的效果。但是，在藏族人祖祖辈辈生活的青藏高原上，自吐蕃帝国崩溃以来，对世界的识见不是在扩大，而是在缩小。身在中国，连中国有多大也不知道。经过了那么多代人的生物学意义的传宗接代，但思维还停留在原处，在一千年前。

贡布朗加的崛起,也无非是老故事的重复。

令人悲叹,令人沉思。又例如:

光绪十六年,"策试天下贡士夏曾佑等三百八人于保和殿",策试内容就是关于历朝与西藏茶马互市的政策:"茶税之征起于唐代,其初税商钱在于何时?独开茶税在于何时?茶官之设在于何时?税茶之法其后增减若何?茶马之法始于唐,宋有茶马司专官,元明因之。宋之三税法、贴射法何法为便?明之茶马司批验茶引所设于何地?远番重茶,以资其生,茶市之通济及海外,能极言其利弊欤?"

这个策试题今天也可以用来考考那些热衷于开发茶马古道为旅游资源的官员和商人,不要求他们作出正确答案,能读懂这题目就阿弥陀佛了。

光绪十八年,策试题又是关于藏区或西藏,这回是关于藏区行政沿革及地理。

"西藏屏蔽川滇,为古吐蕃地,何时始通朝贡?地区四部,由中国入藏有三路,幅员广狭奚若?试详言之。元置吐蕃宣慰司及碉门等处宣抚司,复置乌斯藏郡县,以八思巴领之,其沿革若何?唐时吐蕃建牙何地?阿㰅达当今何山?其相近大山有几?雅鲁藏布江为藏中巨川,而澜沧江、潞江之属亦发源藏境,能究竟其原委欤?"

这样的问题,也可以用来问问在藏区行政、维稳、建设的各级干部官员。今天,很多汉藏官员都是学士、硕士、博士,但有多少人能读懂这道考题?又有多少能得出正确答案?

或可反驳,说这不过是死的知识,但死的知识都不能知晓,更何况藏区那多样的文化,多变的现实?无识而言治,难免虚因故事,欺下罔上。

同样鞭辟入里,振聋发聩。显然,这是一部文学观、历史观与价值观都指向现实的书,即一部期望解决现实问题的书,一部希冀为社会的病相开出药方的书。正如作家自己所言:"我主要是想把自己对社会问题的思考表达在这本书里。这些年,我们少数民族地区,如新疆、西藏,尤其是藏区(这个我比较了解),'藏独'的苗头开始显现,一些社会问题的程度也比过去有所加重。这些问题是什么造成的呢?一些政府干部、普通老百姓对这些问题缺少正确、真切的认知,从而用简单方式处理问题,导致效果不佳。这个时候,我尝试自己回答这些问题。虽然新书《瞻对》写的是历史题材,但是回答的是今天的问题。藏区动荡不安的问题历史上就有,清代就开始,所以取名《瞻对:终于融化的铁疙瘩——一个两百年的康巴传奇》,真的是两百年,两百年中有治、乱,治乱相见。'瞻对'是今天甘孜州的一个县,在清代,政府就曾七次对它用兵,民国期间也动荡不断。这中间有些什么问题?我就是想通过这部书检讨这些问题,希望对于看待、解决藏区的问题有所帮助。"[①]诚然,国家兴亡,匹夫有责,但作为一个作家,我们是否一定要扮演挽狂澜于既倒、扶大厦之将倾的拯救者角色?是否一定要承担解危帮困、逢凶化吉的社会角色?我们的作品是否有能力解决历史上久拖未决的棘手问题?无数的事实和身份的认知告诉我们,不必要也不可能。作家就是作家,写作就是作家最高的神圣职责,即便是现实主义作家也不承担开药方的职责。也正因此,《人民文学》在刊发这部作品时在《卷首》中不无忧思地写道:"无论现实题材还是历史题材,目前人们更多的兴趣似乎还局限在'非虚构'内容与社会学、史学研究的范畴相洽的那部分。我们对'非虚构'更热切的希求是:深在的人性意味、结构、语言等经典性文学要素,能够更自然从容地渗透在写作意识中。"的确,由于作家过于强调作品的现实感与针对性,"深在的人性意味、结构、语言等经典性文学要素"还未能更自然从容地渗透在文本中,难免给人以

---

① 阿来、童方:《〈瞻对〉·"国际写作计划"及其他》,见陈思广主编《阿来研究》(一),四川大学出版社 2014 年版,第 29 页。

思想大于艺术之嫌。而作家的这一旨向实际上是作家错位的表现,作家的错位又是文学的错位、时代的错位,其中的经验与教训历历在目。这又不得不使我们对作家意欲走出新臼却落入旧窠而深感遗憾。

总之,阿来的《瞻对》是一部以史明鉴、烛照现实、寄语未来的民族忧思录。作家将艺术的触角转向历史,使"非虚构作品"的创作视阈为之一变。在艺术视角上,作家以呈现视角、镜像视角、介入视角组构全篇,使《瞻对》拥有了思想的深邃与活力,文体的丰赡与自由。在文体选择上,作家将"本事""叙事"及"论事"三事相糅,三角相织,形成文白相掺、理趣相拌、形神间具、事理间情的文体风格,但有文体不一、史大于文、体大于情之憾及阅读阻断与间隔的现象。在创作旨向上,作家具有强烈的针对性,希冀以之解决现实问题,为社会的病象开出药方,现实感虽强但也有思想大于艺术及作家错位之嫌,其中的经验与教训值得我们思考。

阿来小说接受向度研究的现状、问题与思考

《尘埃落定》封面

自1988年阿来进入评论者的视野至今,阿来小说的创作研究主要体现出三个接受向度:"诗般气质""历史—现实""民族—文化"。其中"诗般气质"接受向度早在1989年阿来小说集《旧年的血迹》面市伊始就被提及,后在不同文本与语境下不断被强化并最终成为既定视野。随后提出的"历史—现实"接受向度虽并不似前者那样直接明了,但其随着社会环境和时代语境的变迁也得到了进一步的挖掘。"民族—文化"接受向度虽形成时间相对较晚,但该接受向度不仅关涉民族身份、

文化认同等内容,还关涉由此引申生发出的民族语言、民族地域、神话传说、宗教信仰等诸多相关问题。可以说,这三个向度的研究不仅是我们理解阿来小说创作的一把钥匙,也是我们探究阿来小说研究的一个重要视阈。因此,从阿来小说研究的三个接受向度入手,探讨阿来小说创作研究的现状与问题,对于深化阿来研究无疑具有重要的学术意义。

一、"诗般气质"

所谓"诗般气质",就目前关于阿来文本接受的实际情况而言,主要包含两方面内涵:一是"诗化",一是"诗性"。"诗化"主要用以描述阿来小说的诗意美,"诗性"则主要用以描述阿来小说的叙事策略。其中"诗化"向度出现极早,这与作家作品风格鲜明、特点显著密切相关。

众所周知,阿来最初凭借诗歌创作登上文坛,所以诗人的气质、思维方式和写作习惯自觉不自觉地影响到了他后来的其他文体创作,使其作品有意无意地带有了"诗化"的特点。对此,杨德华说:"像叙事诗中的小说成分和抒情哲理小说中的诗歌成分,都证明着它们的相互影响和相互渗透。随着近几年文学上多元化的发展,这种渗透和影响愈加明显,而且在不少作者那里变成一种非常自觉的艺术探索和追求。我认为阿来即是其中之一。"①此后这一接受向度又以阿来《尘埃落定》发表、出版和获奖为契机被不断强调和确认——"《尘埃落定》所实现的诗化的或意象化的叙述方式,尤其是在凸现人的生存状态的特殊性(如康巴土司制度)的同时,艺术地模糊了'人'——生活在'此处与别处''此时与彼时'的差异,并使作品的思情张力及题旨寓意超越了描写的具体性,或从审美上突破了题材的局限"②。虽然此时专文阐释这一向

---

① 杨德华:《诗人的小说与小说的诗情——读阿来小说集〈旧年的血迹〉》,载《民族文学研究》1989 年第 3 期。
② 周政保:《"落不定的尘埃"暂且落定——〈尘埃落定〉的意象化叙述方式》,载《当代作家评论》1998 年第 4 期。

度的研究成果数量较为有限,但如重抒情、富哲理和意蕴丰厚等典型诗化特点的描绘还是频繁地出现在阿来小说研究的相关文章中。如周克芹就认为,阿来在创作时面对"他笔下的人物乃至他自己面对势必消亡的旧的生活和过往的岁月,会流露出真实的惆怅、惋惜,甚至留恋的情绪来";"使阿来许多'严格写实'的作品染上一层浪漫主义的色彩,迷漫着一种诗意的光辉。使你仿佛听到来自遥远天国的歌声,听到人类在诉说"。① 尽管阿来作品中更受关注的是他的长篇小说,但其短篇小说中的诗化气质还是引起了论者的注意。在阿来以短篇小说筑造的文学世界里,"在他对世界的诗意的阐释和发掘中,无论是外在的叙述的激昂与宁静,宽厚与轻柔,还是飘逸与沉雄,我们感受着隐藏其间的闪烁着的佛性的光芒和深刻"。"在写作上,时间的先后和故事、人物、情节之间,还有着颇具意味的神秘联系。可以引申出无尽的诗意和叙事资源方面的内在纠结"②。而且"阿来的个性气质和才情更适合写以语言、意境、氛围见长的诗性小说",这也"构成了阿来创作个性与文学品质的独异之处"。③ 阿来新作《三只虫草》也延续了这种诗化气质。作家以虫草为媒介,以尊重与关爱的情怀,托起了一个藏区孩子对未来的全部梦想与期待,从而使这一故事充满诗意与温暖。④ 它"轻灵的文风,山海似的象征,一切都清晰淋漓、颇有嚼头"⑤。如前述,无论从哪一角度对阿来小说的"诗化"气质进行解读,无论借由这些解读得出怎样的结论,我们都可以说,在"诗化"接受向度这一层面,论者已普遍达成共

---

① 周克芹:《在历史与现实的交汇点上——序阿来小说集〈远方的地平线〉》,载《民族文学》1989 年第 1 期。
② 张学昕:《朴拙的诗意——阿来短篇小说论》,载《当代作家评论》2009 年第 1 期。
③ 罗执廷:《论阿来小说的诗性想象及其当代意义》,见陈思广主编《阿来研究》(一),四川大学出版社 2014 年版,第 118 页。
④ 陈思广:《洒向人间的博爱情怀——读阿来新作〈三只虫草〉》,见陈思广主编《阿来研究》(第二辑),四川大学出版社 2015 年版,第 25 页。
⑤ 李康云:《从阿来的三种写作姿态看〈三只虫草〉的象征意义》,见陈思广主编《阿来研究》(第二辑),四川大学出版社 2015 年版,第 21—24 页。

识,诗人阿来的创作情愫在小说家阿来那里得到延伸。

"诗性"向度主要用以描述阿来小说的叙事策略。由于这一向度不断得以阐释,所以尽管该向度相较于"诗化"出现较晚却呈后来居上之势。较早从该向度对阿来的小说展开阐释的是胡立新,他认为,阿来小说的诗化叙事特征主要包括"多重叙事视角叠置""非性格化、非典型化叙事""叙事逻辑的颠覆"和"抒情性叙事的无主题变奏"。① 在探讨阿来小说的叙事策略时,罗庆春指出,"像阿来小说语言一样的语言"是由"其文学语言的本体特征和阿来诗性充盈的诗化语言所决定"的,实际上是一种"审美人类学文本探索的预示叙述"。② 梁海也曾指出阿来的重述史诗之作《格萨尔王》的"蕴涵丰富的诗意书写","张扬出对文本进行诗性建构的艺术追求"。③ 由此可见,在阿来小说叙事学层面相关探讨日益丰富的同时,"诗性"叙事策略的接受向度也被诸多学者确认和肯定。除去以上对阿来小说"诗性"叙事策略的描摹之外,也有一些学者注意到了阿来"诗性"接受向度研究深层次的内涵和意义。徐寅以《空山》为例深入细致地分析了阿来小说蕴含的冲突之后得出结论:"《空山》三部曲其实就是一部最好的具有诗性关怀的小说"。④ 王泉则注意到阿来与其他相近作家在"诗意叙事"问题上的相关性,指出他们的"小说的诗意叙事有了共同的价值取向:倾听民间,沟通历史与现实的阻隔,高扬理性主义的旗帜",并特别提到"阿来受阿斯塔非耶夫、海明威、福克纳及黑人女作家托里·莫里森之影响,因此,他的诗意叙事

---

① 胡立新:《颠覆阅读理性的诗化叙事——以阿来〈尘埃落定〉〈遥远的温泉〉为例》,载《小说评论》2003年第2期。
② 罗庆春:《族性、人性、诗性——阿来小说〈孽缘〉〈鱼〉叙事解码》,载《西南民族大学学报》(人文社科版)2006年第8期。
③ 梁海:《新世纪长篇小说创作的诗性建构》,载《吉林大学社会科学学报》2013年第6期。
④ 徐寅:《〈空山〉不空——多重文化冲突下的诗性反思》,见陈思广主编《阿来研究》(一),四川大学出版社2014年版,第140页。

更具梦幻特征"。① 虽然上述文章在操作层面还存在某些不足,如对所关涉的概念语焉不详界定不明,对所牵涉的问题论述较为泛化,但这些视点的提出不仅丰富了阿来小说"诗化"接受向度的内涵,而且深化了这一向度所关涉的主题。

二、"历史—现实"

截至目前,阿来创作中涉及历史内容的小说作品数量较多,在他的长篇小说创作中有描绘嘉绒藏区土司家族兴衰史的《尘埃落定》,还有反映藏地村庄进化史的《空山》,也有重述"史诗"的《格萨尔王》,更有直接叙写康巴藏区历史变迁的非虚构小说《瞻对》等。他的中短篇小说创作也不乏探讨历史进程及存在于历史进程中的人的篇什,如《旧年的血迹》《守灵夜》《永远的嘎洛》《奥达的马队》等。在这些作品中常常透视出作家对历史的观点和态度,也常常预示着作家对现实的思索和反省,也因之有意无意地造成了"历史"与"现实"在文本中相互映照和说明的姿态,并形成了若有似无却无处不在的紧密联系。故而当人们对其小说创作进行观照时,"历史—现实"的接受向度也就自然而然地成为接受者的重要视角。

最先从这一向度审视阿来小说的是白崇人。他认为:"阿来没有到原始森林和荒山僻野寻找人生价值和生命之谜。他直视着藏族人民的现实变革和历史进程;他没有过多地去追求作品的永恒性,但他的一些作品却回荡着历史回声和闪烁着哲理光彩。""他以特有的民族心理和敏锐的审美眼光去捕捉藏族地区在时代大潮冲击下的矛盾焦点和人们心灵的颤抖,并以独特的视角和深沉的思考去表现自己对历史、对现

---

① 王泉:《论张承志、张炜及阿来小说的诗意叙事》,载《海南大学学报》(人文社会科学版)2005年第3期。

实、对人生的理解。"①这一发现是敏锐的,也是可贵的,在某种程度上成为作家日后创作道路上的指针。冯宪光则认为阿来"是从他自己对现实的理解、体验中去发掘现实生活与历史文化、未来前景的联系。立足于现实生活的土壤,去体味历史文化的巨大力量,又从本民族传统的深远影响中,去审视现实的状态;站定在从历史传统衍生出来的现实,去瞻望未来的发展,又从一种不大确定的理想境界,去反思与评价现实和过去"②。虽然从时间上看,这一接受向度的提出几乎与"诗般气质"同时,但从论述的力度上看却远不及前者,既无系统理论予以深化,又少文本细读予以阐释,这就使得论者对阿来作品的"历史—现实"接受向度的相关感悟,更像是灵光一闪或者妙手偶得的思想火花,缺乏启迪性展示。

20 世纪 90 年代末,随着《尘埃落定》的发表、获奖和畅销,学界对阿来的关注度大大提升。由于这部作品着力描绘的是嘉绒藏区土司家族 20 世纪前五十年的兴衰史,于是,"历史—现实"这一接受向度又有了新的进展,论者的阐释进入了理论阐释与文本细读并重的阶段,并由此出发生成"历史"与"现实"的某种对应和反思。

在对《尘埃落定》《空山》这样的家族村落展开历史书写的过程中,阿来"不寻求通过'现在与过去的对话'来表现历史,不寻求对历史的'现时性观照',而力图用带一抹荒诞的描写来表现麦其土司家族的颓败史,用故事的荒诞性来凸显小说的历史寓言性质"③。他的"认同与体悟是在现实与传说中展开的,……历史在这里已经被现实改写了",

---

① 白崇人:《大变革中的心灵颤抖——读阿来的〈奥达的马队〉》,载《当代文坛》1988 年第 4 期。
② 冯宪光:《现实与传统 幻想与梦境的交织——评阿来的短篇小说》,载《当代文坛》1990 年第 6 期。
③ 韦器闳:《傻眼看世 幻语写史——评阿来的长篇小说〈尘埃落定〉》,载《中山大学学报论丛》2002 年第 2 期。

而"个人与集体记忆的叠合"成就了作家作品"对历史的感性认识"。① 因此,"他的写作寄寓了可持续的哀挽和可持续的批判"。② 在对史诗展开"重述"的《格萨尔王》那里,阿来"从更为遥远的起点演绎了一部关于英雄的传奇","让我们用不同的眼光,去反观这个现实世界,洞察自己的内心"③,"用现代性眼光解构了格萨尔王故事的历史幻象,解构了格萨尔王的神性,使他重新回到人间"④。而《瞻对》"表面上看象一个历史学术文本,但实质上又是以故事为根本追求。它并不追求在历史叙述中发现什么,也不解决历史的学术性问题,而是在叙述历史的过程中表达意义,……特别是现实意义"⑤。文本"所表现出来的当代意识与当代立场,不是对历史的改写,而是对历史的理解和评判"⑥。可以说,"主观'介入'历史是《瞻对》纪实书写的重要特征,这使阿来笔下的瞻对故事呈现出强烈的自省精神"⑦,其"转向历史的摹写,将'非虚构'文学的表现场域由现实推向了历史深处"⑧。因此,《瞻对》是一部"以史为鉴、烛照现实、寄语未来的民族忧思录"。⑨ 即使是在描述孤儿寡母漂泊机村的故事《随风飘散》中,阿来也"在特殊时空的参照之下","对

---

① 田泥:《用感性来体悟存在——阅读阿来的作品》,载《民族文学研究》2002 年第 3 期。
② 姜飞:《可持续崩溃与可持续写作——从〈尘埃落定〉到〈空山〉看阿来的历史意识》,载《当代文坛》2005 年第 5 期。
③ 梁海:《神话重述在历史的终点——论阿来的〈格萨尔王〉》,载《当代文坛》2010 年第 2 期。
④ 周子玉:《格萨尔王:历史幻象的消解与神性解构》,载《民族文学研究》2011 年第 2 期。
⑤ 高玉:《〈瞻对〉:一个历史学体式的小说文本》,载《文学评论》2014 年第 4 期。
⑥ 石一宁:《思深虑广的地域史叙述》,见陈思广主编《阿来研究》(一),四川大学出版社 2014 年版,第 43 页。
⑦ 鲍远福:《纪实名义下的历史虚构——评阿来〈瞻对:终于融化的铁疙瘩——一个两百年的康巴传奇〉》,载《民族文学研究》2015 年第 2 期。
⑧ 曾利君:《论阿来〈瞻对〉的"非虚构"历史叙事》,见陈思广主编《阿来研究》(第二辑),四川大学出版社 2015 年版,第 27 页。
⑨ 陈思广:《文体家阿来》,见陈思广主编《阿来研究》(一),四川大学出版社 2014 年版,第 44 页。

历史变迁……进行了深入的审视,并由此开始了自己独特的精神历险"①,堪称"个人命运和族群历史的书写"②。也由之,有学者认为,阿来"回归历史和现实中的人本身,才是藏族作家走向世界的必经之途。……由扎西达娃到阿来,藏族作家文学已经走在了这条路上"。③

此外,邹小娟对阿来长篇小说的历史叙事进行过较为集中细致的探讨,指出其历史叙事的特点在于:"在文化的视野中,通过使用灵动、诗化的语言,丰富的文学想象力,以灿烂的藏族民间文化为资源,虚实结合,重述藏区的地方历史";"对历史的反思,目的在于批判现实"④。由以上可见,在阿来小说创作研究的范畴内,"历史—现实"已经逐渐成为一个多角度、多视点、多种研究方法和多种理论支撑的接受向度,基本摆脱了向度呈现初期模糊随意的研究态势,取得了重要进展。

三、"民族—文化"

在阿来小说的三个接受向度中,"民族—文化"是近年来当之无愧的"焦点",这与作家身份(不管阿来本人是否同意)和作品题材内蕴的特殊性分不开,也与中国社会民族文化发展态势密切相关。由于当下我国的文学研究语境中,"民族"和"文化"不可能脱离彼此孤立存在,某一特定"民族"本身就意味着某种固有的文化范式,而不同类型"文化"之间的冲撞、交流和融合又必然对其各自所代表的"民族"产生不容低估的影响。随着时间的推移和社会的发展,"民族"和"文化"更已逐

---

① 黄曙光:《历史尘埃与个体隐痛——评阿来近作〈随风飘散〉》,载《民族文学研究》2005年第4期。
② 陈祖君:《飘散与存留——解读阿来新著〈随风飘散〉》,载《南方文坛》2005年第3期。
③ 寇才军:《由扎西达娃和阿来的创作看当今藏族作家文学的发展》,载《西南民族学院学报》(哲学社会科学版)1999年第3期。
④ 邹小娟:《论阿来长篇小说的历史叙事》,见陈思广主编《阿来研究》(第二辑),四川大学出版社2015年版,第121—127页。

步形成较为稳固的共生关系。所以,笔者将此二者合并,使其共同构成阿来小说接受向度中关键的元素。因此,这一接受向度所涵盖的范畴较为宽泛。多样的言说对象在客观上也使得阿来小说创作"民族—文化"接受向度的内涵与外延相较"诗般气质"和"历史—现实"接受向度更为丰富。

自长篇小说《尘埃落定》问世以来,对阿来创作的"民族—文化"研究就一直没有停歇过,经过评论界近二十年的共同努力,这一接受向度的内涵与外延也基本明确下来,即在"民族—文化"接受向度的统摄之下,论者主要围绕"民族身份"和"文化书写"这两个向度展开研究,每一向度之下又各自包含不同要素。因为该向度所统摄的各要素之间实际处于一种"你中有我,我中有你"的相互依存彼此影响的状态,所以对其进行大致分类,才能够便于我们对现有研究成果进行考察。

在"民族身份"的向度上,论者较为关注"民族身份界定及认同""写作语言"及"跨族别写作"等要素。由于阿来天然地具有"藏族"属性,所以关于"民族身份"的言说是最早进入"民族—文化"接受向度之中的研究内容。随着阿来创作的深入,中国时代社会环境的变动,以及西方民族理论、文学理论和国家理论的引入,在这一接受向度上,论者普遍认为:阿来是一位藏族作家或族际边缘人式的作家,虽然他使用汉语进行创作但却将藏语的思维方式和语言特点等融入了作品,客观上形成了"双语言能力"。作家以此为基础展开的"跨族别写作"既受到藏民族传统艺术精神和思维情感的深远影响,又受到中国主流传统文化的影响,从而成就了阿来与众不同的创作表征和创作旨归。他的"双重混血儿成分,又使他先天经历了双重文化的洗礼。环境,决定了他以汉民族思维方式为主,以藏民族思维为补充的'有机化合'而成的特殊思维模式。这种挥抹不去的情结,又充当了阿来探测描摹藏民族精神世界方面的向导"[①]。而作家的"'双族别'身份和'双语言'能力"也包

---

① 德吉草:《认识阿来》,载《西南民族学院学报》(哲学社会科学版)1998年第6期。

括了"'双文化'修养与'双历史'眼光等"①,一起造就了他的"跨族别写作",这也在一定程度上使得他在"作品中一再地涉及族际边缘人的灵魂归依问题"。②尽管"丧失了用母语创作的能力,但他的创作还是深深地打上母语思维和母语表达方式的印迹,保留着民族的自我意识"③。他"在作品中以藏语、汉语两相对照的方式呈显藏语到汉语的变迁过程,……也见出了他对藏族文化的认同趋向"④,"以一种豁达的胸襟宣告一种超越和通往世界的理念"⑤。

在"文化书写"的向度上,"藏文化书写及反思"是主要的审视路向。阿来的小说创作一直致力于对藏地藏人的描绘,他的作品始终呈现着不同时空背景下藏地的特有风物、人文和藏人的别样风度情怀,这在某种程度上已成为阿来小说创作的突出特点之一,所以学界针对于此的阐释不仅丰富而且多样。论者一般认为:由于"阿来的精神原乡也深深根植于有着浓厚宗教色彩的藏文化",所以他的创作"凝结了作者对文化、历史的智性思考与领悟"⑥,更在其中展现出藏文化"慈悲与正义""自由与尊严"和"真诚与挚爱"的精神元素。⑦而藏地生活和藏文化的"底蕴正是通过小说中的神话、传说和民俗言传了出来,带上了藏民族特定的审视世界的思维方式","诉说着一个族群的宗教、信仰和对

---

① 徐新建:《权力、族别、时间:小说虚构中的历史与文化——阿来和他的〈尘埃落定〉》,载《西南民族学院学报》(哲学社会科学版)1999年第4期。
② 郑靖茹:《一个语言原乡者的艰难跋涉——从〈血脉〉看阿来小说中的族际边缘人》,载《中国藏学》2006年第1期。
③ 丹珍措:《阿来作品文化心理透视》,载《民族文学研究》2003年第4期。
④ 洪士惠:《藏人使用汉语?——当代藏族作家阿来在汉语文学中的"藏化"趋向(下)》,见陈思广主编《阿来研究》(第二辑),四川大学出版社2015年版,第151页。
⑤ 徐希平:《阿来汉语写作的文化意义及其启示》,见陈思广主编《阿来研究》(一),四川大学出版社2014年版,第72页。
⑥ 丹珍草:《行走在尘世与天堂之间——感受阿来小说中的僧人形象》,载《民族文学研究》2004年第4期。
⑦ 马力:《阿来的"精神原乡"未定点及其填充——对阿来小说与散文精神内涵的阐释》,见陈思广主编《阿来研究》(一),四川大学出版社2014年版,第103—108页。

世界、人生的感悟、理解"。① 作为一个对藏文化情绪复杂的作家,"在阿来笔下,宗教本身的庄严与神圣受到严重的挑战和无情的嘲讽"②,他也会选择"半去魅化的写作"③方式对民间文学展开再创作,在他的笔下,"古老的乡村文化,经过蜕变、挣扎,最终走向毁灭,走向虚空"④。阿来就是在这样的呈现、反省和纠结中向我们展示了藏文化穿越时空的魅力,又不无忧虑地向我们宣告着藏文化的困境。只是这样的书写与反思更多的是为了在提示"文化多样性"的前提下,探讨多样文化在新时期建构中华民族文化时可能面临的困惑和可能性。此外,值得注意的是,近几年来有论者提出了"空间化"写作和第三空间语言等的观点,为阿来创作的风格、特色及其背后的民族文化特质找到了新的理论支撑依据。虽然这样的观点和概念受西方语言学和叙事学影响非常明显,但从某个角度上说,这一观点与"地域文化"观点有着异曲同工之妙——无论是"空间化"写作还是"第三空间语言"写作,都立足地域差异,将文化置于空间的视角进行考量,也进一步丰富了阿来小说"民族—文化"接受向度的诠释空间。

四、问题与思考

毫无疑问,近三十年来,从这三个接受向度研究阿来的小说创作,体现出阿来小说接受研究的实绩,但我们也应看到,其中显现的问题同样值得我们思考。

---

① 孔占芳:《神话和传说:小说虚构中族群文化的隐显——读阿来〈尘埃落定〉》,载《民族文学研究》2004年第4期。
② 刘力、姚新勇:《宗教、文化与人——扎西达娃、阿来、范稳小说中的藏传佛教》,载《西北民族大学学报》(哲学社会科学版)2005年第4期。
③ 徐兆寿:《论西部民间文学的当代再创作》,载《中国现代文学研究丛刊》2015年第4期。
④ 王澜:《透视〈空山〉的文化意义——评阿来的长篇新作〈空山2〉》,载《当代文坛》2007年第3期。

先说"诗般气质"。这是阿来小说作品中透露出的最易把握、最引人注目、也最一目了然的特质,是最早成为既定视野的接受向度。但"成也萧何,败也萧何",正是由于某种看似理所当然的特性的存在,才使得该接受向度被确认的同时也被有意无意地"限定"在了某一格局或范式之内,而且"论者多从'民族'、'历史'、'人性'这样的宏大的视角立论"①,就使得当下关于这一向度的探讨虽然看似热闹绚烂却流于表面,多概念堆砌,少内蕴探究,多宏观把握,少微观分析。但如果期望从"诗般气质"的接受向度深入审视阿来的小说,要做的工作还有很多。例如,关于"诗化"和"诗性"的概念需要界定和厘清。现有研究成果中还偶有二者无差别通用的情形,在大的接受向度上这自然无伤大雅,但为学术严谨计,取"诗化小说"中"诗化"之意解释"诗化"向度,取"诗性思维"中"诗性"之意限定"诗性"向度或可更具辨识度,也更能为后续研究提供便利。又如,尽管学界普遍认可阿来的小说具有明显的诗般气质,却鲜少有人将最能体现这一气质的所谓"意象"纳入系统研究的接受视野之中,但为了更好地解读和阐释阿来小说的"诗化"气质,这恰恰是十分重要的部分。在这个研究向度上,也有论者做出过有益的尝试。王泉曾撰文探讨阿来小说中的主要意象"白色""梦""尘埃""河流"等,并借此读出了阿来借由以上意象所表达的"对人性、生存的叩问"。② 他的阐释虽着眼于文本本身,但采用细读方法对被长久忽视的小说意象进行观照并借此以小见大,值得关注。

再说"民族—文化"向度。虽然截至目前,因为种种原因针对阿来小说"民族—文化"接受向度的相关探讨风头正劲,热闹非凡,但同时也存在一些问题。其中最首当其冲的莫过于"预设立场"问题:一方面阿来本人的创作谈、演讲词和访谈录等已经以较为丰富的样式相继发表,

---

① 罗执廷:《论阿来小说的诗性想象及其当代意义》,见陈思广主编《阿来研究》(一),四川大学出版社2014年版,第109页。
② 王泉:《论阿来小说中的几个主要意象》,载《中南民族学院学报》(人文社会科学版)2000年第2期。

这些文字时间跨度较大,内容涵盖较广,观点鲜明,阐释清楚,在"民族""文化""创作理念""思想观念"等方面均持有较为鲜明的态度;另一方面研究者本身所具有的思维惯性或惰性往往又导致"标签式"或"先验式"的视点。虽然我们不能武断地对这样的预设立场全盘否定,而且事实上它们对作家小说的接受研究也确实具有不容忽视的重要作用,但是否对此全盘照应却是值得商榷的。当下确有一些评论文章直接以作家本人的观点看法作为解读作品的唯一出发点,还有一些评论文章不假思索地将作家及其创作打上"藏族"身份和"藏地藏文化"烙印加以考察,这固然不失为一种研究思路和方法,但机械地照搬和套用是否有丧失研究者自身立场的嫌疑呢?而更值得关注的是,由预设立场出发发现的阿来和他的小说是否就是更接近真实的阿来和他的小说呢?阿来曾在不同场合强调他要表达的西藏不是"形容词"的西藏,而是"名词"的西藏,从这个意义上说,阿来的小说也应该更像是一个"名词"而非"形容词",但"预设立场"的"在场"却在有意无意地干扰和影响着研究者的判断。

最后看"历史—现实"向度。与前二者相同,这一接受向度仍然存在一些研究薄弱环节亟待深化。比如该向度现有的研究存在"重新轻旧"[①]和"重长轻短"的情况,这当然从一个侧面说明阿来的创作一直在走自我超越的路子,在长篇小说的创作上也取得了有目共睹的成就,但若想要考察一个小说家完整的创作思路和创作内蕴,则不应对其作品有所偏废,尤其是在阿来这里,"历史—现实"接受向度的提出完全可以追溯到其较早的短篇小说作品(如《奥达的马队》等收录于《旧年的血迹》的小说)。[②] 进入20世纪90年代以来,阿来的短篇小说在"历史—现实"的接受向度上并非无人问津,如普布仓决就认为《鱼》在"简单的语言和行为中透射出的是西藏丰富的历史文化内涵及藏民族特殊的心

---

① "旧篇"主要指《尘埃落定》发表之前阿来的小说作品。
② 白崇人:《大变革中的心灵颤抖——读阿来的〈奥达的马队〉》,载《当代文坛》1988年第4期。

理结构"。① 只是直到目前,将阿来小说作为对象分析和言说其创作的"历史—现实"向度的篇什,还多停留在就事论事且各自为战的点式研究状态,缺乏作品间彼此观照和相互联系的线面式研究。而且,由于时代变动和作家思想变化等情形的客观存在,"历史—现实"这一向度所蕴含的意义也在不断发展变化,所以对阿来的小说作品进行细分,并对其所彰显出的"历史—现实"意义及价值进行既彼此独立又相互联系的解读很有必要,这样做不仅能够更清晰地为我们勾勒出作家创作的思想轨迹,而且能够更直观地为我们呈现近三十年来中国文坛乃至中国社会对"历史—现实"这一接受向度认识和理解的发展脉络。

又如有关阿来小说创作的"现代性"的探讨,至今仍常常模棱两可,语焉不详,这在一定程度上正是由于在"历史—现实"的接受向度上该问题并未从其他相关相类问题中分离和单列出来所致。阿来小说所描绘的藏地人文风物,总自觉不自觉地带有某种"落后的力量"②,"现代性"观念由于与这种力量形成了天然的对比关系,所以就具有了非常重要的研究价值。公允地说,论者对这一问题的认识还是较为清醒的,也做出了一定努力,但有关于此的探讨往往被放置在阐述作家历史态度、思想文化观念、民族身份及其现实意义的框架下,这就难免力有不逮,只言片语间不仅无法深入透彻地对"现代性"本身做出明确界定,而且也无法充分地展开相关论述,甚至出现借用术语而不求甚解的情况,就更令人遗憾了。在这一点上,王一川在评价阿来的《尘埃落定》时早有论断:阿来的"跨族别写作"为"整个中国的现代性进程提供了一个新的

---

① 普布仓决:《浅谈阿来的心理小说〈鱼〉》,载《西藏文学》2005 年第 6 期。
② 加西亚·马尔克斯:《致新千禧年》,见加西亚·马尔克斯著《我不是来演讲的》,李静译,南海出版公司 2012 年版,第 39 页。原文为"它(拉美文化——笔者注)是一种欢庆、离经叛道、神秘莫测的文化,能够挣脱现实的束缚,化解理智与想象、言语与表情之间的矛盾,证明任何观念迟早都会被生命超越。这种力量来源于我们的落后……注定只属于我们"。

感人的美学标本"。① 梁海或许也为我们做出了某种提示:阿来的"大气"不仅表现在"他那种对普遍人性的深刻思考,对历史进程的现代性审视,对普适性世界图式的尝试性探索,更在于他通过写作,试图探求永恒、找寻人性救赎之路的、宽广的人文与宗教情怀"②。南帆的观点也较具启发意义,他以"现代性"做切入点,对阿来的历史观念进行了较为深入的剖析。他认为,在《空山》中,阿来对现代性的反抗不算激进——"多半仅仅对各种抽象、愚蠢的会议语言与大而无当的时髦概念加以讥讽",但"并没有莽撞地拒绝现代性",他"已经意识到历史的复杂性","清晰地听到了历史的步伐"。因此,在"《空山》的结尾,那个狂热地迷恋土地的驼子死了,这暗示了某一个历史阶段的结束"。③ 这样的视野,相较于其他仅从历史观出发解读文本,或仅借用"现代性"术语"装饰"观点的做法,或许更具学术意义。

不过,阿来在不断深入的小说创作过程中,有思考,也有迟疑和徘徊,由此产生的纠结也是显而易见的。这样的纠结可能来自他游移的身份,也可能来自他在时代大背景下不合时宜的创作尝试,还可能来自所谓的"影响焦虑"。评论者亦面临着类似的困境。面对阿来这样一位研究资源异常丰富的作家,评论者的理论"野心"被唤醒是再正常不过的事。但正是因为这些较为复杂的民族和文化的"阐释""解读""批判""瓦解"以及"构建"的"野心",才使得他们在阿来小说创作的研究上也出现了这样那样的焦虑和局促。其中既有对作家失去或者说不具备母语写作表达能力的伤感——"一个以民族记忆为表现自己创作之根的作家,如果失去了这一功能,不能说是不足,但起码也是遗憾的,因为这样会失去直接的、坦率的、不加任何修饰的文化汲取机会"④;又有

---

① 王一川:《跨族别写作与现代性新景观——读阿来长篇小说〈尘埃落定〉》,载《中国文化报》1998 年第 26 期。
② 梁海:《民族史诗最动人心魄的力量——阿来论》,载《中国作家》2011 年第 3 期。
③ 南帆:《美学意象与历史的幻象——读阿来空山》,载《当代文坛》2007 年第 3 期。
④ 德吉草:《认识阿来》,载《西南民族学院学报》(哲学社会科学版)1998 年第 6 期。

对可能或已经产生的某些误读的警惕——因为"从藏传佛教中的人间天国'香巴拉'到今天的'香格里拉'概念,其演变史本就是一册中西多元文化相互激荡、相互发现和创造的文化交流史"①。还有对当下因文化消费观念变化剧烈引发的过度消费藏文化及藏区文学的忧虑等等。尽管上述问题在目前所见的批评文章中也有阐释,但被提及的很多,被深入研究的却很少,多为零星的泛泛而谈,很少有触及问题本质的专文评述,而这样的研究走向显然与我们走近阿来及其创作是有距离的,也应当值得我们认真重视和反思。

这也是我们探讨阿来小说接受向度研究的现状、问题与思考的目的之所在。

---

① 白浩:《当代"文学藏区"的多元融合与创生研究纲要》,见陈思广主编《阿来研究》(第二辑),四川大学出版社2015年版,第15页。

辞典如何为小说
——谈格绒追美的《青藏辞典》

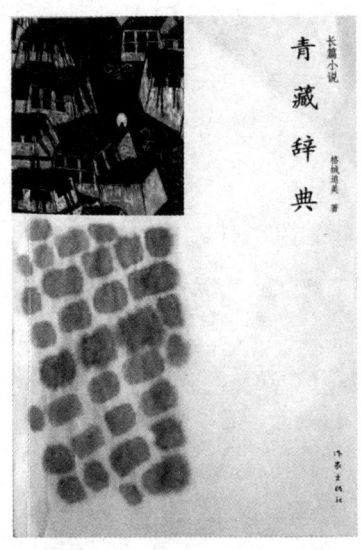

《青藏辞典》封面

以辞(词)典的方式写小说已不是新奇的尝试,米洛拉德·帕维奇的《哈扎尔辞典》与韩少功的《马桥词典》早已名声在外,它们在问世之初也曾引发了"小说是否可以这样写"以及"抄袭与借鉴"的争鸣。如今,一切已成为过去,"小说是否可以这样写"也失去了争论的意义,无论是借辞典的方式以编年拼贴的手法连缀历史,还是以笔画索引的形式为村寨立典,都明白无误地向人们宣告,辞(词)典体小说不仅可行,而且对开拓小说文体的边界有着重要的创新意义。或者我们也可以这样理解,小说写作有着多样的可能,即便是辞典体写作,同样存在着文体的丰富性。从这个角度看格绒追美的辞典体长篇小说《青藏辞典》,我以为正是这样一个创作理念再实践的体现。

《青藏辞典》共选用词条 1076 个,除去重复的 7 个计 1069 个,这些词条如果依其功用大致区分的话,可以分为:智性词条,即由一个词条或故事(段子)使其引向哲理、寓言等思考类的词条,约计 468 个,约占 43.78%;心性词条,即源于宗教或与宗教意义相关联而引发的词条,约计 343 个,约占 32.09%;实性词条,即对实人、实事、实物予以呈现、释义的词条,约计 100 个,约占 9.35%;文性词条,即由文学及其性质或由之衍生的与文学创作相关联的词条,约计 82 个,约占 7.67%;即性词条,即作者写作时涌现的热词或现象,约计 44 个,约占 4.11%;梦性词条,即作者因梦而出现的词条,约计 32 个,约占 2.99%。这些词条以"释义"的方式排列组合,传递出作者"将人生的旅途隐没于淡若炊烟的文字,让辞典成为一扇窗口,剪辑一路的风景和心情"及"编撰者的心灵轨迹"和从中"遥望到青藏高原隐秘的智慧河流、沐浴到来自雪域的灵性光芒"的创作愿望。从作家的创作实践来看,应该说,这个愿望作家是达到了,文本反映了作家对现实的烛照、审思、纠结等多重复杂心理,对时代的关切,对神山、圣水、先哲、大师等的敬仰,对自身文学道路与理想的追求、困惑、焦虑与期盼以及对人的命运与人生道路的探寻与思考。作家笔下的这些词条,如尼尔·康纳德·沃尔什、伏藏、佛珠、轮回、圆满、色达、烟供、神圣、转世、灵童、秃鹫、掘藏、定崩桑、加持、新路海、心魔、药王子、甲喇嘛、偈颂、仁真旺杰、九神山、仁真尼玛、拉交罗布、阿古登巴、康巴、卡瓦格博、热巴、丹津·巴默、格龙·洛桑旦增、尸语故事、中甸、康定、奔公甲格西、折嘎等等,植根于青藏高原,辉映出青藏高原隐秘的智慧河流与来自雪域的灵性光芒。也正如作家所说:"青藏的辞典是阳光、雪花、青草,是泥土、甘露、花香,是草原、河流和山峰,也是道路,心性和觉悟。"这无疑是作家对青藏这一文学辞典颇具典型意象的形象注释,也是作家对辞典体小说文体探索的重要贡献。而这种文体再开拓的文学意义,也必将在中国当代小说史上留下重要的一笔。

进一步分析《青藏辞典》中不同类别的词条的表达方式与情态,我们发现,作者在其中的表达方式与情态各有不同。在智性词条中,作家的思路显得比较开阔,常由辞意而引申或转义以表达作家对这一词条所生发的现象的认知或思考。如"婚礼",作家在这里并不是表现一对新人结婚的场面,而是借这一词条讽刺社会上正在漫延的以结婚为名露骨地索要财物的功利行为,当然,这其中也流露出作家对藏文化传统正在悄然变味的隐忧。再如"领导力",释义为:"一个人今天成了领导,明天便成为各方面的专家。这是当下时代领导力的出众表现之一。"明眼人一看就知道作家的寓意与指向何在。又如"功成名就",以对话的形式嘲讽了所谓追名逐利的人,写作手法也不尽相同。有的词条富有哲理意味,如"骡子的腰"就"劝诫人们不要在不明真相前想得太多,也不必为没有到来的事情而操心";有的还有警示意义,如"洗脑":"如果洗脑成功,躯体就是个空壳,就是行尸走肉";有的针砭鲜明,如"报告":"把吃过赃款的嘴巴,用污浊的油水擦拭之后,坐到主席台上'呱呱呱呱'作廉政报告";有的轻松诙谐,如"哦呀""嘎麻松"等。不一而足。由于智性词条彰显作家的智慧与才情,词条作为驰骋作家思想的形象空间就具有了更高的灵活性与展示度,不仅自由度大,突破度也高,许多词条令人耳目一新,不禁击节叫好,有的过目不忘。如"母亲",讲述了一个危境之下母亲以自己的血肉之躯保换孩子平安的故事,又以"第二年,发生故事地出现了一些经幡,它们随风将经文咒语带到了四面八方"作结,将一个平凡母亲的伟大母爱写得既有文学性、哲理性,也显现出神性的光芒。

在心性词条中,作家则尽可能写得虔诚、空灵,让读者在镜中梦与梦中镜的佛境中,感受青藏高原藏传佛教的神性色彩。众多词条的选取与颇有体悟的阐述,无不让人感受到藏传佛教对作家的熏陶与濡染,有时也令人情不自禁地沉浸于其中。如"空性"一词,作家释"放",谈"业",言"心",继而"法无我"至觉悟而成佛,对何为"空性"以及如何"空性"做了形象生动的佛学阐释。伏藏,藏文是"爹玛"。"爹"有"宝贵"和"值得保全"的意思。相传莲花生大师到西藏传扬佛法后,发觉传授有些法的因缘尚不成熟,便在离开西藏前,将很多教法、佛像、法药等埋在不同的领域里,故一件很珍贵的东西被埋藏于地下、河中、悬崖及意识中,最终再被发掘出来就被称为"伏藏"。作家在作品中共撰写了三条"伏藏"词条。第4节的"伏藏"写嘎玛活佛在一悬崖峭壁边的石缝里发现一尊金光闪闪的佛像,师傅告诉他这是殊胜的掘藏缘分,于是嘎玛活佛再次来到悬崖边,小心地把佛像揣进怀里。"等到把石头放进去时,他吃惊地看到奇迹又发生了:洞里像是有磁铁似的,把石头吸了过去。再看时,整个崖壁天衣无缝,连缝隙都找不到了。他这才明白:那是一尊伏藏品。"第14节的"伏藏"写"大师刚坐下,莲师的密妃益西措嘉就向大师授记道,河中的水怪嘴里正衔着一卷经文,它在正午时分就会合口,如果错过今时,还得等一甲子六十年的时间。经文是关于愤怒本尊的修法秘本"。得此密授,大师立即飞身上马,跃向湍急的河流到达河心,捧回那卷羊皮纸。第16节的"伏藏"是"埋藏的宝贝有:物藏、意藏、水藏、虚空藏、岩藏等。最深的伏藏在内心"。可见,前两个是对岩藏、水藏的形象描写,富有神秘色彩;后一个则是说明,有补充性质。其实,这一点在第14节本词条后已有较为详尽的说明:"伏藏就是以不可思议的方式——当然对唯物者而言是无法理解的——埋藏在河中、地下、岩崖以及意识中。在某个时刻,由有缘分的掘藏师掘取出来,一般是珍贵的法本、法器等。格萨尔王故事说唱者中,一些神授艺人,就属意藏者。"这里再次突出"最深的伏藏在内心",显然升华其意,也将"心—佛"有机地统一在一起,可谓心佛相一,相得益彰。

在实性词条中,作家写得中规中矩,也较少发挥。看看这些入选的青藏高原的词条吧——"喜马拉雅山""喀喇昆仑山""布达拉""贡嘎山""雅鲁藏布""岗仁波齐""格萨尔王""德钦旺姆""唐东杰布""顶果钦哲""拉萨""日喀则""德格""九寨沟"等等，无不名震海内，甚至披满庄严与神圣感，这自然让作家内心升腾起对青藏高原上神山、圣水、先哲、大师的尊敬与景仰感，写法上多为言简意赅的介绍或平铺直叙的阐明也就不足为奇了。当然，也有少许实性词条如"牦牛""珠""糌粑""青稞"等，是青藏高原的日常物，其中"珠"字特别且令人印象深刻，在汉语词汇中还确实没有相对应的词。这反映了高原游牧民族的生活智慧。

文性词条因多表达作家自我对何为文学、文学何为以及如何为的探索与憧憬，因而写得自在而富有哲理性，不少词条给人以启迪。如"民族主义与文学"，作家借用福克纳的原话，将自己对于民族与文学关系的理解明白无误地表达了出来，即：文学是心灵的艺术，与是否属于哪个民族或拥有哪个肤色，没有关系。再比如"写作"，这个词条在辞典中出现了两次，第12节是"忘掉写作，或者自以了解的一切，面对新的素材，面对新的素材探索时，用最为简单最直接的语言来叙事。这是本真的开始，有可能最终走向壮阔的道路"。这是对文学"如何为"的思考。第19节借用奥尔罕·帕慕克的说法："写作是人类最深刻、最神圣的活动之一"，强调写作的意义与人生选择的重要性，间接回答了"何为文学"的这一命题。又比如"文学"，作家先后三次使用这一词条，或是表现经济大潮下文学的变异性，或是表现某些人对文学的态度，或是表达了自己对文学的理解，扩大的"文学"的辞义也表现出作家对文学生态的隐忧。"小说的意义"则将"文学何为"做了清晰的表述："小说的意义与人生的意义一样，那就是快乐。真正优秀的小说让我们接近人生的真谛，带来生活中的快乐。伟大的小说给予我们理解人生的新方式。其实，最高的境界是超越快乐。"这既可以看作是作家对小说的理解，更可以看作是作家进行小说创作的座右铭。

即性词条则是作家在写作时突涌的热词或现象，它既是历史瞬间的记录，也是时代即时的印痕。如"日本·灾难"，令人想起2011年3月11日发生在日本东海岸的9级大地震所引发的海啸等毁灭性灾难；

"本·拉登"则是美国海豹突击队宣布击毙"9·11"恐怖事件的主谋本·拉登的消息。2001年9月11日"9·11"事件震惊世界,2011年5月1日本·拉登被击毙同样震惊世界。还有"莫言",这位中国大陆第一位获得诺贝尔文学奖的作家,"成为2012年中国文坛最响亮的名字"。随后,作家在这一词条后面附上一句:"这一年,我也让康巴作家走上了媒体的前台。"这是指2012年10月30日,"康巴作家群"作品研讨暨新作发布会在成都举行。由四川文艺出版社推出的"康巴作家群书系"第一辑共6本正式与读者见面。这些作品以浓郁的康巴地域特色,给中国文坛带来新的欣喜和收获。这类词条具有偶发性、即时性,故多属信手拈来,在看似随意陈述中传递作家对这一事件或人物的看法,自然随性了许多,也唤起人们对作家所述对象的记忆与联想。

梦性词条是全书中出现最少但又不得不提及的一类词条,它主要由作家的梦境产生,也是作家内心思绪的一段秘录。这里有对亲人的思念,如"父亲";有对自己文学道路的焦灼,如"捕梦";有对生活的调侃,如"横刀夺爱";还有对"佛意"的灵显,如"玉碗"等。但给人印象深刻的是"奴性"一词,它对缺钙人及缺钙时代的概括与揭示颇为到位,也令人共鸣。只是本来颇具开放性的梦性词,作家反而写得较为拘谨。这或许是梦境太真实所致吧。

不过,当读完《青藏辞典》后,我又产生了这样的疑惑:辞典如何为小说?我们知道,依《辞典》的特性,每部《辞典》中均须有"索引","索引"内的词条须有章可循,或依音序,或按笔画有序排列,以方便读者查阅。《青藏辞典》既然名为《辞典》,其"辞典"的属性当不宜忽略。也许是因为作家有意区别于以笔画为"索引"的《马桥词典》而有意舍弃这一结构方式,但不设"索引"并不意味着各词条间可以无视"辞典"的属性,也不意味着可以无章可寻。阅读《青藏辞典》时,我努力想找出各小节内词条间的逻辑联系及各节的结构关系,却在头绪繁乱的词条面前显得束手无策。搭眼望去,所选词条都是青藏元素,但缺乏关联性的词性联系(意义联系)还是影响了文本的结构艺术,也影响了文体的开拓意义。此外,就文学性而言,除少量的词条令人印象较为深刻外,不少词条竟然令人印象模糊甚至没有印象。究其原因,我想,辞典小说固然有辞典的元素,但归根结底还是小说,其文体虽然具有扩张性,但它作为小说的虚构性与形象性即是文学性还是应当置于首位而不宜散文化、理性化。也就是说,以"青藏"作为主打元素的《青藏辞典》,作为"辞典",各词条间的逻辑线索与文学脉络不宜随性而为;作为"小说",其形象当栩栩如生而不宜轻描甚或淡化。否则,其文体创新与扩容性的艺术价值会大打折扣的。

不知格绒追美先生以为否?

周克芹：新时期四川文学的引领者与奠基人

《许茂和他的女儿们》封面

谈及周克芹，我们总是充满感激与怀想。虽然时光飞逝，文学迭代更生，但周克芹在《许茂和他的女儿们》中通过亲情的重建与人性的复归建构的文学新世界与新气象，依然令我们高山仰止，终生感怀！

1979年，周克芹发表了长篇小说《许茂和他的女儿们》，小说一问世即引发轰动。作品以1975年冬"黎明前的黑暗"这一特定的历史时期为背景，通过四川省西部偏僻农村葫芦坝一个普通农民许茂和他的女儿女婿们的生活遭际，反映了极"左"思潮给农民精神造成的严重创伤,给农民生活和农业生产造成的极大破坏,展示了光明与黑暗、正义与邪恶的较量,表现了人民追求美好生活的真诚愿望。这部真实反映"文化大革命"时期农民生活境遇、人性变化的长篇小说,是新时期最早涌现的探索中国当代农民坎坷命运的优秀作品。小说塑造了众多栩栩如生的人物形象,如固执而又冷酷的许茂,耿直、无私而又多舛的金东水,勤劳、善良而又不屈的许秀云,泼辣而又率直的许秋云,轻浮而又虚荣的许真,纯真而热诚的许琴,诡诈而又无耻的郑百如,等等。尤其是典型形象许茂和四姑娘许秀云,负载着深刻的时代内容,堪称新时期文学的重要收获。小说因之荣获首届"茅盾文学奖"第一名,当之无愧!

许茂是一位以自己的勤俭美德深受一般庄稼人敬重的老农民,也曾是位农业合作化的积极分子。他那座宽敞、明亮,用石头砌成的与众不同的三合头草房大院和"爱社如家"的奖状,就是他自合作化以后年年辛勤劳动的见证。但是,"文化大革命"使农民生计艰辛,许茂也重新变得自私起来。他不再关注公共事业,而醉心于耕耘自留地并在力所能及的范围内拼命聚集财富。在那个荒唐的岁月里,老汉无心留意缥缈的远景,现实的困顿迫使他回到务实的道路上来,迫使他以中国农民最实际的、也是生活教给他的眼光观察、理解、思考、行动。他变得固执、冷酷,以致发展到昧着良心欺骗孤儿寡母的地步。当然,许茂并不是完全泯灭了良知,事后的自责表明了他痛苦的心境。更为吃惊的是他甚至对自己的女儿女婿都绝情绝义。他愤慨四姑娘许秀云的爱情选择,面对大女婿金东水无房可居、女儿无棺可葬的境遇,老汉毫不怜悯,拒绝了人们提出的让房、出棺的要求。对于工作组,老汉这几年见的不是收地,就是铲菜,不是毒鸭子,就是集合唱戏。因此,当代理支书龙庆通知他工作组将进驻他家时,他视为"灾难",百般推脱。许茂老汉之所以有如此大的蜕变,用工作组组长颜少春的话来说:"这全是生活教给他的!"正是由于历史的逆转,严重地打击并挫伤了广大农民生产生活的积极性,才使务实的农民重新蜷缩回只计己利的思想意识中。工作组的到来,使许茂从颜少春身上看到了实事求是的作风,尤其是当他看清自己一度轻信实际上心怀叵测的郑百如的丑恶表演时,老汉终于醒悟过来。小说结尾对这一转变的描写堪称大手笔。他不曾想到自己对女儿们的父爱到头来没有博得孩子们的理解,不曾想到久经风霜的他竟又在生活面前马失前蹄,不曾想到自己衡人戥物的眼光竟如此大失水准,更不曾想到自己恪守多年的生活哲学竟将坍塌!委屈、愤怒、懊恼、悔恨之情使许茂老汉终于重现人性的温情。许茂老汉人性的蜕化、扭曲与复归、舒展,蕴含着巨大的社会内容——历史曾使务实的农民转向阴晦、狭隘,历史亦使务实的农民重新走向光明、走向宽广。

四姑娘许秀云是全书中刻画最成功的人物形象。这个外秀内慧、外柔内刚的普通妇女十年前因被郑百如凌辱被迫与他结婚,但不久婚姻就走到了尽头。尽管如此,四姑娘的心里依然对未来充满希望,尽管这希望还很朦胧,但它照耀着四姐依然热烈的心,支撑着四姐生活的勇气。当她给小长秀缝小棉袄时,她"一边缝,一边想着长秀,想着自己,想着现在,想着未来。有多少回,无边的遐想被她自己有意地涂上一点美丽的颜色,有多少回,泪水模糊了眼睛,针尖刺红了手指。这千针万线真真织进了她的辛酸,织进了她的幻想,织进了她的眼泪。她朦胧地意识到:她的命运,她往后的生活再也和小长秀的命运和生活分不开!是的,分不开!要是分开了,她真不知道生活将是怎么样儿,还有什么希望!"为了这心中的理想,为了这美的人生的所指,柔弱而又刚强的四姐走上了奋争的道路。在连云场上,许秀云与金东水邂逅。当她看到葫芦坝的前任党支部书记、复员军人金东水,肩膀上露着棉花,站在一群衣着破旧的庄稼人当中,奢望那些并不富裕的农民兄弟伸出友谊之手,买走他唯一的那件旧毛衣,以能满足长小秀微薄的愿望时,禁不住泪水夺眶而出。她决定不再熟视无睹,她要勇敢地走过去,和他们站在一起。她平息心中的激荡,镇定地走过去,勇敢地喊了声:"大姐夫!"特别是看到郑百如那气急败坏的神情后,许秀云更是勇敢地跨到她大姐夫身边,不由分说地拉起一大家人走在了连云场上。这是何等的自豪,何等的坦荡!这是何等有力的挑战,何等美的写照!爱得真诚,爱得执着,爱得热烈,爱得坚定! 一个不屈不挠、追求自由与爱情的美的形象屹然矗立在我们面前。这是四姐形象中最为振奋最为光彩的华章。随后,她置己于度外,含屈忍辱,挨门挨户地向人们揭发郑百如的丑恶面目,不仅是为了伸张十年的正义,拯救自己的生活理想,更是为了向恶魔宣告邪恶的破产,向人民展现真善美的所在。她身处困境却不畏艰辛,毅然为美好的生活理想的实现而不懈奋斗的典型性格,她从为个人奋斗到与时代同忧、与民族同虑的苦难历程,深刻地体现出无论世事多么艰辛,人民都不会绝望,希望与人民与时代同在的真谛。谈到许秀云的形象的塑造,周克芹说:"我以发自肺腑的热爱之情,噙着眼泪写四姑娘。我把自己自懂事以来的二十余年艰苦岁月的磨炼所积累起来的感情,二十余年从劳动农民——我的父母兄弟姐妹们——身上感受到的美,大部倾注给了四姑娘这一艺术形象。"①正是周克芹将自己全部的心血倾注在四姑娘的身上,使得这一形象放射出夺目的光芒,也使许秀云成为新时期文学中极具魅力的文学典型。而周克芹也以自己的创作实绩有力地冲击了帮派文艺的荒谬主张,激活了人们久抑心中的悲欢情绪,为现实主义文学的恢复与发展创造了丰厚的基础。

也因此,周克芹是新时期四川作家中走向全国的第一人,是成功地实现艺术转型并站在历史潮头的第一人,是新时期四川文学当之无愧的引领者与奠基人。他长期植根于生活,沉心而严格地遵从现实主义的创作原则,坚毅而清醒地行走在艺术与现实间,以精深而厚重的系列作品表达出他对中国农民过去、现在与未来的关注与思考,彰显着他对艺术精益求精的不懈追求。迄今为止,我们仍然将周克芹视为四川当代作家中书写乡村生活的领军人物,他所塑造的典型形象如许茂老汉、许秀云等,在当代文学史中依然熠熠闪光。诚然,《许茂和他的女儿们》中仍存留有两极化的思维痕迹,但不可否认的是,他所信奉的"直面现

---

① 周克芹:《〈许茂和他的女儿们〉创作之初》,载《北京师范学院学报》(社会科学版)1982年第3期。

实,开拓未来"的创作原则,即便对于当下的创作而言,依然有着极强的启示意义,他的现实主义精神仍是我们值得珍视的宝贵遗产。他不是简单地表现农民物质生活的贫困导致的精神扭曲,也不是粗浅地展示农民在金钱物质与道德良心中的两难选择,而是在重现人性的光辉、传递生活的动力、颂扬人民的伟力,在历史与时代的潜流中,昭示农民的历史,瞩望他们的未来。这种深刻的现实主义精神与审美理想,值得我们终生景仰。且不说许茂形象的深刻性与开拓性,也不说它在新时期文学中承前启后的转型意义,只说四姑娘许秀云形象所蕴含的无论世事多么艰辛,人民都不会绝望,希望与人民同在的真谛与崇高的美学品质,就具有永恒的艺术魅力,就足以与文学史上一切伟大的艺术作品相媲美。毫不夸张地说,周克芹是 20 世纪下半叶中国乡土文学的重要收获。我甚至断言,即便是将来的中国长篇小说史,周克芹都是一个不可或缺的篇章,一个必须言说的存在。而我们也将以永远感念的心情铭记这位为新时期四川文学做出不朽贡献的引领者与奠基人!他所带来的春的气息,将芳香永驻,恒久传扬!

灵魂之问
——读王华的《陈泊水的救赎之路》

每个人面对历史都有各自不同的态度,特别是面对"文化大革命"这一历史的创伤时,无论是加害者还是受害者,无论是参与者还是旁观者,随着时间的流逝,其差异都表现得更为明显。有的人选择担当,有的人选择推诿;有的人选择面对,有的人选择逃避;有的人选择反思,有的人选择失忆;有的人选择遮蔽,有的人选择救赎……但无论何种选择,一个无法回避的事实是:这是一场由人性之恶导致的沉渣泛起的大动乱,是一场给无数民众百姓带来深重灾难的大浩劫。虽然不堪回首的一页渐渐远去,但前事不忘后事之师。如何面对那段沉重的历史,是考问我们每个人的灵魂之问。

王华的小说《陈泊水的救赎之路》(载《民族文学》2017 年第 1 期)中的主人公陈泊水所面对的就是这样一个问题。"文化大革命"时,带有几分盲目也带有几分卫道色彩的陈泊水参加了"红星战斗队",沉浸在人性恶的放大与扭曲之中。他惨无人道的行径不仅使黄秀容的母亲成为这场悲剧的牺牲品,也使年仅十二岁的黄秀容成为这场灾难的受害者。无情与残暴就是陈泊水荒诞时代的精神印痕。然而,当陈泊水迈向老年时,一个挥之不去的噩梦却缠绕着他:他必须还清他在人间的孽债才能离开这个世界,否则将会遭到报应——挨锯刑和油锅刑。流传在花河一带的这一迷信说法和黄秀容被他蹂躏的一幕让他寝食难安。于是,他决定用经济补偿的方式完成自我救赎以消除来世的报应。他开始存钱。终于,在十五年后——他七十二岁时,他把存了十五年的那个存折交给了受害人黄秀容,算是偿还他曾经犯下的孽债。这一切看起来似乎很正常,也很如愿,但令人们没有想到的是:首先,受害人黄秀容根本不认账;其次,陈泊水的儿子、孙子也不赞成这一偿还方式;再次,"红星战斗队"几位在世者也不认同这一赎罪形式;最后,也是最为要命的是,陈泊水此时已患老年痴呆症,在法律意义上是无行为能力人,他所说的和他所做的一切都没有法律效力。于是,一场救赎与被救赎的行动就在受害者、亲历者、旁观者以及加害者(现在的无行为能力人)之间看似有效实则无效地展开。

黄秀容要救赎自我——撇清利害关系以维系自己的声名;家人要救赎陈泊水——承认陈泊水的无行为能力人的身份以讨回财产;"战斗队员"要救赎自我——分清责任关系以安妥自己的灵魂;陈泊水要救赎自我——确定自己的犯罪嫌疑人身份并得到惩罚以偿还欠下的孽债,享得来世的平安。但现实的尴尬就在于:由于加害人为无行为能力人,他想证明自己有罪的行为就没有法律效力;而受害方对自身身份的推翻也无须提供任何证据,这也就注定了陈泊水的这场"救赎"之战自一开始就完全处于劣势,处于永远无法取胜的地位。也就是说,既不能自救,也不能自赎。于是,一场灵魂的拷问演变为一场无望的救赎,一种永远的期待。

显然,作者在这里表达的是,面对历史——面对那段人性之恶甚嚣尘上的锥心史,我们应如何面对?这不仅是灵魂之问,也是历史担当!面对那段特殊的岁月,无论我们以怎样的身份回望历史,我们都必须认真反思,真诚忏悔,追问因果,而不是推脱原委,逃避责任,掩盖遮蔽。只有这样,我们才能抚慰那些受伤的心灵,鞭挞那些卑鄙的灵魂,以忏悔之心救赎心灵深处永久的愧疚与隐痛。这是人性向善的试金石,是中华民族面向未来的灵魂之问。反思历史,实现中华民族的自我超越,是历史的责任,也是我们的使命!

不止是对历史的反思,更重要的是,小说写出了作为社会的一分子,在历史大潮裹挟下的悲剧命运。其实,更多的时候,善与恶也许只是一念之间。当我们回望历史时,不能把一切过恶都算在"历史"的账上。这也正是小说现实的警示意义所在。

愿你打开这本真实的书
——谈马平的散文集《我的语文》

早晨8点刚过,手机微信就响了一声,拿起一看,是省作协创研室主任马平发来的:"教授,烦请发一地址,我快递一本书给你。"我马上照办。第二天,一本散文集《我的语文》便金光闪闪地呈现在我面前。说它"金光闪闪"是因为这本精装本的小册子以黄色与橙色为主打色,金黄色的腰封又恰好在我拿到书时遮住了书正中一半的浅白色,耀眼的阳光下,封面闪烁着金色的光芒。说实话,我事先并不知道马平出版了这本散文集,也不明白他为什么要起这样一个书名,但也就是这个好奇心让我读完了这本真实地抒写乡情、呵护乡愁、感喟成长的书,也为作者流溢其中的浓郁的感伤与无边的眷恋而深深感动。

《我的语文》一共收散文四篇,分别是《婆婆》《晒场》《放牛场》和《我的语文》。马平之所以将这本散文集定名为《我的语文》,据说是缘于别人的一个说法:一个人一辈子的道路取决于语文。这对于从事文学创作的人来说,当然是金科玉律。不过,据我的理解,作者将这本散文集最终定名为《我的语文》,恐不仅于此。

语文,单看字面上,"语"意为"自己及他人的言论","文"意为"文字""书面言论"。语文二字连起来的意思则为"自己及他人的言论与文字"。"我的语文"则是"我自己及他人的言论与文字"。而《我的语文》记叙的正是"我"自己在乡间成长的故事以及关于"婆婆"及家人的言行与对他们的思念,以之为书名,看似有些理性,削弱了文学的形象性,殊不知,这恰恰寄寓着作者对自己的亲人、故乡以及逝去的乡愁那份浓浓的回味与思恋,那份对自己在特定历史年代中坚毅成长的感怀与真诚回望。

这份真缘于他对亲人的真挚牵挂与漫卷诗情。婆婆是"我"一生中见到的最年长的祖辈,她普通却充满温暖的一生如同一座丰碑镌刻在"我"的心头,虽然"我"在她生前未能为她写下只言片语,但内心的冲动却从未停止过。当婆婆去世二十年后,这份按捺不住的牵挂终于不可遏止地喷泻而出,化作浓浓的情意从字里行间汩汩而出。在这里,我们看到年轻时争强好胜的婆婆因命运不济而过早守寡的不幸遭遇,看到中年时婆婆戳着小脚送别二百里外的二妹直至毕七的可贵真情,看到年老时勤俭持家的婆婆精心操持全家生活的美好品德,看到婆婆对我的偏爱、袒护,以及我与婆婆的调笑、顽皮中那种互爱与深情。作者以饱含深情的笔墨将这位大字不识一个的农村妇女,这位好强但又挚爱亲人的长者,这位终年劳碌、辛苦操劳一生的婆婆写得真实而又温暖。特别是当我读到这段文字:"婆婆很少说,她既不能给我们做多少好吃的,也不能给我们说多少好听的。但是,她给了我们最美的笑容。她的笑容,经历了几十年晨露的滋润、星光的浸染、风雨的沐浴和太阳的炙烤,也经历了几十年酸甜苦辣的调和以及勤苦劳作的补给,仁慈而平和,干净而灿烂……","我们一家人不能没有她的笑容。她的笑容,除了爱,还有善,还有厚道,还有宽容,还有隐忍,还有坚强……","我想学会她那样的笑容,我希望她能把她笑的模样遗传给我",我不禁想到了我阿婆——想到了众多虽没有多少文化却将无边的爱无私地奉献给自己儿孙的婆婆(姥姥)们,她们细雨无声的大爱滋润着一代又一代儿女,也将感恩的情怀传递给一代又一代。我们因之共鸣于心,灼热于情,感恩于怀。

这份真缘于他对故乡的无边眷恋与深情厚爱。每个人对于故乡都有一份难以割舍的情怀,无论他生活在哪里,故乡的一切都会唤起他无限的遐想。对于马平而言,苍溪的晒场就是唤起他对故乡深情眷恋的遐想地,就是他魂牵梦绕的生长的摇篮。这个晒场在他没有出生时就在那里了,它不仅是生产队的家,是孩子们嬉闹的乐园,是麦收季全村人的劳作场,是谷物、蔬菜进驻后的丰收地,是看哨、打号、分粮、分物、评分的集散地,还是一段特定历史的见证所,一段难忘时光的关键词。我虽与马平年龄相仿,但自小在城市长大,偶有的农村经历无法与他根植的乡村体验相比,但我有限的乡村记忆仍被作者生动的描绘所激活,一些似曾相识的旧时记忆也鲜活而温馨地重现起来。当然,如果我写故乡,我的关键词不是晒场,而是水泥河,或家属院前二十平方米的无名小空地,但那个时代,那个特定年代下的物质世界与精神场域,我与作者却有共同的感受与体验,作者以心刻下的那些随风飘散的家乡的声音,让我以感念的情缘,坚守、聆听、呼唤。

  这份真还缘于他对孩提时代生活的铭心记忆与淡淡忧伤,和那份对自己自强不息精神的追怀与文学梦想的回报。马平从川北苍溪的偏僻山村走来,既当放牛娃又当学娃儿的孩童岁月他记忆犹新,这使他写起孩提时代的趣事来,如放养小黄牛、溪里捉蟹、烧洋芋、捉弄盲人及与女童争花等,生动活泼,情趣盎然。当然,作者也写到了那个特定时代放牛不慎时所导致的惨境,令人感慨万千。如今,那段沟壑还在,那个放牛场早已废弃,昔日那个放牛娃也早已成为以文字为生、视文学为生命的作家。成长的艰辛与奋斗不息的脚步,是一笔取之不尽的财富,是文学的根,也是激励其一生的"语文"。作家以真诚之心舒缓地打开那段历史,不断夯实他那坚毅成长的文学梦并且轻呼吸,让我以赞叹的情愫,欣慰、敬佩、期盼。

  我愿你也打开这本真实的书,一起体味这份追忆、惦念与缅怀,一起呵护这份庄重、天真与悲悯。

后　记

不记得在什么时候看过一位作家写的一篇文章，说应出版社之约编自己的文集时，由于时代的动荡等因素，不仅手稿丧失得一干二净，许多已发表的文章也没有存留下来，虽然经自己的回忆与亲朋好友四处寻找，找回了大部分，但仍有不少文章最终散佚了。末了，他说，这都是自己的孩子啊！

我理解那位作家的心情。我虽然没有出文集的机缘，反倒是因时代的发展、数据库的建设而找齐了全部文章，而且绝大部分还以专著的形式予以出版。虽然有一些"孩子""流浪"于外，一时无法"家室有归"，但我却没有那位作家的那种抱憾之情。

去年，我申请的国家社科基金项目终于获批，我觉得这是一个将"流浪"的"孩子"收拢起来使其"家室有归"的好机缘。选哪里作为"婆家"呢？陕西师范大学出版总社！这是我涌现的第一个念头，因为在母校出版社出一本书是我多年的夙愿。

收入本书的论文是我这些年来陆陆续续发表的关于史料、史论及当代作家作品方面的一些研究心得，不妥之处敬请方家批评指正。

需要说明的是，《抗战建国语境下的"蒋夫人文学奖金"征文》与《阿来小说接受向度研究的现状、问题与思考》两文，是分别与学生刘安琪与张莹合作并共同发表的，现征得她们的同意，收入本书。

再次感谢大学同窗冯晓立给予的鼎力支持，小书的迅捷出版承载着我俩共同的母校情谊与室友情怀！感谢编辑杨杰付出的艰辛劳动，他的互敬互重与细致耐心，使本书的设计与编校有了双方满意的结果。

陈思广
2018 年 3 月 9 日于双流文星花园